Willy Obrist

Die Mutation des Bewusstsei
fand in Europa statt

Bibliografische Information der Deutschen Nationalbibliothek
Die Deutsche Nationalbibliothek verzeichnet diese Publikation in der
Deutschen Nationalbibliografie; detaillierte bibliografische Daten sind
im Internet über http://dnb.d-nb.de abrufbar.

© 2013 by opus magnum, Stuttgart (www.opus-magnum.de)
ISBN 13: 978-3-939322-79-5

Erstauflage, Version 1.01
Grafik und Layout: Dr. Lutz Müller, Titelseite unter Verwendung
einer Grafik von mozZz, Adobe Stock 69235013

Herstellung: Books on Demand GmbH., Norderstedt

Willy Obrist

Die Mutation des Bewusstseins fand in Europa statt

opus magnum

Dr. med. Willy Obrist

(1918 - 2013), Studium der Philosophie, Geschichte und Medizin. Facharzt für innere Krankheiten. Nach mehreren Jahren ärztlicher Praxis Ausbildung zum Analytiker am C. G. Jung-Institut Zürich. Dort langjähriger Dozent für tiefenpsychologische Theorie.

Seit 1970 Mitarbeiter der Stiftung für Humanwissenschaftliche Grundlagenforschung (Zürich) mit dem Forschungsschwerpunkt Evolution des Bewusstseins / Wandel des Weltbilds. Mitbegründer der Schweizerischen Gesellschaft für Religionswissenschaft, der Stiftung für Jungsche Psychologie (Zürich) und der Stiftung zur Förderung der Philosophie (Mönchengladbach).

Der Hirnforscher Gino Gschwend schrieb in der Schweiz. Aerztezeitung über Willy Obrist: „Dabei gelang ihm für die Evolution des Bewusstseins das, was seinerzeit Charles Darwin für die Bioevolution gelungen ist: der methodisch einwandfreie Nachweis, dass sich eine solche ereignet hat."

Eine Übersicht seiner Werke bei opus magnum findet sich am Ende des Buches.

Inhalt

Vorwort

Seit Beginn der sechziger Jahre des letzten Jahrhunderts habe ich die Evolution des menschlichen Bewusstseins erforscht. Dabei habe ich mich bemüht, diese in die seit nunmehr ca.15 Milliarden Jahren voranschreitende Gesamt-Evolution der raumzeitlichen Wirklichkeit einzuordnen. Ferner ging es mir darum, den Kern jenes Wandels des Welt- und Menschenbildes herauszuarbeiten, der sich im Verlauf der Neuzeit in Europa vollzogen hat: jenes Wandels, den ich – in Analogie zu den großen Evolutionsschritten der Bio-Evolution – als Mutation des Bewusstseins bezeichne. Dabei gebrauche ich den Begriff „Mutation" nicht im Sinn der Genetik, sondern so, wie er bei der beschreibenden Evolutionslehre verwendet wurde. Das Ergebnis meiner Arbeit habe ich in 5 Büchern dargestellt.

2006 verfasste ich auf Wunsch des Opus-magnum-Verlags eine Zusammenfassung der wichtigsten Gedanken meines umfangreichen Werks. Sie erschien unter dem Titel –Die Mutation des europäischen Bewusstseins".

Dabei habe ich den Ausdruck „europäisch" mit Absicht gewählt, und zwar aus folgendem Grund: Gegenwärtig verlagert sich der Schwerpunkt des historischen Geschehens nach Ostasien. Dabei kann heute schon beobachtet werden, dass die Ergebnisse europäischen Forschens von den „jungen" Ländern oft einfach so übernommen werden, als wären sie an den Bäumen gewachsen.

Dem gegenüber soll in diesem Buch die Tatsache ins Bewusstsein gehoben werden, dass nicht nur die empirisch-wissenschaftliche Grundlagenforschung als einmaliger, mühsam erarbeiteter Beitrag Europas an die Entwicklung des menschlichen Geistes zu sehen ist, sondern auch die heute noch kaum bemerkte Überwindung der archaischen Weltsicht und – Hand in Hand damit – die Schaffung eines grundlegend neuen Welt- und Menschenbildes.

Einleitung

Die Globalisierung, die sich gegenwärtig ereignet, wird in der Regel als Ausbreitung der industriellen Produktion, des Handels, des Verkehrs und Transports, des Nachrichtenwesens sowie der Kapitalverschiebung verstanden. Das ist jedoch nur ihre eine Seite. Hand in Hand mit der Entdeckung der Naturgesetze und deren technischer Anwendung vollzog sich nämlich – vom allgemeinen Bewusstsein kaum registriert – ein grundlegender Wandel des Welt- und Menschenbildes.

Bedenken wir, dass sich schon einmal so etwas wie eine Globalisierung ereignet hat. Es geschah vor ca. 8000 Jahren durch die Erfindung von Ackerbau und Viehzucht. Bei dieser sog. neolithischen Revolution wurden zwar die seit hunderttausenden von Jahren bestehenden Kulturen nomadisierender Jäger und Sammler an den Rand der bewohnten Welt zurückgedrängt. Die damals bestehende Weltsicht wurde jedoch im Kern nicht verändert. Nach wie vor galt das sogenannte archaische bzw. mythische Selbst- und Weltverständnis: jenes Grundmuster des Weltverstehens, bei dem zwischen einem sichtbaren und einem unsichtbaren – einem diesseitigen und einem jenseitigen – Bereich der Wirklichkeit unterschieden wurde. Dabei nahm man an, der jenseitige Bereich werde von unsichtbaren Wesen bewohnt: zum einen von autochthon Jenseitigen (Göttern und Zwischenwesen) zum anderen von „weiterlebenden Toten" (Ahnen).

All diesen Wesen schrieb man die Fähigkeiten zu, durch bloßes Denken und Wollen – ohne Zuhilfenahme physikalischer Energie – auf die sichtbare Welt einzuwirken (Wunder), dem Menschen ihren Willen mitzuteilen (sich zu offenbaren) und gelegentlich einen sichtbaren Leib anzunehmen (sich zu inkarnieren). Dieses Grundmuster des Weltverstehens wurde bei der neolithischen Revolution nicht nur nicht aufgegeben. Es wurde in den folgenden Jahrtausenden – der eigentlich historischen Zeit – in der Gestalt von Religionen und deren Theologien sogar reich entfaltet, variiert und vertieft.

Im Zug der wissenschaftlich-industriellen Revolution, die in Europa stattgefunden hat, ist diese dualistische Weltsicht jedoch überwunden und von einer grundlegend neuen, differenziert-unistischen, abgelöst worden. Dies beinhaltete nicht nur einen Wissenszuwachs. Es war ein echter Evolutionsschritt: ein irreversibler Schritt im Rahmen der Evolution des Bewusstseins. In Analogie zur beschreibenden Evolution der Lebewesen kann er deshalb denn auch als Mutation bezeichnet werden. Analog zur Ausdrucksweise der beschreibenden Evolutionslehre müsste man ihn sogar als Megamutation bezeichnen. Es handelt sich dabei nämlich nicht um eine der vielen schon früher erfolgten kleinen Mutationen des Bewusstseins, bei denen jeweils Z.B eine differenziertere Religion aufkam, sondern um einen Schritt jener Größenordnung, wie er sich in der Bioevolution beim Schritt von den Amphibien zu den Reptilien oder von den Reptilien zu den Säugern ereignet hat. Während aber dort jeweils ein neuer morphologisch-physiologischer Bauplan entstand, kam bei der Mutation des europäischen Bewusstseins ein neuartiger kognitiver Bauplan zustande, indem sog. Vorverbindungen des Denkens – Schemata der Apperzeption – verändert wurden.

Dass sich die industrielle Revolution – und damit die heutige Globalisierung – von der bäuerlichen in diesem Punkt derart unterscheidet, wurde allerdings bisher kaum erkannt, geschweige denn rezipiert. Erst einmal macht sich – zumindest in der westlichen Welt – der Zerfall der archaischen Weltsicht unterschwellig bemerkbar als Desorientiertheit in Bezug auf das Sein und das Sollen, die in vielen Fällen zu Sinnverlust, Depressionen, Burnouts, oft sogar zu Suiziden führt.

Ein Grund für dieses Nichterkennen des Wandels der Weltsicht liegt darin, dass die Mutation des Bewusstseins, die ja zur Hauptsache ein Naturprozess war, in zwei Schritten vor sich gegangen ist. Dabei hat sich als Folge des ersten Schritts, der im sog. Zeitalter der Aufklärung seinen Abschluss fand, die industrielle Revolution ereignet, während der Durchbruch zur neuen, unistischen Weltsicht – der zweite Schritt – erst im 20. Jh. stattgefunden hat. Zudem verlief die Mutation des Bewusstseins – entsprechend einer Gesetzmäßigkeit psychischen Wandels – dialektisch: nach dem Schema von These, Antithese und Synthese. Indem sich seit Beginn der Neuzeit die empirischen Wissenschaften als grundlegend neuer, von der Theologie kategorial verschiedener Wissenschaftstyp entfalteten, entstand vorerst neben der weiter bestehenden dualistischen Weltsicht eine monistische: der weltanschauliche, prinzipiell areligiöse Materialismus. Dadurch kam jene Spannung zwischen zwei miteinander unvereinbaren Arten des Weltverstehens zustande, die als Dilemma von Wissen und Glauben in den Sprachgebrauch eingegangen ist. Es löste eine endlose Reihe von Diskussionen zwischen Theologen und Naturwissenschaftlern aus. Diese führten jedoch zu keiner Klärung.

Dilemmata können eben nicht rational gelöst, sondern nur überstiegen werden. Dieses Übersteigen ereignete sich im 20. Jh. infolge neuer Entdeckungen. Sie wurden vor allem im Bereich der Kognitionswissenschaften gemacht, wodurch ein neues Menschenbild entstand. Grundlegende Entdeckungen im Bereich der traditionellen Naturwissenschaften führten daraufhin noch zu einem neuen Weltbild. Alles in allem wurde bei diesem Übersteigen des „Dilemmas" die Übernatur des archaischen Menschen naturalisiert, d.h. als Aspekt der Natur erkannt.

Bei diesem „Hereinklappen der jenseitigen Welt" wurde zwar den Religionen – als soziokulturellen Gebilden mit je spezifischen Organisationen, Glaubenswahrheiten" und Riten – der Boden entzogen. Religion in diesem Sinne war mit dem Übersteigen der archaischen Weltsicht überholt, Religiosität hingegen nicht. Man hat nämlich erkannt, dass das Bemühen um religiöse Haltung zum Verhaltensrepertoire von Homo sapiens gehört. Da nun beim zweiten Schritt der Bewusstseins-Mutation – gleichzeitig mit der archaischen – auch die areligiöse materialistische Weltsicht überwunden worden ist, wurde dem heutigen Menschen die religiöse Dimension wieder erschlossen, allerdings bei einem grundlegend neuen Verständnis des Religiösen. Während bei archaischer Weltsicht Religiosität immer Religiosität mit Religion war, entspricht dem heutigen Niveau der Bewusstseins-Evolution Religiosität ohne Religion. Im Rahmen der Entdeckung des Unbewussten wurde neben dem arteigenen Programm psychischer Reifung – der sogenannten Individuation – auch der Weg erschlossen, auf dem diese neue Art von Religiosität bzw. Spiritualität gepflegt werden kann.

Nun fand bei der Evolution der Lebewesen nach einem großen Schritt jeweils eine sog. adaptive Radiation statt, indem die neue Lebensform sich ausbreitete (Radiation) und an die speziellen Verhältnisse in den neu besetzten Nischen adaptierte. Ein solcher Vorgang folgt auch der Mutation des europäischen Bewusstseins. Allerdings erfolgt er – entsprechend deren Verlauf – in zwei Etappen. Die erste Etappe hat sich sogar schon ereignet. Es ist das, was wir heute als technisch-ökonomische Globalisierung erleben. Die adaptive Radiation der Ergebnisse des zweiten Schritts – des neuen kognitiven Bauplans – wird mit Sicherheit folgen. Sie erst wird mit der Zeit den grundlegenden Wandel aller Kulturen bewirken: deren Anhebung auf das heute mögliche Bewusstseinsniveau. Sie wird jedoch tiefer ins Mark der Seelen greifen als die industrielle. Dafür wird sie aber erstmals in der Geschichte echte – nicht nur wohlwollende – religiöse Toleranz ermöglichen.

Allerdings muss die neue Weltsicht, bevor dies geschehen kann, erst einmal in Europa rezipiert werden. Dieses Postulat lenkt unseren Blick auf die Tatsache, dass die Mutation des Bewusstseins sich in Europa, und zwar nur in Europa, ereignet hat. Nur in Europa haben sich zu Beginn der Neuzeit – als etwas grundlegend Neues und Einzigartiges – die empirischen Wissenschaften entwickelt. Durch deren einen Zweig – die Naturwissenschaften – wurden die

Gesetzmäßigkeit des Naturprozesses sowie die dabei wirkenden Kräfte entdeckt. Dies wiederum führte dann – zusammen mit dem Willen zur Anwendung dieses Wissens – zu jenen Erfindungen, welche die technischen Revolutionen ermöglicht haben. Hand in Hand damit trat aber auch die Tatsache ins Bewusstsein, dass der spontane Eindruck unserer Wahrnehmung trügt: dass diese uns die Welt nicht so erkennen lässt, wie sie „in Wirklichkeit" ist.

Diese Einsicht hatte zur Folge, dass der bis dahin allgemein geübte naive Realismus überwunden und eine differenziertere Sicht der Welt – ein grundlegend neues Welt- und Menschenbild – möglich wurde. Die Mutation des Bewusstseins war eben auch – bzw. in erster Linie – eine erkenntnistheoretische Revolution.

Es stellt sich somit die Frage, weshalb dies in Europa – und zwar nur in Europa – geschehen ist. Dem soll in diesem Buch nachgegangen werden. Dabei sei vorausgesetzt, dass die Europäer nicht gescheiter waren als die Menschen anderer Kulturen. Die Antwort kann gefunden werden, wenn wir auf die Geschichte blicken. Dann lässt sich nämlich erkennen, dass am Anfang des zweiten Jahrtausends unserer Zeitrechnung im damals werdenden Europa eine einmalige Konstellation historischer Faktoren bestanden hat: eine Konstellation, die es ermöglichte, dass die damals notwendig gewordene Mutation des Bewusstseins sich ereignen konnte. Diese historischen Faktoren waren aber nicht die Ursache der Bewusstseins-Mutation; sie bildeten lediglich die Rahmenbedingungen für diese. Sie ermöglichten der Evolutionstendenz die damals notwendig gewordene Suche nach einer grundlegend neuen Auffassung des Begriffspaares von Materie und Geist, was dann ein grundlegend neues Selbst- und Weltverständnis zur Folge hatte.

Allerdings dürfte das Reden von einer Evolutionstendenz bei denen, die noch in der materialistischen Naturauffassung leben, Widerspruch auslösen, gilt doch in jenen Kreisen das Dogma, die Evolution beruhe nur auf Zufall; sie sei in keiner Weise final. Der dynamische Aspekt der Evolution ist eben erst im Zug der zweiten Aufklärung – also Hand in Hand mit der Überwindung des Materialismus – ins Blickfeld getreten. In den ersten hundert Jahren nach Darwin war man vor allem damit beschäftigt, im Detail aufzuzeigen, wie sich der Baum des Lebendigen aufgezweigt hat bzw. wie die verschiedenen Spezies miteinander verwandt sind. In der Theorie dominierte die Frage, wie es zu dieser Vielfalt der Formen kommen konnte. Da richtete sich der Blick auf die von Darwin entdeckten „Mechanismen" Variation und Selektion: auf Vorgänge, die dem Zufall unterliegen; allerdings unterliegen sie nicht dem absoluten Zufall, sondern – wie man heute zu sehen vermag – dem limitierten.

Die Höherentwicklung bzw. Komplexitätszunahme – und damit die Frage, was diese bewirkt habe – rückte erst mit dem Aufkommen der systemischen Betrachtung der Natur ins Blickfeld der Evolutionsforschung. Unterstützt wurde diese Fragestellung noch dadurch, dass die Achse der Zeit unterdessen gewaltig verlängert worden war. Bis 1920 glaubte man ja noch, unsere Milchstraße sei die einzige Galaxie. Dann wies Edwin Hubble nach, dass es noch andere Galaxien gibt und – später – dass diese auseinanderstreben. Als dann 1965 Penzias und Wilson auf die kosmische Hintergrundstrahlung stießen, konnte nicht nur die Geschichte unseres Universums rekonstruiert werden, sondern – in diesem Rahmen – auch die eigentliche Evolution der unbelebten Materie in Sternen und bei Supernovae.

Während man bis dahin unter Evolution nur die der Lebewesen verstanden hatte, erschien sie nun in ihrem gesamten Ausmaß: als Evolution der Atome, der Moleküle, der unbewussten Lebewesen sowie des Bewusstseins, d.h. als ein seit nahezu 15 Milliarden Jahren unaufhaltsam voranschreitender Prozess der Komplexitätszunahme. Damit trat etwas Dynamisches ins Blickfeld, das mit dem Energiebegriff der Physik – dem materialistischen Schlüssel zur Welterklärung – nicht erfasst werden kann. Während nämlich die Energie nur eine natürliche Richtung hat – in die Senke zu fallen und dabei Formen zu zerstören – manifestiert sich in der Evolution etwas, das Formen, d.h. Anordnungen von Energie bewirkt, und zwar immer komplexere.

Als nach 1970 der Durchbruch zur neuen, mit dem heutigen Wissen über die Natur kompatiblen – komplementären – Auffassung des Begriffspaares von Materie und Geist stattfand, erschien das, was die Evolution vorantrieb, als kreative Facette des – zum materiellen Aspekt komplementären – Geist-Aspekts der Natur. Damit wurde die bis dahin gültige darwinsche Evolutionstheorie – im Sinne eines Paradigmenwechsels – durch eine differenziertere bzw. tiefergreifende abgelöst. Der bis dahin allgemein gebrauchte, jedoch nicht kritisch hinterfragte, auf die Laborversuche von Ylja Prigogine abgestützte Ausdruck „Selbstorganisation der Materie" erwies sich dabei als bloßes Schlagwort, das ein Weiterdenken verhindert hatte.

Mit der Frage, was die Komplexitätszunahme bewirkt habe, flammte auch die Diskussion wieder auf, ob die Evolution einem Ziel entgegenstrebe: etwas, das die materialistischen Evolutionstheoretiker strikt ablehnten. Die systemische Naturauffassung impliziert indessen die Einsicht, dass ein System – zumindest ein lebendiges – nur dann voll verstanden werden kann, wenn man es neben dem kausalen Aspekt auch unter dem zu diesem komplementären finalen Aspekt betrachtet. Allerdings hat sich erwiesen, dass die Evolution kein konkretes Ziel hat – z.B. nicht die Entstehung des Menschen – wie die Vertreter des sog. anthropischen Prinzips behaupteten. Die Tatsache aber, dass seit nahezu 15 Milliarden Jahren eine fortschreitende Komplexitätszunahme der raumzeitlichen Systeme stattgefunden hat, ließ erkennen, dass sie nach immer komplexerer Anordnung der Energie strebt. Dies führte nicht nur zu komplexeren morphologischen Strukturen und Prozessen, sondern auch zur Emergenz (Fulguration) immer neuer Eigenschaften und Fähigkeiten, u. a. zur Fulguration von Kognition; zuerst von unbewusster, dann auch von bewusster.

Nun wird schon seit langem davon geredet, das Weltbild habe sich seit dem Mittelalter verändert. Um dies darzustellen, wurde gewöhnlich auf die Geistesgeschichte zurückgegriffen und die Abfolge der Philosophien von den Vorsokratikern bis in unsere Zeit heruntergebetet. Ideen- bzw. Geistesgeschichte ist jedoch nicht das Gleiche wie Bewusstseinsgeschichte. Um herauszufinden, was sich im Kern verändert hat, genügte die geistesgeschichtliche Betrachtung nicht. Hierzu musste das historische Geschehen auch unter dem Blickwinkel der Bewusstseins-Evolution ins Auge gefasst werden.

Geistesgeschichte versteht sich als Geschichte der Kultur, wobei seit der Aufklärung die Meinung besteht, Kultur sei das Werk der Vernunft: dessen, was man heute Bewusstsein nennt. Seit der Entdeckung des Unbewussten vor gut einem Jahrhundert weiß man jedoch, dass dieses den größten Bereich der menschlichen Psyche einnimmt. Auch weiß man heute, dass Bewusstsein erst beim Schritt vom tierischen Primaten zum Menschen fulguriert ist: gleichsam als Tochtersystem aus jenem seiner selbst nicht bewussten kognitiven System hervorgegangen ist, das während ca. drei Milliarden Jahren fortschreitend an Komplexität zugenommen hatte, und ohne das auch wir Menschen gar nicht leben könnten. Wir Menschen sind unbewusst-bewusste Lebewesen, denn wir kommen als unbewusste Wesen auf die Welt, und Bewusstsein erwacht in uns erst im Verlauf des zweiten Lebensjahres.

Die Beobachtung von Individuationsprozessen, d.h. von seelischen Reifungsprozessen, hat ferner ergeben, dass die verschiedenen Phasen dieses Prozesses einem im Unbewussten gespeicherten arttypischen Programms folgen, und dass das, was wir seelische Reifung nennen, durch Optimierung der Strebungen des Unbewussten (des „Selbst") mit denen des Bewusstseins (des „Ich") zustande kommen. Wie die individuelle Bewusstseinsentwicklung ist auch die Evolution des Bewusstseins zu einem großen Teil ein Naturvorgang. Die evolutionäre Betrachtungsweise lässt uns deshalb unter die von einer Folge von Philosophien gekräuselte Oberfläche hinabsteigen und die großen, weit ausgreifenden Bewegungen des objektiven – dem Bewusstsein nicht direkt zugänglichen – Geistes erfassen. Auch ermöglicht sie es, die psychische Gesetzmäßigkeit zu erkennen, nach der der Wandel des Weltbilds verlaufen ist.

Allerdings wurde die methodisch griffige evolutionäre Betrachtungsweise erst nach 1970 erarbeitet und ist deshalb noch wenig bekannt. Aus diesem Grund sei sie hier kurz skizziert. Als Erstes galt es beim Suchen nach einem griffigen methodischen Ansatz, nicht mehr wie bis anhin von kultureller Evolution zu reden, sondern von der Evolution jenes kognitiven Systems, das Kultur hervorbringt: des Bewusstseins. Da nun die Evolution – die fortschreitende Komplexitätszunahme – eines Systems nur dann nachgewiesen werden kann, wenn man dessen wesentliche Eigenschaften kennt, galt es, eine zeitgemäße, empirisch fundierte Definition von Bewusstsein zu finden. Dies lief auf die Frage hinaus, welche kognitive Fähigkeit beim Schritt zum Menschen fulgurierte (emergierte), d.h. zu den schon hochkomplexen kognitiven Fähigkeiten der tierischen Primaten hinzugekommen sei. Zuständig hierfür war die evolutionäre biologische Kognitionsforschung: jener Zweig der Verhaltensforschung, welcher untersucht, wie die Komplexität der kognitiven Systeme im Verlauf der Evolution zugenommen hat. Sie zeigte, – aufgrund der Spiegelversuche mit Schimpansen als Schlüsselexperiment – dass es die Fähigkeit war, zwischen Ich und Nicht-Ich zu unterscheiden. Tiere können das nicht.

Diese Fähigkeit zur Unterscheidung umfasst zweierlei. Zum einen die Fähigkeit, sich als etwas von der Umgebung Getrenntem bewusst zu werden. Evolution dieser Fähigkeit bedeutete, sich herauszulösen aus dem festen „Eingehängtsein" in die Umgebung durch die artspezifischen Erkenntnis- und Verhaltensmuster, das für Tiere charakteristisch ist. Dabei wurde das auf niedrigen Evolutionsstufen des Bewusstseins noch dominierende Partizipationserleben – das Gefühl, mit Tieren und Pflanzen gleichsam physisch verwandt zu sein – durch bewusste Bezogenheit abgelöst.

Zum anderen bedeutet phylogenetische Bewusstwerdung, die Umgebung immer differenzierter zu erfassen. Dies heißt zum einen, immer mehr Details und Gesetzmäßigkeiten an dieser zu erkennen, zum anderen – was das Entscheidende ist – immer weiter hinter die „Fassade des Augenscheins", die uns unsere Wahrnehmungssysteme vermitteln, vorzudringen.

Dank dem Besitz von Bewusstsein – der Fähigkeit zu Unterscheidung – war der Mensch in der Lage, objektunabhängige, d.h. verbal vermittelbare

Kultur zu schaffen. Um nun nachzuweisen, dass eine Evolution des Bewusstseins stattgefunden hat (Theologen lehnten dies kategorisch ab), musste man infolgedessen die bisher erforschten Kulturen daraufhin befragen, was für ein Grad von Unterscheidungsvermögen in ihnen zum Ausdruck komme.

Als man mit dieser Fragestellung an das kulturhistorische Material heranging, stellte sich jedoch heraus, dass der Mensch früher sich selbst, die Welt und seine Befindlichkeit in ihr völlig anders verstanden hat als wir dies heute tun.

Durch interkulturellen Vergleich konnte schließlich festgestellt werden, dass allen bisherigen Kulturen ein gemeinsames Muster des Weltverstehens zugrunde lag: ein Muster, das zwar in der geographischen Breite und in der Höhe der Zeit beträchtlich variiert worden, in seiner Grundstruktur jedoch bis zu Beginn unserer Neuzeit gleichgeblieben ist. Es war die Art des Weltverstehens, die ich oben skizziert habe. Ich nannte sie die archaische (vom Griechischen „archaios" d.h. alt bzw. veraltet), um sie von der heutigen, die ich die neue nenne, zu unterscheiden. Um aber den Grad des Unterscheidungsvermögens, der in einer Kultur zum Ausdruck kam, bestimmen zu können, galt es noch, die uns fremden Gedankengänge des archaischen Menschen in ihrer inneren Logik zu verstehen. Möglich wurde dies dank der Einsichten der Tiefenpsychologie in den Projektionsvorgang und die Bildersprache des Unbewussten.

Nun ging bei der Gesamtevolution der raumzeitlichen Wirklichkeit Komplexitätszunahme immer Hand in Hand mit Diversifikation. Das heißt, dass nach jedem Schritt zu einem komplexeren System sich von diesem Varianten ausbildeten und weiterentwickelten. Bei der Bioevolution diversifizierte sich das System „Lebewesen" in eine Vielzahl von Arten (Spezies). Das System „Bewusstsein" hingegen diversifizierte sich in Kulturen, ist doch die Fähigkeit, objektunabhängige Kultur zu schaffen, wie gesagt, ein Kennzeichen von Bewusstheit. Nun ist es aber für Kulturen charakteristisch, dass sie sich miteinander vermengen und sich dabei gegenseitig befruchten können, während sich tierische Arten – von wenigen Ausnahmen abgesehen – nicht vermischen.

Ferner unterscheiden sich Bio- und Bewusstseins-Evolution in der Art und Weise, wie evolutionäre Gewinne weitergereicht werden. Bei der Bio-Evolution geschieht dies über das Genom, bei der Evolution des Bewusstseins hingegen über die Tradition. Dank der Fähigkeit, sich verbal zu äußern, kann der Mensch neue Einsichten anderen mitteilen. Im Gedächtnis der Gruppenmitglieder oder in materiellen Speichern sind sie dann gleichsam in einem Depot aufgehoben. Aus diesem können sich spätere Generationen während ihrer Sozialisation die gespeicherten Inhalte aneignen. Wenn sie selber etwas Neues herausfinden, können sie es in dieses Depot einspeisen.

Die Tradition wächst jedoch nicht linear an: nicht durch bloße Anhäufung von Inhalten. Immer wieder findet ein Aggiornamento (eine Aktualisierung) statt. Dabei werden neue Einsichten ins tradierte Welt- und Menschenbild integriert, wobei dieses sich schrittweise verändert und überholte Vorstellungen fallen gelassen werden. Verfolgen kann man dies z. B anhand der Geschichte der Religionen bzw. der Gottesvorstellungen. Auch der Prozess, den ich als Mutation des Bewusstseins bezeichne, hatte ein Aggiornamento zur Folge, allerdings eines, das viel tiefer griff als alle bisherigen.

Die Evolution des menschlichen Geistes geschah allerdings nicht auf breiter Front. Lange Zeit vollzog sie sich in geographisch voneinander getrennten Räumen: in Mittel- und Südamerika, im südlich der Sahara gelegenen Afrika, in Indien, in China sowie in einem Gebiet, das Mesopotamien, Kleinasien und Ägypten umfasst. Während sie sich aber in Afrika und Indien in einer Vielzahl von Inseln mit geringem Evolutionspotential vollzog, können in Amerika, in Ostasien und im „mesopotamischen Bereich" zentrale Achsen ausgemacht werden, auf denen die Evolution beschleunigt und verdichtet voranschritt. Dass sie in den außerhalb dieser Achsen gelegenen Gebieten zurückblieb, hatte für die Forschung den Vorteil, dass wir in jüngster Zeit noch frühe Entwicklungsstadien erfassen konnten.

In Mittel- und Südamerika führte der in den Hauptachsen konzentrierte Strom der Entwicklung schließlich zu den Reichen der Maya, der Inka und Azteken, in Ostasien zum chinesischen Reich. Allerdings erlahmte in China der evolutionäre Impuls am Beginn unserer Neuzeit, während die amerikanischen Reiche im 16. Jh. durch die europäische Expansion ausgelöscht wurden und damit eine weitere Evolution dort nicht mehr stattfinden konnte.

Auf dem „mesopotamischen" Strang hingegen ist die Evolution des Bewusstseins bis heute unaufhaltsam vorangeschritten. Dabei verlagerte sie ihren Schwerpunkt zuerst in die Gebiete rund ums Mittelmeer, dann ins Gebiet nördlich der Alpen. Dort vereinte sich der von Mesopotamien herkommende Strom mit dem keltisch-germanischen, wobei die christlich-abendländische Hochkultur entstand: die Kultur, innerhalb der jener große Evolutionsschritt erfolgt ist, bei dem die bis dahin allgemeingültige archaisch-mythische Weltsicht überstiegen wurde.

Nachdem nun durch Anwendung der evolutionären Betrachtungsweise in den vergangenen Jahrzehnten festgestellt werden konnte, was sich bei diesem Schritt im Kern verändert hat und welche Konsequenzen diese Veränderung für das Welt- und Menschenbild hatte (dargestellt in meinen früheren Büchern), soll nun der Blick noch auf die Rahmenbedingungen gerichtet werden, welche zu Beginn des zweiten Jahrtausends in Europa gegeben waren. Zu diesen gehörten – um dies hier vorwegzunehmen – unter anderem die spezifische Ausprägung des europäischen Feudalismus mit dem dazugehörenden Wirtschaftssystem, ferner das Amalgam von weltlicher und kirchlicher Herrschaftsstruktur sowie die Bemühungen um deren Trennung, schließlich die damals in den Städten sich regende kommunale Bewegung, woraus mit der Zeit die von Adel und Kirche unabhängige Zivilgesellschaft hervorgegangen ist. Mit dieser entstand ein geistiger Raum, in dem sich – als etwas völlig Neues – die empirischen Wissenschaften entwickeln konnten. Durch deren Ergebnisse bzw. Entdeckungen wurde die archaische Weltsicht überstiegen und die Grundlagen geschaffen für eine neue Sicht der Wirklichkeit.

Nun sind aber diese Faktoren nicht vom Himmel gefallen. Sie hatten eine lange Vorgeschichte. Diese soll deshalb zuerst dargestellt werden, wobei auf die traditionelle Geschichtsschreibung umgestellt werden muss. Auf das dabei Dargelegte können wir dann zurückgreifen, wenn wir das Zustandekommen der für die Mutation relevanten Faktoren betrachten, ebenso wenn wir deren europäische Ausprägung mit derjenigen in anderen Kulturen vergleichen. Allerdings ist zwischenhinein immer wieder auf die evolutionäre Betrachtung zurückzukommen. Dabei kann gezeigt werden, über welche Etappen die Evolution des Bewusstseins unterhalb der durch die historische Methode erfassbaren Oberfläche konsequent vorangeschritten ist.

1.   Der kulturelle Humus Europas

1. 1.   Ursprung im Orient

Betrachten wir zuerst den Traditionsstrom, der – unter ständigem Aggiornamento – den Humus angereichert hat, auf dem die abendländische Kultur sich entfalten konnte. Heute ist klar, dass sein Ursprung im Orient liegt, und zwar in jenen Hochkulturen, die im vierten Jahrtausend v. Chr. im Mündungsgebiet des Euphrat und im Tal des Nil bestanden. Zwar gab es zu jener Zeit noch eine dritte Hochkultur entlang des Indus. Diese ist jedoch schon ca. 1500 v. Chr. sozusagen sang- und klanglos untergegangen.

Im Mittelalter glaubte man noch, der Ursprung der Menschheit liege in Palästina und deren Geschichte sei so verlaufen, wie sie in der Bibel geschildert ist. Mit der Renaissance kam dann die Überzeugung auf, echte Kultur habe in Griechenland begonnen. Im 19. Jh. trat jedoch die Tatsache ins europäische Bewusstsein, dass die meisten jener Errungenschaften, die Kultur ausmachen, schon im alten Orient vorhanden waren.

1. 1. 1.   Hochkulturen an den großen Strömen

Von der am Indus gelegenen Kultur ist nur wenig bekannt, ebenso vom Grund ihres Untergangs. Zeichen gewaltsamer Zerstörung konnten nicht gefunden werden. Es wird vermutet, dass der Grund ihres Untergangs eine ökologische Katastrophe war, welche die agrarische Grundlage zerstörte. Geblieben bzw. bis heute ausgegraben sind von jener Kultur die großen und imposanten Städte Mohenjo Daro und Harappa, beide am Ufer des Indus gelegen. Ihre Überreste sind vor allem deshalb so gut erhalten, weil die Indusleute schon den gebrannten Ziegel in Format und Größe des heutigen Backsteins erfunden hatten. Die Städte waren sehr regelmäßig angelegt, was auf souveräne Planung schließen lässt. Die Versorgung mit Trinkwasser reichte bis in die einzelnen Häuser; die Abwässer wurden systematisch beseitigt. Gebäude, die als Herrschaftssitze oder Tempel interpretiert werden konnten, wurden allerdings keine gefunden. Der Verkehr von Personen und Waren scheint sich auf den Flüssen abgespielt zu haben. Es wurden sogar Handelsbeziehungen übers Meer zu den Euphratstädten nachgewiesen. Über die Gesellschafts- und Herrschaftsstruktur der Induskultur sowie über deren Religion wissen wir noch nichts.

In Mesopotamien blühte um 3500 v. Chr. die sumerische Zivilisation. Wie die Analyse von Bohrkernen im Mündungsgebiet der Flüsse ergeben hat, war kurz vorher eine relative Trockenperiode eingetreten, sodass ein Teil der bislang überfluteten Gebiete bebaut werden konnte. Die Böden erwiesen sich als sehr fruchtbar. Archäologen haben in Südmesopotamien ca. ein Dutzend Städte ausgegraben, von denen Uruk die bedeutendste gewesen zu sein scheint. Sie gilt als erste Großstadt der Menschheit mit Stadtmauer, Palmengärten und Heiligtümern. Sie soll Sitz des legendären Königs Gilgamesch gewesen sein.

Im Unterschied zu den Städten der Induskultur waren die sumerischen aus getrockneten Lehmziegeln erbaut. Oft wurde eine Verbundtechnik aus Schilf und Lehm verwendet. Gelegentlich kamen auch schon Gips und Bitumen zum Einsatz. Vom Euphrat nach Uruk führte ein Kanal, der sich in der Stadt in ein Netzwerk schiffbarer Wasserwege verzweigte. Die Existenzgrundlage der Bevölkerung bildete eine schon hoch entwickelte Landwirtschaft. An Handwerksbetrieben konnten solche von Tischlern, Schmieden, Töpfern, Steinmetzen und Rollsiegelschneidern nachgewiesen werden. Auch kannte man schon eine Schrift, doch diente diese während längerer Zeit nur zur Kennzeichnung und Registrierung von Handelsgütern. Das Herrschaftssystem in Sumer scheint vom Typus des Sakralkönigtums gewesen zu sein. Dabei nahm man an, das Land gehöre dem Stadtgott und dieser habe den König mit der Herrschaft und Verfügungsgewalt darüber betraut.

Die zivilisatorischen Leistungen der Sumerer legen Zeugnis ab für das bis dahin gewonnene Know-how zum Umgang mit „dieser" Welt, nicht aber für den eigentlichen Stand der Bewusstseins-Evolution. Sachwissen ist eben nicht das Gleiche wie Bewusstheit. Als Gradmesser für den Evolutionsgrad des Bewusstseins eignen sich – unter anderem – die Schöpfungsmythen, die ja in sozusagen jeder Ethnie vorkommen. So erzählten sich die Sumerer, ihr Hochgott Eni, der Herr des Apu, – des Süßwassermeeres, auf dem die Erdscheibe schwamm – habe schlummern können, während die anderen Götter das Schöpfungswerk weiterführten. Die Urgöttin Nammu, Enis Mutter fand das nicht in Ordnung und holte sich Rat bei ihrem Sohn. Dieser kam auf die Idee, es seien aus Lehm Lebewesen zu formen, die den Göttern dienen sollten. Dadurch fühlte sich Nammus Konkurrentin, die Göttin Niumak zurückgesetzt. Um sich zu rächen, formte sie aus den Lehmresten verkrüppelte Gestalten. So kamen Krankheiten und Gebrechen in die Welt. Es handelt sich hier um einen noch recht plumpen Mythos, aus dem geschlossen werden kann, dass das Bewusstsein noch keinen hohen Evolutionsgrad erreicht hatte. Immerhin hatten die Sumerer das Problem der Theodizee, das christlichen Theologen so viel Kopfzerbrechen bereiten sollte, auf einfache Weise gelöst.

Fast zur gleichen Zeit wie in Sumer entstand auch in Ägypten eine Hochkultur. Sie erwuchs auf dem Boden einer Anzahl spätneolithischer Kulturen. Diese waren im Delta ausgesprochen agrarisch, in Oberägypten hingegen noch halbnomadisch-jägerisch. Über eine Anzahl von Adelsherrschaften haben sich mit der Zeit zwei Reiche ausgebildet, ein nördliches und ein südliches. Um 3000 v. Chr. sind diese – mitsamt ihrer unterschiedlichen religiösen Vorstellungen – zu einer Einheit zusammengewachsen. Das Erwachen, das diesen Verschmelzungsprozess begleitet hat, führte zu jener altägyptischen Zivilisation, deren imposante bauliche und künstlerische Hinterlassenschaften wir heute bewundern können. Auch wurde die Hieroglyphenschrift erfunden. Sie war zwar der sumerischen Keilschrift strukturell verwandt, doch hatte sich der Lautwert schon vom Bildwert gelöst, sodass auch Gedanken ausgedrückt werden konnten.

Das ägyptische Reich war ein Beamtenstaat, an dessen Spitze der Pharao stand. Dieser galt nicht nur als Beauftragter Gottes wie die Herrscher der mesopotamischen Staaten, sondern als Gott. Wie die Ägypter sich die göttliche Natur des Pharao vorstellten, ist für uns – wie so vieles des archaischen Weltverstehens – nicht nachvollziehbar. Dass er aber für die Ägypter ein Gott war, ist so sicher wie die Tatsache, dass für Katholiken über all die Jahrhunderte die geweihte Hostie der Leib Christi war.

Die Religion Ägyptens war polytheistisch. Dabei hatten die Gottesvorstellungen ihren Ursprung im direkten Erleben. In allem, was auf der Erde oder am Himmel wahrgenommen und als sacer (heiligen Schauder erregend) erlebt wurde, manifestierte sich dem Ägypter – wie heue noch vielen Indern – die Macht eines Gottes oder einer Göttin. Wir stoßen damit auf die Tatsache, dass das Welterleben des archaischen Menschen für uns nicht mehr nachvollziehbar ist, weil wir die Mutation des Bewusstseins hinter uns haben. Der archaische Mensch sah zwar die Dinge dieser Welt so wie wir, vieles sogar noch genauer. Aber gleichzeitig wusste er, dass z.B. ein Gestirn; ein Baum oder ein Berg „in Wirklichkeit" ein göttliches Wesen „war".

Je nach Gegend, historischer Epoche oder Gesellschaftsschicht waren die Gottesvorstellungen Ägyptens verschieden. Als Hochgott wurde zwar die Sonne (Re) verehrt. Man kannte aber viele Sonnengötter, je nach dem Aspekt der Sonne, der benannt werden sollte; so z.B. die verschiedenen Phasen deren täglicher „Wanderung".

Für die Evolution des Bewusstseins kennzeichnend sind vor allem jene Vorstellungen des Göttlichen, welche auf der Ebene der Pharaonen und der diesen nahestehenden Eliten entstanden. Da das Pharaonische Herrschaftssystem – wenn auch mit einigen Umbrüchen – während drei Jahrtausenden bestand, konnte die Evolution des Bewusstseins auf dem metaphysischen Zweig in Ägypten ein gutes Stück voranschreiten.

Verfolgen lässt sich dies wiederum an den Schöpfungsmythen. Lehm kneten wie die sumerischen Götter mussten die ägyptischen nicht mehr. Als in Heliopolis die Vorstellung einer einmaligen Schaffung der Welt aufkam, hieß es, der Sonnengott Re-Atum habe zuerst Luft und Wasser (Schu und Tefnut) geschaffen. Interessant ist, wie er dabei vorging. Da steht in einem Pyramidentext: „Atum, der zum Selbstbefriediger geworden ist in Heliopolis. Er nahm seinen Phallus in seine Faust, um damit Lust zu erregen. Ein Geschwisterpaar wird erzeugt, Schu und Tefnut." In einem späteren Pyramidentext wird der Schöpfungsvorgang schon etwas subtiler dargestellt. Es heißt dort: „Du (Atum) hauchtest Luft aus als Schu und spiest Feuchtigkeit aus als Tefnut". In Heliopolis wurde die Vorstellung von der Erschaffung der Welt noch weiter entwickelt. Indem man dort über das Chaos reflektierte, wurde nun zur Bezeichnung des Göttlichen ein negativer Ausdruck verwendet. Der Schöpfergott hieß nun Amun, d.h. der Verborgene. Sein Schöpfungswerk bestand darin, dass er Ordnung schuf, indem er Wesensbeschaffenheiten bestimmte.

Ein weiterer Schritt geschah, als Snofru, der Begründer der vierten Dynastie auf den Thron kam und seinen Sitz nach Memphis verlegte. Dort galt als Schöpfergott Ptah der sehr Große. Der war dort ein „alter" Hochgott. In der berühmten, auf einen Stein gemeißelten Schabaka-Inschrift heißt es, Ptah der sehr Große habe die Welt dadurch erschaffen, dass er befehlende Worte aussprach. Dabei wurde erklärt, der göttliche Mund, der die Worte aussprach, sei lediglich Vollzugsorgan gewesen. Ursprungsort der schöpferischen Worte sei das Herz: jenes Organ, das man damals als Sitz der Denkfunktion auffasste. Darin, dass die Mythen subtiler bzw. weniger plump wurden, manifestiert sich ein charakteristischer Trend der Bewusstseinsevolution bei archaischer Weltsicht: der Trend zur Entmaterialisierung der Vorstellungen vom Jenseits und den Jenseitigen.

Auf weitere Manifestationen der Evolution des Bewusstseins in der Geschichte Ägyptens – auf die Gestalt eines wesensgleichen Sohnes des Ptah sowie auf den Versuch eines Monotheismus durch Amenophis IV. – werde ich später eingehen. Hier sei nur noch darauf hingewiesen, dass – als weiteres Kennzeichen archaischer Weltsicht – die Idee vom Weiterleben nach dem Tod das Denken und Handeln der Ägypter weitgehend bestimmte. Dabei stellte man sich allerdings das Jenseits noch derb materiell vor, wie die Grabbeigaben sowie die Bilder und Inschriften an den Wänden der Gräber bezeugen.

1. 1. 2.   Die Wurzeln der Stromkulturen

Die Wurzeln der beiden Hochkulturen befanden sich in weit auseinander liegenden Gebieten: die der mesopotamischen in Anatolien, die der ägyptischen zwar auch zum Teil in Anatolien, zum Teil jedoch in Schwarzafrika.

Betrachten wir zuerst den von Anatolien ausgehenden Entwicklungszweig. Beeindruckend ist da schon die Kultstätte von Göbekli Tepe, die ab 9600 v. Chr. im Hügelland südlich des Taurusgebirges errichtet worden ist. Sie wird gebildet durch gewaltige Steinkreise aus monolithischen, T-förmigen Pfeilern, die eine Höhe bis zu 5 m. erreichen. Diese wurden noch mit Steinwerkzeugen aus dem Fels herausgearbeitet. Auf den Pfeilern sind oft Reliefs von Tieren angebracht, was auf totemistische Vorstellungen hinweist. Daneben finden sich noch drei- und viereckige Räume aus Bruchstückmauern mit fein geschliffenen Terrazzoböden.

Errichtet haben diese Kultstätte noch Jäger und Sammler, die zeitweise stationär lebten und wahrscheinlich schon Wildgetreide ernteten. Sie scheinen somit an der Schwelle zur Neolithisierung gestanden zu haben: jenes mehrere tausend Jahre in Anspruch nehmenden Evolutionsschritts des Bewusstseins, durch den aus Wildbeutern schließlich Ackerbauern und Viehzüchter hervorgegangen sind. Charakterisiert sind die neolithischen (jungsteinzeitlichen) Kulturen durch den Erwerb der Domestikation von Pflanzen und Tieren: dadurch, dass sie gelernt haben, diese durch gezielte Zucht zu verändern.

Indessen zeigt die Kultstätte von Göbekli Tepe, dass sowohl große Architektur als auch eigentliche geistige Leistungen nicht an die Kunst der Domestikation gebunden sind. Kulte bestanden schon damals im Vollzug von Riten: in jenem typisch archaischen Verhaltensmuster, mit dem etwas bewirkt werden sollte. indem man Mythen dramatisierte. Dabei glaubte man, in dem Moment, in dem der Mythos dramatisiert werde, geschehe das in diesem Erzählte wieder. So „bewirkte" man z.B. durch Aufführung des Schöpfungsmythos den Weiterbestand der Welt, die ja nach früharchaischer Ansicht immer wieder zum Rückfall ins Chaos neigte. Ausdruck geistiger Leistungen jener Menschen sind auch Piktogramme an den Pfeilern der Kultstätte Göbekli Tepe. Sie zeigen, dass jene Menschen schon Mittel gefunden hatten, Nachrichten haltbar zu machen. Eine Weiterentwicklung dieser Fähigkeit bewiesen Funde in den Ruinen der südlich von Göbekli Tepe gelegenen – ebenfalls noch präneolithischen – Siedlung Sabi Ayad. Dort verschlossen Menschen ihre Schätze mit Siegeln, die ein meist sechsbeiniges Zickzackmotiv mit Kopfschmuck hatten. All diese Piktogramme können als Vorläufer der eigentlichen Schrift verstanden werden.

Aus der Kultstätte von Köbleki Tepe lassen sich zweierlei Schlüsse ziehen. Erstens setzt ihre Größe sowie der Arbeitsaufwand, der vor der Erfindung metallischer Werkzeuge zu deren Erstellung erforderlich war, eine sehr umfangreiche Kultgemeinschaft voraus; ferner, dass eine Gruppe vorhanden sein musste, welche die Fähigkeit hatte, dieses Unternehmen zu organisieren. Zweitens lässt die Tatsache, dass die Menschen damals bereit waren, für die Götter bzw. unsichtbaren Mächte jene gewaltige Arbeit auf sich zu nehmen, darauf schließen, dass sie der Überzeugung waren, ihr Wohlergehen hänge vollständig davon ab, dass die „Jenseitigen" mit ihnen zufrieden waren.

Als die anatolischen Kulturen den Weg südostwärts über die fruchtbaren Gebiete des Euphrat und Tigris nahmen, muss sich – ab dem 5. Jahrtausend v. Chr. – der endgültige Schritt zum Neolithikum vollzogen haben. Die Menschen scheinen sesshaft geworden zu sein, was aus den Siedlungen hervorgeht. Diese waren vorerst klein, wurden dann immer größer, wie die Ausgrabungen zeigen.

Mit dem Erblühen zur sumerischen Hochkultur fand dann noch die Urbanisierung statt: der Schritt zu Spezialisierung, Elitebildung, Verwaltung, Schriftbildung und kumulierter Macht. Dieser Schritt muss mit all dem, was er sonst noch gebracht hat, so bedeutend gewesen sein, dass Vor- und Frühgeschichtler von einer urbanen Revolution – im Unterschied zur agrarischen – sprechen.

Wir sind zwar gewohnt, die Erfindung des Ackerbaus der Gegend von Anatolien und Nordmesopotamien allein zuzuschreiben, weil sie später von dort her – über den Balkan – zu uns gekommen ist. Indessen finden wir frühe Landwirtschaft auch auf anderen Hauptsträngen der Bewusstseins-Evolution, so dem chinesischen und dem südamerikanischen.

Betrachten wir noch die Wurzeln der ägyptischen Hochkultur. Die These, dass sie ihren Ursprung in Schwarzafrika hatte, wird vor allem von französischen Archäologen vertreten. Sie stützen sich auf Funde von Keramik in Mali und in der Sahara. Diese werden als Beweis dafür angesehen, dass dort bereits 9000 v. Chr. das Wissen vorhanden war, Ton zu brennen und das Schrumpfen der Rohformen durch Mineralzusätze zu verhindern. Die Archäologen sehen darin ebenso einen Beweis für Veränderung der natürlichen Elemente wie in der Domestikation von Tieren und Pflanzen. Sie schließen daraus auf Gesellschaften, denen eine rein aneignende Lebensweise nicht mehr zugeschrieben werden kann.

Ackerbau war damals noch nicht nötig, da z.B. in der noch grünen Sahara nahrhafte Wildgräser reichlich gediehen. Das Vorhandensein hoch entwickelter Keramik zeigt, dass das Wissen vorhanden war, die Ernte trocken sowie von Nagern geschützt aufzubewahren und vor allem auch zu kochen, um die Stärke darin aufzuschließen. Bestätigt wird der Wechsel in der Ernährungsweise durch die ausgegrabenen Mahlgeräte.

Als im 5. Jahrtausend vor Chr. die Sahara auszutrocknen begann, wurden die Menschen in die verbliebenen fruchtbareren Gebiete vertrieben: ins Tal des Nil, an die Meeresküsten oder in die Savannen. Dorthin brachten sie, wie Felszeichnungen verraten, Rinder, Schafe und Ziegen mit. Das Ernten von Wildgräsern deckte nun den Bedarf nicht mehr, doch war das Wissen um den Ackerbau offenbar schon vorhanden, wie Ausgrabungen im Niltal zeigen.

Die agrarische Kultur, die im Delta des Nil schon vor der Vereinigung der beiden Reiche bestand, lässt vermuten, dass das dortige Wissen über den Ackerbau von Anatolien hergekommen war. Auf jenem Landstreifen, der diese Gebiete vereinigt, wurden nämlich ebenfalls sehr alte Siedelungen ausgegraben, z.B. Tell Brak und Jericho.

1. 1. 3. Die Ausbreitung der Stromkulturen

Die Befruchtung unseres Traditionsstromes durch die beiden Hochkulturen geschah auf unterschiedliche Weise und zudem zeitlich gestaffelt.

Ägypten schloss sich kulturell fast dreitausend Jahre lang von der Umwelt ab, betrachtete es sich doch – ebenso wie China – als Mittelpunkt der zivilisierten Welt. Allerdings musste es sich zur Zeit des Neuen Reiches militärisch behaupten gegen die Angriffe jener Reiche, die unterdessen im mesopotamischen Raum herangewachsen waren. Aber diese Kämpfe fanden außerhalb des Niltales, vorwiegend in Palästina, statt. Als „Gefäß", in dem die Evolution des Bewusstseins voranschreiten konnte, hatte Ägypten, wie gesagt, drei Jahrtausende lang Bestand.

Im Unterschied zur ägyptischen diffundierte die mesopotamische Kultur schon früh. So entstand den Strömen entlang aufwärts eine Reihe von Reichen, welche sich schließlich auf Kleinasien, die Ägäis sowie die iranische Hochebene ausbreiteten. Es waren unter anderen die der Sumerer und Akkader, der Babylonier, der Hethiter, das Reich Mitanni sowie die Reiche der Assyrer, Meder und Perser.

Schon früh brachen auch Fremdvölker in die mesopotamische Ebene ein: aus Arabien semitische, vom Zagrosgebirge her die Elamiter, deren ethnische Herkunft unbekannt ist, ferner die Hurriter, die weder eine semitische noch eine indoeuropäische Sprache sprachen und schließlich noch indoeuropäisch sprechende Ethnien. In der Regel gelang es jedoch, diese zu integrieren. Unter den sumerischen Stadtstaaten waren schon früh Kriege ausgebrochen, aus denen schließlich das sumerisch-akkadische Großreich hervorging. Dieses brach gegen Ende des 2. Jahrtausends v. Chr. zusammen. Zurück blieb eine politische Ordnung, die weitgehend von rivalisierenden und sich gegenseitig bekämpfenden regionalen Machtzentren dominiert war.

Hier scheint mir eine kurze Zwischenbemerkung angebracht. Wenn es auch mein Bestreben ist, hier die Evolution des Bewusstseins zu beschreiben, möchte ich doch darauf hinweisen, dass damit nur ein Aspekt dessen erfasst wird, was wir als historisches Geschehen bezeichnen. Vor allem soll nicht vergessen werden, dass die Geschichte, welche das hier zu beschreibende geistige Geschehen begleitete oder mitbedingte, eine gewaltige Blutspur nach sich gezogen hat und von unsäglichen menschlichem Leid begleitet war.

Fahren wir mit unserer Untersuchung fort. Bald gelang es dem Stadtkönig von Babylon, Hamurappi (792-750), einen territorialen Staat zu errichten, der vom persischen Golf bis zum mittleren Euphrat reichte. In die Geschichte eingegangen ist Hamurappi vor allem durch seinen Gesetzeskodex. Dieser umfasste außer dem Strafrecht auch Handelsrecht, Haftungsrecht, Familienrecht und Sklavenrecht. Er zeugt von einem schon ansehnlichen Niveau der Bewusstseins-Evolution.

Hamurappis Großreich war allerdings nicht von langer Dauer. Anderthalb Jahrhunderte nach Gründung seiner Dynastie traten innere Schwierigkeiten auf, die vor allem wirtschaftliche Gründe hatten. Es mussten aber auch Einwanderer aus dem Nordosten, die sog. Kassiten, eingegliedert werden. Dazu kam, dass im 17. Jh. in Anatolien das Reich der indoeuropäischen Hethiter entstanden war, welches rasch expandierte. Von Hethitern wurde denn auch Babylon 1595 v. Chr. eingenommen. Obwohl sich aber nach dem Zerfall des babylonischen Reiches die Machtverhältnisse im Gebiet des Euphrat und Tigris mehrfach veränderten, blieb die Stadt Babylon doch für mehr als zwei Jahrtausende das bedeutendste kulturelle Zentrum Mesopotamiens. Da die Babylonier ein ausgesprochen schreibfreudiges Volk waren, und die Archäologen eine große Menge beschriebener Tontäfelchen gefunden haben, sine wir über babylonische Kultur und Lebensweise gut unterrichtet.

Den Hethitern entstand schon bald nach der Eroberung Babylons ein Konkurrent im Hurriterreich Mitanni. Zwar waren die Hurriter schon seit Anfang des 2. Jahrtausends in Mesopotamien ansässig, doch waren sie bis dahin außenpolitisch nicht in Erscheinung getreten. Im 16. Jh. aber schlossen sich mehrere hurritische Fürstentümer zu einem Reich zusammen und brachten darauf große Teile Nordsyriens auf Kosten der Hethiter unter ihre Herrschaft. Dadurch ließ der Druck auf Babylon nach, und es gelang den früher eingewanderten und dann assimilierten Kassiten, eine Dynastie zu errichten. Diese konsolidierte den Staat und zentralisierte dessen Verwaltung. Die Außenpolitik der kassitischen Dynastie war durch die Beziehung zu dem nördlichen Nachbarn Assyrien und dem östlichen Nachbarn Elam bestimmt, wobei es zu häufigen Grenzstreitigkeiten kam. Dann expandierte Syrien, drang bis nach Ägypten vor und eroberte auch Babylon, über das es mehrere Jahrzehnte dominierte. Das Ende der Kassitendynastie erfolgte 1155 v. Chr., als die Elamiter Babylon überfielen und sogar die Statue des Stadtgottes Marduk entführten. Dies löste bei den Babyloniern eine schwere Identitätskrise aus, war doch für diese frühen Archaiker die Statue der Stadtgott selber. Mit ihrem Verlust ging der Stadt die Kraft verloren.

Bald aber begann der Wiederaufstieg Babylons und mit diesem die Bildung des neubabylonischen Reiches. Die Initiative ging von der südbabylonischen Stadt Isin aus. Der dortige Herrscher Nebuchadnezar I. (1125-1104) besiegte die Elamiter, eroberte deren Hauptstadt Susa und brachte die Marduk-Statue zurück. Dies führte in Babylon zu einer religiösen Renaissance. Marduk rückte nun an die Spitze des dortigen Pantheons. Auch wurde der Schöpfungsmythos Enuma elisch abgefasst, wodurch Babylon zum Zentrum des Universums proklamiert wurde.

Der babylonische Schöpfungsmythos Enuma elisch erzählte, die Erschaffung der Welt habe begonnen mit dem wässerigen Urpaar Apsu und Thiamat (das Meer), von dem alle übrigen Götter abstammten. Nach einem Generationenkampf, bei dem zuerst Apsu, dann Thiamat getötet wurden, habe Marduk aus Thiamats Leichnam die Himmel und die Ede geschaffen.

Die Erde war nach Vorstellung der mesopotamischen Völker eine Scheibe. Diese war umgeben vom Salzwasserozean und getragen vom Süsswasserozean, in dem der Gott Eni wohnte. Über ihr wölbten sich mehrere Himmel. Im obersten hatte der Gott An seinen Sitz. Der unterste wurde gebildet durch die Sterne.

Über die Erschaffung des Menschen wurde zur Zeit des neubabylonischen Reiches erzählt, sie seien aus einer Mischung von Lehm mit dem Blut eines getöteten Gottes hervorgegangen. Die Aufgabe der Menschen bestehe darin, für die Götter zu arbeiten. Dazu gehöre die Ernährung der Götter durch Opferspeisen. Allerdings aßen die Götter diese nur „geistig". Verzehrt wurden sie dann von den Priestern und Tempeldienern.

Das mesopotamische Pantheon war alles andere als statisch. Zum einen traten je nach Fortgang der Geschichte andere Götter an die Stelle der bisherigen. So Marduk zu Beginn des neubabylonischen Reiches. Zum anderen wurde die Zahl der Götter ständig verringert. In letzterem drückt sich jener allgemeine Trend der Bewusstseinsevolution bei archaischer Weltsicht aus, den ich als Reduktion der metaphysischen Populationen bezeichnet habe. Ein weiterer Trend war die Entmaterialisierung der jenseitigen Wesen. Ausgedrückt hat sich dessen damaliger Stand in der Vorstellung, dass die Götter sich nur „geistig" an den Opfergaben erlabten.

Blicken wir wieder auf die Geschichte. Seit dem Ende des zweiten Jahrtausends v. Chr. war über den vorderen Orient die erste barbarische Völkerwanderung hereingebrochen. Sie kam aus verschiedenen Richtungen: aus Arabien und Lybien sowie aus dem Norden und erfolgte in verschiedenen Wellen. Eine erste Welle schwemmte – aus Arabien kommend, – die israelitischen Stämme nach Kanaan, ferner die Chaldäer nach Sumer und die Aramäer gegen Assyrien. Von Lybien her brachen Berber in Ägypten ein und besetzten dort sogar vorübergehend den Pharaonenthron.

Der Einfall aus dem Norden schwemmte „Barbaren", wahrscheinlich aus dem Steppengürtel südlich des Urals in die alte Welt. Unter ihnen befanden sich viele aus indogermanischem Sprachgebiet. Einige Zeit müssen sie sich im ägäischen Raum aufgehalten haben. Danach zogen sie zu Wasser und zu Lande der Küste Kleinasiens und der Levante entlang bis nach Ägypten. Es sind denn auch ägyptische Quellen, die uns unter dem Titel „Einfall der Seevölker" von ihnen berichten. Es handelte sich jedoch nicht um Raubzüge, die nur den Gewinn von Beute zum Ziel hatten, sondern um den Versuch einer Einwanderung. Die Eindringlinge führten nämlich Frauen und Kinder mit sich sowie ihr Vieh und ihre bewegliche Habe. Einem Teil von ihnen gelang es, sich in den orientalischen Reichen niederzulassen. Dort wurden sie jedoch bald einmal von der höheren Kultur absorbiert. So z.B. die Philister, denen Pharao Ramses III. Wohngebiete in Palästina zugewiesen hatte.

Zu erwähnen ist noch, dass das neubabylonische Reich im Jahre 587 v. Chr. Jerusalem eroberte und die geistige Elite von Judäa nach Babylon deportierte. Unter den Israeliten war unterdessen – im Trend zur Reduktion metaphysischer Populationen – der Sturmgott Jahwe zum „alleinigen Gott" emporgestiegen. Wie immer bei evolutionären Durchbrüchen fand auch dieser Schritt nur bei einer kleinen Gruppe – der Evolutionsspitze der Population – statt, während die Mehrheit der Juden noch lange Zeit beim Glauben an die alten Götter verharrte.

Im babylonischen Exil sahen sich die Jahwe-Propagatoren mit einer anderen Hochreligion konfrontiert: mit dem Zarathustrismus. Da gingen sie daran, für ihre Landsleute die eigenen Wurzeln darzustellen, und aufzuzeigen, dass sie das auserwählte Gottesvolk waren. Als Leitfiguren für ihr Werk dienten ihnen zwei fast schon legendäre Stammesführer aus der Zeit der Einwanderung in Kanaan; Abraham und Moses. Diese waren offenbar in den ca. 6 Jahrhunderten, die seit der Einwanderung verflossen waren, zu besonders eindrücklichen Figuren herangewachsen.

Nun war damals im kulturellen Schmerztiegel von Babylon ein umfangreiches Erzählgut aus Mythen, Sagen und Legenden vorhanden. Aus diesem schöpften die Jahwe-Anhänger in beträchtlichem Ausmaß und gruppierten das Material um die beiden Stammväter zu jener Geschichte des auserwählten Volkes, die unter dem Titel „fünf Bücher Mose" zum Grundstock der jüdischen Bibel (Thora) wurde.

Interessant ist, dass den Redaktoren zwei Schöpfungsmythen unterschiedlicher Herkunft und unterschiedlicher Evolutionshöhe in den Text hinein gerieten. In der Art und Weise, wie der Schöpfer gemäß diesen beiden mythischen Erzählungen bei seinem Werk vorgegangen sein soll, drücken sich nämlich zwei Stufen der Bewusstseins-Evolution aus. Der ältere Mythos beschreibt die Schöpfung des ersten Menschenpaares, und zwar wie folgt: „Da bildete Gott der Herr den Menschen aus dem Staub der Erde und hauchte ihm den Odem des Lebens ins Angesicht. So wurde der Mensch zu einem lebenden Wesen" (Genesis 2,7)„. Über die Erschaffung der Frau heißt es: „... ließ Gott der Herr einen tiefen Schlaf über Adam kommen. Als er eingeschlafen war, entnahm er ihm eine Rippe und füllte die Stelle wieder mit Fleisch. Die Rippe, die Gott der Herr dem Adam weggenommen hatte, gestaltete er zu einer Frau und führte sie Adam zu." (Genesis 2, 21-22). Gott musste also gemäß diesem älteren Mythos bei der Erschaffung des ersten Menschenpaares noch werkeln. Gemäß dem jüngeren Mythos hingegen genügte zur Erschaffung der Welt das bloße Aussprechen von Worten. Da wirkte er also im eigentlichen Sinn auf akausale Weise. Allerdings wird dieser Unterschied in der Evolutionshöhe der beiden Schöpfungsmythen von heutigen Theologen nicht beachtet. Sie bezeichnen beide zusammen als den Schöpfungsbericht.

Während Gott bei der Erschaffung des Menschen gemäß dem älteren Mythos noch werkeln musste, bewirkte er nach dem jüngeren die Entstehung der Welt durch das Aussprechen von Worten allein, also durch akausales Bewirken im hier verwendeten Sinn. Heute werden allerdings von Theologen und Kreationisten beide jüdischen Schöpfungs-Mythen zusammen als der Schöpfungs-Bericht bezeichnet.

Jahwe war übrigens nicht der erste „alleinige Gott", der im alten Orient zustande kam. Schon um 1350. v. Chr. hatte in Ägypten der Pharao Amenophis IV. in der Figur des Lichtgottes Aton einen Monotheismus verkündet, und in Persien der Religionsstifter Zarathustra in der Figur des Ahura Mazda. Aber Jahwe war jene Gottesfigur, die später in die christliche Trinität eingegangen ist und so bis zum Ende der archaischen Weltsicht überlebt hat.

Die Verlagerung des historischen Schwerpunktes ging unterdessen weiter. Entlang der südlichen Küste des Mittelmeeres waren damals Städte mit kleinem Herrschaftsbereich rundherum entstanden, z.B. Ugarit, Byblos, Sidon und Tyros. Deren Bevölkerung – später Phönizier genannt – baute ein maritimes Handelsimperium auf. Dieses umfasste vor allem die Inselwelt der Ägäis. Nach Kreta, das schon früh besiedelt war, wurde die Landwirtschaft sowie zivilisatorisches Know-how exportiert und so die Voraussetzungen für die von Sagen umwobene minoische Kultur geschaffen. Ein Fernunternehmen der Phönizier war die Gründung Karthagos, von wo aus sie noch die Herrschaft über das westliche Mittelmeer errangen. Die bleibende kulturelle Leistung der Phönizier war allerdings die Erfindung der Buchstabenschrift.

An der kleinasiatischen Küste wuchsen in dieser Zeit bedeutsame Hafenstädte heran, z.B. Limotepe, Milet, Ephesus und Troja. Von diesen aus führten Verkehrswege ins Innere des Landes. Aber auch von der mesopotamischen Tiefebene her wurde Anatolien mit einem Netz von Straßen überzogen. Dieses reichte bis zur ägäischen Küste sowie zum Schwarzen Meer. So wurde die kleinasiatische Halbinsel zur Landbrücke, über die die mesopotamische Hochkultur Europa erreicht hat.

1. 2.   Übergreifen auf Europa

Kleinasien hatte allerdings schon in der Bronzezeit – ab ca. 2500 v. Chr. – wegen seines Reichtums an Metallen, insbesondere an Zinn, besondere Bedeutung erhalten. Es entstand dort eine große Zahl reicher Fürstentümer. Auch in Griechenland – besonders auf der Peloponnes – bildeten sich Eliten, Administration und komplexe Gesellschaften.

So verlagerte sich der Schwerpunkt des historischen Geschehens während des ersten vorchristlichen Jahrtausends auf das europäische Festland. Fackelträger in kultureller wie auch militärischer Hinsicht waren die Griechen. Aber auch sie mussten sich erst einmal dazu entwickeln. Der Boden, auf dem sie sich entfalteten, war – historische gesehen – keine Tabula rasa.

1. 2. 1.   Die Griechen

In Thessalien bestand um die Mitte des dritten Jahrtausends die sog. Dimmikultur. Ihre Leute lebten schon in befestigten Siedlungen, was auf eine gewisse Staatlichkeit hinweist. Im eigentlichen Griechenland bestand zwischen 2500 und 1900 das sog. Frühhelladikum. Es befanden sich dort Fürstensitze, z. B. in Tyrins und Argolis. Um 2000 ereignete sich die sog. achaische Einwanderung. Sie scheint ein Ausläufer des großen Indogermanensturms gewesen zu sein. Sie führte die späteren Griechen auf die Balkanhalbinsel. Durch deren Verschmelzung mit der ansässigen Bevölkerung sowie durch Einflüsse von der benachbarten Insel Kreta her, wo schon eine Hochkultur bestand, entfaltete sich die mykenische Kultur. Deren Träger sind uns bekannt durch die – schon weitgehend sagenhaften – Epen Homers. Von den Minoern hatten sie eine Schrift übernommen. Es war die sog. Linear-B, eine noch relativ primitive phonetische Silbenschrift. Das Erlernen der Schreibkunst ermöglichte es ihnen, einen Verwaltungsapparat nach sumerisch-akkadischem Muster aufzubauen. Im 13. Jh. gingen sie dann daran, ihre Städte mit „zyklopischen" Burgen zu bewehren, so z. B. in Mykene, Tyrins und Athen.

Bald darauf muss jedoch über Griechenland eine neue, mächtige Welle von Einwanderern hereingebrochen sein. Traditionell spricht man vom Einfall der Dorer, ethnisch waren es wahrscheinlich Illyrier. Die mykenische Kultur wurde durch diese Welle weitgehend ausgelöscht. Die Linear-B-Schrift verschwand, und es folgten vier dunkle Jahrhunderte. Jedenfalls sind aus jener Zeit keine schriftlichen Dokumente vorhanden. Erst seit ca. 750 v. Chr. hatten sie wieder eine Schrift: jetzt die phönizische Buchstabenschrift.

Die Vermengung der illyrischen „Barbaren" mit den eingesessenen Trägern der mykenischen Kultur löste einen gewaltigen kulturellen Schub aus. Innert kurzer Zeit entstand das, was wir als griechische Hochkultur kennen.

Dabei entstand unter anderem die Polis: jener neue Typus des Stadtstaates, der schließlich zum Muster für das gesamte Mittelmeerbecken sowie für die Gebiete östlich des Euphrat wurde. Dieser neuartige Stadtstaat – eine auf Landwirtschaft basierende staatlich organisierte Gemeinschaft – war den örtlichen Gegebenheiten angepasst. Er war klein. Seinen Radius konnte man mühelos nach allen Seiten in einem etwa halbtägigen Spaziergang vom Marktplatz und der Burg aus abschreiten. Wirtschaftlich waren die Poleis zu Beginn fast vollständig Selbstversorger. Der Handel war auf die nötigsten Güter des Alltags beschränkt.

Während die mykenisch-griechischen Fürstentümer noch bürokratisch von einem des Schreibens kundigen Berufsbeamtentum verwaltet wurden, war in der Polis die Verwaltung recht einfach. Ursprünglich wurde der Dienst an der Öffentlichkeit auch nicht bezahlt. Dies hatte zur Folge, dass die politische Macht in den Händen der wohlhabenden Landbesitzer lag: dass es sich somit um Oligarchien handelte. Erst 507 v. Chr. gaben sich – als Erste – die Athener eine demokratische Verfassung. Jedenfalls war das griechische Staatsleben völlig anders als das der zentral regierten – auf die Zentrale ausgerichteten und von dort aus durchorganisierten – orientalischen Reiche.

Schon im 8. Jh. v. Chr. hatten die Griechen begonnen, sich übers Meer auszubreiten und Handelskolonien zu errichten. An der Küste Kleinasiens trafen sie auf die oben erwähnten Städte und deren alteingesessene Bewohner. Von diesem Zusammenstoss „berichtete" Homer in seiner Ilias. Jedenfalls begegneten die Griechen dabei der hoch stehenden orientalischen Kultur und ließen sich von dieser befruchten. Auch übernahmen sie, wie gesagt, die phönizische bzw. syrische Buchstabenschrift und adaptierten diese an ihre Sprache.

Vom 7. Jh. an expandierten die Griechen ans Schwarze Meer, wo sie mit den Skythen in Handelsbeziehungen traten. Als sie danach ins Gebiet des westlichen Mittelmeeres vordrangen, wurden sie bei Sizilien von den Karthagern und Etruskern gestoppt. Indessen errichteten sie im untersten Teil Italiens jene Fülle von Siedlungen, die später als Großgriechenland bezeichnet wurde.

Innert kurzer Zeit war eine eigenständige bildende Kunst entstanden. Der Impuls ging von Athen aus. Dabei entwickelten die Künstler an Stelle des naturalistischen Stils der Minoer und Mykener einen geometrischen, wobei sie vor allem Harmonie der Formen anstrebten. Auch eine neue Architektur kam auf: jene „Klassik", die später in Europa – seit Beginn der Neuzeit – vielen Meistern als Vorbild diente. Ferner erschienen Sängerdichter wie z.B. Homer, die in großen, mit viel Fantasie ausgeschmückten Epen von den heroischen Taten der Mykener erzählten. Eine „höhere Ebene" der Dichtkunst erreichten die Griechen – vor allem die Athener – später mit der Tragödie, indem deren Schöpfer an den dargestellten mythischen Stoff allgemeine Fragen nach dem Menschen und der Gesellschaft sowie deren Verhältnis zur Polis und zu den Göttern stellten.

Obwohl die griechischen Stadtstaaten sich dauernd bekämpften, schufen sie doch panhellenische Institutionen wie das Orakel von Delphi und die olympischen Spiele. Diese Institutionen waren jedoch nicht politisch. Sie beruhten auf einem Gefühl kultureller Zusammengehörigkeit. Aus diesem Gefühl heraus bezeichneten sie sich denn auch – den ständigen Zwistigkeiten zum Trotz – als Hellenen.

Wenn heute das Griechentum als Wiege der abendländischen Kultur gepriesen wird, ist das vor allem das Verdienst der griechischen Philosophen. Diese bewirkten geradezu einen Schub der Bewusstseins-Evolution und schufen Grundlagen für die anderthalb Jahrtausende später einsetzende Mutation des Bewusstseins.

Begonnen hat dies um ca. 600 v. Chr. mit dem Auftreten der sog. Vorsokratiker. Es waren jene Philosophen, deren erste drei – Thales, Anaximander und Anaximenes – in der jonischen (kleinasiatischen) Kolonie Milet lebten: in einer Stadt, die schon seit langer Zeit von der mesopotamischen Hochkultur geprägt war.

Diese drei Milesier werden oft als Naturphilosophen bezeichnet, weil sie sich um ein universelles Weltbegreifen bemühten. Mit ihnen wechselte die Evolution des Bewusstseins für kurze Zeit vom metaphysischen Strang auf den physischen. In die Zukunft weisend war, dass die Philosophen sich entschieden, nicht mehr von den Göttergeschichten (mythoi) auszugehen wie die bisherigen Denker, sondern von den „Dingen, die da sind" (ta onta), d.h. vom sinnlich Wahrnehmbaren.

Oft werden die Vorsokratiker auch – nach heutigem Sprachgebrauch nicht ganz korrekt – Physiker genannt. Nicht ganz korrekt ist dies, weil die Griechen unter „Physis der Dinge" nicht wie wir das sinnlich Wahrnehmbare verstanden, sondern „Ursprung der Dinge". Deshalb beschäftigten sich denn auch die Milesier mit der Frage nach dem Ursprung aller Dinge. Darin kann man zwar das sehen, was wir heute Kausalitätsdenken nennen. Allerdings fragten sie nicht – wie die späteren Schöpfer der abendländischen empirischen Wissenschaften – nach den unmittelbaren Ursachen der sinnlich wahrnehmbaren Phänomene, sondern sogleich nach deren erster Ursache: nach dem, was zwar die Ursache aller Dinge ist, selber jedoch keine Ursache hat. Diese Fragestellung führte sie bald einmal zum Begriff des Göttlichen. Damit war der griechische Ansatz zu Empirie zu natürlicher Theologie geworden, hatte also sein ursprüngliches Ziel verfehlt.

Aber auch dies bedeutete schon einen Fortschritt gegenüber dem bisherigen Denken. Hatte man nämlich bis dahin von einzelnen Göttern mit umschriebenen Gestalten und Charakteren geredet, sprach man jetzt – im Sinne eines Abstraktums – von dem Göttlichen. Die Vorstellungen von diesem waren allerdings sehr verschieden. Während z.B. Thales den Ursprung aller Dinge noch im Wasser sah, das für ihn alle Keime zur Welt enthielt, bezeichnete ihn Anaximander schon als Apeiron: als unbestimmbares Etwas. Das war die völlig neue – abstrakte – Idee eines höchsten Prinzips. Die Entmaterialisierung jenseitiger Wesen war also weiter voran geschritten.

Im Rahmen des Bemühens um Empirie befasste sich die vorsokratische Spekulation auch mit dem Geordnetsein des Kosmos. Dies führte zur Vorstellung eines ordnenden Prinzips: eines abstrakten Prinzips, das nicht nur die sinnlich wahrnehmbare Welt, sondern auch das menschliche Tun ordnet. Für dieses Prinzip wurde unter anderem der Ausdruck Logos verwendet. Im Verlauf der nachklassischen griechischen Philosophie verwandelte sich allerdings der Ausdruck „Logos"„, der ursprünglich einfach „Wort" bedeutete, zu einem Gottesnamen: zum Namen für die griechische Variante des „wesensgleichen Sohnes" des allerhöchsten Gottes. Wir werden auf diesen Ausdruck zurückkommen, wenn wir die Entstehung des Christentums durch die Synthese von christlichem Mythos mit griechischer Philosophie betrachten.

Aber nicht nur die abstrakte Idee eines göttlichen Prinzips erarbeiteten die vorsokratischen Griechen. Ihre folgenreichste Leistung im Rahmen denkerischen Bemühens bestand meines Erachtens darin, dass sie das Abstrahieren überhaupt erfanden: die Herausarbeitung des Gleichbleibenden inmitten der Vielfalt des ständig sich Wandelnden sowie dessen Benennung mit Begriffen. Bis dahin waren nämlich die Sprachen – auch die der frühen Griechen – dem Einzelding verhaftet gewesen. Zwar war man in den mesopotamischen Hochkulturen schon zu Klassifizierungen gelangt, nicht jedoch zu echten Abstraktionen. Erarbeitet haben die Griechen Abstrakta (Begriffe) sowohl für Dinge als auch für Eigenschaften und Tätigkeiten: z.B. „das Pferd" (als Spezies), „das Gute", „das Laufen".

Besonders folgenreich für die Evolution des Bewusstseins war, dass man Abstrakta wie Gegenstände behandeln und Aussagen über sie machen kann. Wesentlich hierzu war die Einführung der Copula: des Wörtchens „ist", griechisch „estin". Große Folgen ergaben sich nämlich aus der Tatsache, dass „estin" die Bedeutung von „existiert als" hatte. Dies führte dann dazu, dass man sich Gedanken über die Existenzweise der Begriffe machte: dass man die Frage erörterte, ob diese für sich allein existieren können oder nicht.

Als die griechische Philosophie im 4. Jh. v. Chr. – in der sog. Klassik – ihren Höhepunkt erreichte, legten Platon und Aristoteles als Antwort auf diese Frage zwei unterschiedliche Entwürfe vor. Platon (427-347 v. Chr.) bezeichnete das, was wir heute Abstrakta nennen, als eidoi, was so viel wie Urbilder heißt. Meistens wird dies mit „Ideen" übersetzt. Platon lehrte nun, diese existieren vor den Dingen (ante rem); sie befänden sich in einer Art Himmel und nähmen dann erst als „Dinge dieser Welt" Gestalt an. Platon nahm also an, die Abstrakta können für sich allein existieren; sie seien somit etwas Konkretes, eine Art Geist-Dinge. In der Philosophiegeschichte wird deshalb Platons Auffassung der Abstrakta als Realismus (von lateinisch res, Sache, Ding) bezeichnet. Um der Einheit der Terminologie willen bezeichne ich sie jedoch – in Hinblick auf die Erörterung dieser Frage in unserem Mittelalter – als Konkretismus: als Begriffs-Konkretismus im Unterschied zum metaphysischen Konkretismus der Theologen.

In Platons Begriffskonkretismus tritt ein Denkmuster zu Tage, das dem Neolithikum entstammt, und das in den frühen Zarathustrischen Schriften in den Ausdrücken Megog und Getig seinen Ausdruck gefunden hat. Die frühen Agrarvölker sahen sich ja mit dem geheimnisvollen Phänomen konfrontiert, dass die Vegetation im Herbst starb und im Frühling wieder erstand. Bei der auf jener niedrigen Evolutionsstufe des Bewusstseins noch zyklischen Vorstellung der Zeit hatte der Tod eine andere Bedeutung als bei der späteren linearen Auffassung mit Gegenwart, Vergangenheit und Zukunft. Im Tod sah man damals gleichsam eine schöpferische Potenz. Dabei stellte man sich vor, die Neuschöpfung der Vegetation geschehe zunächst in einem gleichsam geistigen „Raum". Danach erst erscheine sie – im Frühling – wieder in materieller Gestalt. Den Zustand schon wieder neuer, aber noch nicht sichtbarer Schöpfung nannte man Megog. Aus ihm brachte sich dann die Vegetation im Frühling in materieller Gestalt hervor. Diesen sichtbaren Zustand nannte man Getig. Die Vorstellung Platons von der Befindlichkeit der Urbilder „vor den Dingen" – in einer Art Ideen-Himmel – entsprach somit dem, was die Neolithiker Menogzustand nannten.

Aristoteles (384-322 v. Chr.) vertrat eine gegensätzliche Auffassung. Er sagte, Begriffe können nicht für sich allein existieren. Sie befänden sich in den Dingen, aus denen sie abstrahiert werden, sowie in unseren Köpfen. In der Philosophie bezeichnet man diese Auffassung, die unterdessen zur Selbstverständlichkeit geworden ist, als Nominalismus (vom Lateinischen nomen, Name).

Die Frage, welche dieser beiden Auffassungen die Richtige sei, wurde allerdings von den Griechen nicht mehr geklärt. Sie wurde sozusagen beiseite gelegt, bzw. deren Klärung der Zukunft überlassen. Erst anderthalb Jahrtausende später wurde sie – in der mittelalterlichen Scholastik – wieder aufgegriffen. Deren Lösung schuf eine wesentliche Grundlage für das Ingangkommen der Mutation des Bewusstseins.

Eine Leistung des Aristoteles jedoch ging sogleich in den Traditionsstrom ein: Es war seine Logik: die Lehre von den Gesetzen und Formen des Denkens. Sie umfasste die Begriffsbildung, wobei Aristoteles die „Kategorien" Genus (Gattung) und Spezies (Art) einführte; dazu kamen die Lehren vom Urteil sowie von den Schlüssen und Beweisen. Dass die Logik schließlich als obligatorischer Lernstoff in das Schulprogramm des werdenden Abendlandes eingegangen ist, war außerordentlich bedeutsam für die weitere Evolution des Bewusstseins.

Der historische Anlass für das Beiseiteschieben der Frage nach der Seinsweise der Abstrakta war die sog. sokratische Wende. Sokrates (470-399 v. Chr.) wandte sich nämlich von dem bis dahin geübten Bemühen um universelles Weltbegreifen ab und lehrte, Aufgabe der Philosophie sei es, die Normen für das richtige Tun zu erkennen. Damit leitete er den Wechsel von der objektivierenden Einstellung zur existenziellen ein. An die Stelle des Fragens nach dem Wahren trat nun die Frage nach dem Richtigen. Damit wurde Grundlagenphilosophie von Lebensphilosophie abgelöst. Diese beherrschte fortan – unter den Fittichen der jeweiligen Religion – das philosophische Denken. Der Grundlagenphilosophie – der Frage nach dem, was die Welt im Innersten zusammenhält – wandten sich ernsthaft erst die Europäer der Neuzeit wieder zu. Mit den empirischen Wissenschaften schufen sie sich hierfür ein wirksames Instrument. Dieses ermöglichte dann jenen fundamentalen Wandel des Welt- und Menschenbildes, den ich als Mutation des Bewusstseins bezeichne.

Aufgenommen und weitergeführt wurde die Anregung des Sokrates vor allem im hellenistischen Raum. Alexander der Große war ja zur Zeit der griechischen Klassik zur Eroberung des Orients aufgebrochen. Als nach seinem Tod die hellenistischen Reiche errichtet wurden, breitete sich dort mit der griechischen Kultur auch die griechische Philosophie aus. In diesem Rahmen entfalteten sich – neben der platonischen und der aristotelischen Schule – vor allem die Stoa und der Epikureismus. Diese beiden Schulen waren in erster Linie praxisbezogen. Fragen der Lebensführung standen im Vordergrund. Dem Gründer der Stoa, Zenon von Kliton, ging es vor allem darum herauszufinden, wie man am besten in Übereinstimmung mit der Welt – der natürlichen und der sozialen – leben könne. Epikur plädierte vor allem für eine langfristige und bescheidene Sorge um Lebensfreude und nicht, wie immer wieder gesagt wird, für einen momentbezogenen Hedonismus. Stoa und Epikureismus fanden später vor allem Gehör bei den Römern, die ja kurz vor Beginn unserer Zeitrechnung den hellenistischen Raum in ihr Reich eingefügt haben, und die mehr praktisch als spekulativ veranlagt waren.

1. 2. 2. Der Hellenismus

Unterdessen war auch die profane Geschichte weitergegangen. Im Orient hatten die Perser unter ihrem König Kyros dem Großen (559-530) die vorher mit ihnen verbündeten Meder, Lyder und Babylonier besiegt. In den folgenden 50 Jahren errichteten sie – vor allem unter Dareios I. (521-486) – ein gut organisiertes Großreich, das von Ägypten bis nach Kleinasien reichte und an die 200 Jahre überdauerte.

Im Jahre 500 v. Chr. begann Dareios einen Krieg gegen die Athener, weil diese einen Aufstand der ionischen Städte unterstützt hatten. Für die Griechen ging es bei diesem Krieg, den sie schlussendlich gewannen, um Sein oder Nichtsein. Beim ersten Feldzug, mit dessen Führung Dareios seinen Schwiegersohn Mendonios beauftragt hatte, wurde die persische Flotte am Vorgebirge Athos durch einen Sturm zerstört, das Landheer durch einen nächtlichen Überfall von Thrakern aufgerieben. Drei Jahre später führte eine große persische Flotte Truppen in die Ägäis. Diese gingen bei Marathon an Land, wo sie von den Athenern geschlagen wurden. Einem Landungsversuch der Perser weiter südlich kamen die siegreichen Athener durch einen Gewaltmarsch zuvor. Während Dareios wieder aufrüstete, starb er im Jahre 486 v. Chr. Als Xerxes dann in Kleinasien eine große Streitmacht zusammenzog und einen Kanal durch Athos graben ließ, schlossen sich griechische Städte erstmals in einen Bund zusammen. Xerxes überquerte 480 mit seinem Heer auf einer Schiffsbrücke den Hellespont und rückte nach Süden vor, wo er bei den Thermopylen dem spartanischen Kontingent mit Hilfe eines Verräters in den Rücken fallen und dieses vernichten konnte. Die persische Flotte wurde jedoch vor den Augen von Xerxes bei Salamis zerstört. Das persische Landheer, welches noch das von seinen Einwohnern verlassene Athen verwüstet hatte, wurde von den Griechen bei Platäa in der Nähe von Theben vernichtend geschlagen.

Von der persischen Gefahr befreit, führten die griechischen Stadtstaaten fortan mit wechselnden Allianzen Kriege gegeneinander, bis sie im Jahre 338 v.Chr. vom makedonischen König Philipp II. ihrer Selbständigkeit beraubt wurden. Dieser hatte sich 359 zum König der Makedonen, eines bis dahin unbedeutenden „Barbarenvolkes" emporgeschwungen, seine Truppen mit einer neuen Waffe – dem Langspeer – ausgerüstet und war dann innert eines Jahrzehnts unter Ausnützung der wechselnden Bündnisse und Streitigkeiten der Griechen zum Herrn über ganz Griechenland geworden.

Im Jahre 334 brach Philipps Sohn Alexander zu seinem Rachefeldzug gegen die Perser auf. Zuerst ließ er sich in Ägypten von einem Orakel seine göttliche Natur bestätigen, dann zerstörte er das östliche Perserreich, drang darauf nach Transoxanien und schließlich nach Indien vor, wo er mit seinem Heer die Mündung des Indus erreichte. Sein früher Tod (323 v. Chr.) hinderte jedoch Alexander daran, die eroberten Gebiete zu organisieren. Einige seiner Feldherren gründeten dann nach heftigen Machtkämpfen – den sog. Diadochenkriegen – drei Dynastien mit den zugehörigen Reichen. Es waren die Dynastien der Antagoniden (Makedonien und Griechenland), der Seleukiden (Syrien, Mesopotamien und Iran) sowie der Ptolemäer (Ägypten, Levanteküste).

In der Folge breitete sich die griechische Kultur über diese Gebiete aus und verschmolz mit orientalischen Kulturen zum sog. Hellenismus. Morgenland und Abendland haben dabei ihre bisherigen Errungenschaften vereint, was wiederum einen Evolutionsschritt des Bewusstseins bedeutete. Geradezu ein Schmelztiegel der Kulturen war das ägyptische Alexandria, die bedeutendste Hafen- und Handelsstadt jener Zeit. Wie in anderen Hafenstädten kamen auch hier Menschen aus den verschiedensten Ländern zusammen und brachten all das mit sich, was ihre Heimat an zivilisatorischen und geistigen Errungenschaften zu bieten hatte. In Alexandrien gab es neben vielen Schulen und einer großen Bibliothek das Museion, eine Art gelehrter Akademie. Dort fand eine intensive Auseinandersetzung zwischen den Religionen und Philosophien statt. Besonders folgenschwer für die Zukunft war, dass in den drei Jahrhunderten, die zwischen der griechischen Klassik und der Entstehung des Christentums lagen, griechische Philosophie weitgehend zu Religion geworden war. Dabei hatte sich die Vorstellung von der Transzendenz Gottes entwickelt sowie – als Mittler zwischen diesem und den Menschen – die Gestalt der sog. Hypostasen. Da sahen sich die Juden, die ja zwei von den fünf Stadtteilen Alexandrias bewohnten, gezwungen, ihr noch anthropomorphes Gottesbild weiter zu entwickeln. Dies führte zu einem Prozess, der den Boden für das bald darauf entstehende Christentum vorbereitete.

Verfolgen lässt sich dieser Prozess anhand der Übernahme der Mittlergestalt. Erfunden hatten diese allerdings nicht erst die Griechen. Schon in der ägyptischen Theologie von Memphis, wo man sich den Weltenschöpfer Ptah den sehr Großen als transzendent dachte, ergab sich das Problem, wie denn dieser über alle Vorstellung erhabene Gott noch die Gebete der Menschen hören und den Rauch der Opfergaben riechen könne. Da fiel den Theologen die paradoxe Gestalt des wesensgleichen Sohnes ein: eines Sohnes, der zwar dem transzendenten Gott wesensgleich war, gleichzeitig aber den Menschen nahestand. Entsprechend der ägyptischen Denkweise „erkannten" sie diesen Sohn in der Sonne. Als den Griechen die Gestalt des Mittlers zwischen dem transzendenten Gott und den Menschen einfiel, bezeichneten sie diesen als Hypostase (der Darunterstehende). Als solche galten ihnen – je nach Schule – der Demiurg, der Logos oder der Nous.

Es war vor allem der Ausdruck „Logos" als Gottesname, der sich im hellenistischen Raum ausbreitete und später – bei der Christianisierung von „Heiden" – mit der neu aufgekommenen Vorstellung von Jesus-Christus als dem menschennahen Gott verbunden wurde. Allerdings wird der biblische Ausdruck „Logos" – heute von Theologen, wohl um den griechischen Einfluss zu kaschieren – hartnäckig mit „Wort" übersetzt.

Übernommen haben auch alexandrinische Juden die Gestalt des Mittlers, als sie die hebräische Bibel ins Griechische übersetzten. Bezeichnet wurde diese Übersetzung, die später zur Bibel der Christen wurde, als Septuaginta. Die Übernahme von Mittlern setzte bei dem Buch des Jesus Sirach ein, das ein Enkel des Verfassers 132 v. Chr. ins Griechische übersetzte. Bis dahin bedeutete in den Büchern der Weisheit der Begriff „Weisheit" so viel wie Heilsweg, auf dem die Seele zur Annäherung an Gott gelangt. Der Übersetzer wandelte nun diesen Begriff zu einer persönlichen Gestalt: zur Sophia, die er als Offenbarungsmittlerin verstand.

Eine weitere Annäherung der anthropomorphen jüdischen Gottesvorstellung an das griechische Denken vollzog Philon, ein Jude, der ungefähr ein Menschenalter vor Jesus in Alexandrien lebte. Er übernahm von den Griechen den von der Stoa zu einer Hypostase personifizierten Logos-Begriff und stellte der Sophia den Logos als Gottes Sohn zur Seite. Allerdings übernahmen die

Jerusalemer Juden weder die Sophia noch den Logos. Sie blieben bei ihrem „alleinigen Gott" Jahwe, der direkt zu den Propheten sprechen „konnte" treu.

Übrigens bedeutete die Erfindung der Gestalt des wesensgleichen göttlichen Sohnes einen weiterführenden Schritt in der Evolution des Bewusstseins. Bis dahin hatte jeweils die Verehrung von Göttern, die transzendent geworden waren, einfach nachgelassen, und niedrigere Götter waren an deren Stelle getreten. Der bisherige Hochgott wurde auf diese Weise – wie Religionswissenschaftler sagen – zum deus otiosus (von lateinisch otium, Muße). d. h. zum ruhenden, nicht mehr beachteten Gott. Das weitere Hochschieben des Himmels musste dann an dem nachrückenden Gott von neuem beginnen. Die Evolution des Bewusstseins war gleichsam gestoppt worden. Nach Beseitigung dieses Riegels durch die Erfindung des wesensgleichen Sohnes konnte sie wieder weitergehen, indem die Theologen sich nun mit der Frage befassten, in welchem Verhältnis der Vater und der Sohn zueinander stehen. So richtig in Gang gekommen ist diese Art von Theologie jedoch erst nach der Entstehung des Christentums, wobei ja Jesus -Christus als göttlicher Sohn an die Seite des jüdischen Gottes getreten war.

Blicken wir wiederum auf die Geschichte. Nach der Mitte des 3.Jh. v. Chr. wurden die hellenistischen Reiche nach und nach von den Römern erobert. Diese hatten vorerst in zwei verlustreichen Kriegen – den sog. punischen – die Karthager niedergerungen: die Bewohner jener mächtigen phönizischen Kolonie, welche im 6.Jh. einen rasanten Aufstieg erlebt, Sardinien und Sizilien erobert und sich mit den Etruskern verbündet hatte. Durch den Sieg über die Karthager errangen die Römer die Herrschaft über das westliche Mittelmeer.

Da der makedonische König Philipp V. – ein Antagonide – während des zweiten punischen Krieges mit dem karthagischen Feldherrn Hannibal paktiert hatte, erklärten ihm darauf die Römer den Krieg. Nachdem sie 168 v. Chr. Makedonien erobert und die Griechen vom makedonischen Joch befreit – bzw. das makedonische Joch der Griechen durch das römische ersetzt – hatten, drangen sie nach Kleinasien vor. Von dort aus eroberten sie der Reihe nach die hellenistischen Reiche. Damit gewannen sie noch die Herrschaft über das östliche Mittelmeer. Ägypten wurde von den Römern zwar lange geschont, da es sich im zweiten punischen Krieg neutral verhalten hatte. Nachdem aber Oktavian, der spätere Kaiser Augustus die nunmehr gegen die römische Macht aufmüpfig gewordene ptolemäische Dynastie ausgeschaltet hatte, wurde auch Ägypten zu einer römischen Kolonie.

Der kulturelle Beitrag, den die Römer dem hellenistischen Raum brachten, bestand vor allem in einem neuartigen, zukunftsträchtigen Rechtssystem und einer hoch differenzierten Jurisdiktion, außerdem in einem hoch entwickelten Verwaltungssystem und einem fortgeschrittenen Ingenieurwesen. Sie selber empfingen aus diesem Raum den Ertrag der bisherigen Evolution des Bewusstseins.

1. 2. 3. Aufstieg und Zerfall der römischen Republik

Die Vorfahren der Römer – die indogermanischen Italiker – waren im Rahmen der antiken Völkerwanderung in Italien eingedrungen. Die mediterrane Bevölkerung, auf die sie dabei stießen, hatte in Mittelitalien die sog. Villanovakultur geschaffen. Innerhalb dieser relativ einfachen Kultur entwickelten sich in der Toskana bald nach der Einwanderung der indogermanischen Italiker – im 9.-8. Jh. v. Chr. – die Etrusker zu relativ hoher kultureller Blüte. Sie schufen eine Stadtkultur und trieben Handel zu Lande sowie auf dem Mittelmeer, an dessen Küste sie eine Reihe von Niederlassungen errichteten.

Wahrscheinlich waren die Etrusker kulturell von griechischen Seefahrern beeinflusst worden. Der Seeweg war ja damals in der Hand griechischer Kolonisten und zwischen diesen und den Etruskern vollzog sich übers Land und übers Meer ein reger Handelsverkehr. Dabei hatten die Etrusker vor allem das begehrte Eisen, das sie in großer Menge herstellten, anzubieten.

Der Landweg führte allerdings über eine Furt des Tibers, und just an dieser Furt hatte sich der italische Stamm der Latiner – ein Bauernvolk wie die übrigen Einwanderer – niedergelassen. Sie hatten dort mehrere Hüttendörfer errichtet und das umliegende Land bebaut und beweidet. Diesen Dörfern wandten die Etrusker nun ihre Aufmerksamkeit zu und unterwarfen sie um ca. 600 v. Chr.

In der Folge formten sie den Siedlungskomplex zu einem Stadtstaat um. Als Namen wählten sie dafür den ihres Adelsgeschlechts der Ruma (lateinisch: Roma). Sie umgaben die Stadt mit einer Mauer, bauten ein Abwassersystem sowie Tempel mit Standbildern von Göttern. Damit setzte der Formierungsprozess der römischen Religion ein: eines Polytheismus, in dem lateinische, etruskische und griechische Gottesvorstellungen zusammenkamen. Ferner führten die Etrusker die Einteilung der Stadtbevölkerung in Kurien (Curiae) ein, was zum Grundmuster der römischen Gesellschaftsordnung wurde. Ihre Sprache vermochten die Latiner jedoch zu behalten. Ebenfalls beibehalten haben sie die in der Wanderungszeit entstandene Einteilung in Gentes (Geschlechter): in Gruppen, welche die Familien gleicher Abstammung umfassten. In solche Gentes wurden dann die Mitglieder der Kurien unterteilt, was für Volksversammlungen und Wahlen von Bedeutung war.

Um ca. 500 v. Chr. haben sich die Römer von der etruskischen Herrschaft befreit und nach Beseitigung des Königtums eine Republik errichtet. Gesetzgebungs- und Regierungsorgan war der Senat, in dem die Vertreter der führenden Geschlechter saßen. Dieser Senat schuf unter anderem eine Ordnung der Ämter (Magistraturen) mit einer rechtlich hoch differenzierten Regelung der Kompetenzen und Pflichten sowie der Wahlverfahren. Auch bestimmte er, dass jeder Römer vom Staatsland (ager publicus) nicht mehr als 500 iugera (125 ha) in Anspruch nehmen dürfe. Dies war eine Bestimmung, die später große Bedeutung erlangte.

Der Senat hütete auch die Auspizien: das Recht, den Willen der Götter durch Vogelschau zu „erkunden" und das Ergebnis für die Staatsführung nutzbar zu machen. Zum Vollzug der Auspizien und der Sakralhandlungen schuf er das Amt des Pontifex maximus, dem mehrere Pontifices unterstanden. Diese Beamten galten fortan als Kenner und Verkünder des göttlichen und menschlichen Rechts.

Die von den Etruskern übernommene Kurienordnung bildete das Grundmuster für die Militärordnung der Römer. Auch die Kampftechnik der Phalanx übernahmen diese von den Etruskern. Das sollte sich bald schon bewähren, war doch der jungen Republik keine lange Friedenszeit beschert. Schon bald mussten die Römer dem Angriff eines benachbarten latinischen Städtebundes zuvorkommen. Darauf galt es – der Reihe nach – die Angriffe anderer latinischer Stämme wie der Sabiner, Äquer, Volsker usw. abzuwehren. Danach mussten sie auf Angriffe der Griechen Süditaliens reagieren, die den makedonischen Condottiere Pyrrhos zu ihrer Unterstützung herbeigerufen hatten. Schließlich gab es noch die Existenz des Staates bedrohende Kriege mit den Karthagern durchzustehen. Mit dem Sieg über diese wurden die Römer dann, wie gesagt, Herren über das westliche Mittelmeer.

Die lange Folge von Kriegen führte zu wirtschaftlichen Schwierigkeiten der römischen Bevölkerung. Betroffen waren insbesondere jene Schichten, die unterhalb der Grenze der Wohlhabenheit lebten, jedoch zum Dienst in der Phalanx verpflichtet waren: die sog. Plebs. Durch tatkräftige Opposition erreichte diese Schicht schließlich eine gesetzlich geregelte Beteiligung am Staatsgeschehen. Die so revidierte Verfassung bewährte sich daraufhin während mehrerer Jahrhunderte.

Übrigens wurde das vorbildliche Staatsrecht, das die Römer beim Bemühen um eine ausgewogene und effiziente republikanische Verfassung schufen, später für Europa zum Vorbild. An ihm orientierten sich jene Philosophen der Aufklärung, welche die Überwindung des Fürstenstaates vorbereiteten. Der einflussreichste unter ihnen war wohl Charles de Montesquieu (1689-1755).

In Rom ging unterdessen die Geschichte weiter. Hatten dort die militärischen Unternehmungen bis zum Ende der Punischen Kriege mehr oder weniger der Verteidigung gedient, verfolgte der Senat von da an konsequent eine Politik der Eroberung. Dies führte jedoch zu einer zunehmenden Krise der republikanischen Staatsform, was Bürgerkriege und – nach deren Beendigung – den Untergang der Republik nach sich zog.

Begonnen hatte die Krise mit einem Streit um die Bodenreform. In der Folge wurde sie zusehends überlagert durch die Schwierigkeit, ein „Weltreich" mit dem Instrumentarium eines Stadtstaates zu regieren.

Durch die italischen Kriege hatte Rom nämlich sehr viel Staatsland gewonnen. Dieses wurde jedoch – entgegen den rechtlichen Bestimmungen – zum größten Teil von Patriziern okkupiert und mit Sklaven – meistens Kriegsgefangenen – bewirtschaftet. Da den Patriziern „ordinäre Geschäfte" verboten waren, gelangten viele aus der oberen plebejischen Schicht durch Staatsaufträge zu Reichtum, den sie zu einem großen Teil ebenfalls in Land investierten. Aus dieser Schicht von „Neureichen", die sich vor allem aus Kaufleuten und Bankiers rekrutierte, ging – als neuer Stand – der Ritterstand hervor. Mit der Zeit bekam dieser das Richteramt und die Steuerpacht zugesprochen, wodurch er das alte Patriziat konkurrenzierte.

Der Landhunger der Oberschicht sowie die lang dauernde kriegsbedingte Abwesenheit der Bauern von ihren Betrieben – das römische Heer war ein Milizheer und die alten Römer ein Bauernvolk – hatte einen Schwund selbständiger bäuerlicher Betriebe zur Folge. Verarmte Bauern zogen in die Stadt, was nicht nur ein Anwachsen der Bevölkerung, sondern auch die Entstehung eines Proletariats bewirkte.

Dazu kam, dass nach der Eroberung Griechenlands nicht nur vermehrt griechische Bildung und Lebenshaltung nach Rom strömte, sondern auch viele (meistens geraubte) Kunstschätze. Später kamen noch orientalische Luxusgüter dazu sowie orientalische Kulte. Auch glaubten die Amtsträger in den unterworfenen Gebieten des Ostens es den einheimischen Klientelfürsten, durch die sie regierten, bezüglich Selbstdarstellung und aufwendiger Lebensführung gleichtun zu müssen. All das führte zu einem Zerfall der bis dahin staatstragenden „alten römischen Tugenden".

Im Jahr 131 v. Chr. ergriff der Patrizier Titus Sempronius Gracchus die Offensive gegen diese Missstände. Den Grund sah er im Schwund der selbständigen bäuerlichen Betriebe infolge der Missachtung der geltenden Bestimmungen für den Besitz des Ager publicus durch die Patrizier und Ritter. Um den Armen das Staatsland zurückzugewinnen, wie er sagte, brachte er als Volkstribun ein sorgfältig ausgearbeitetes Ackergesetz vor die Volksversammlung. Die Großgrundbesitzer reagierten jedoch darauf mit vehementer Abwehr. Als Folge davon spaltete sich die römische Bevölkerung fortan in zwei Fraktionen: in die der Popularen – die Anhänger des Gracchus – und in die der Optimaten, welche die Reform bekämpften. Es folgten militärische Auseinandersetzungen, bei denen die Optimaten fürs erste den Sieg davontrugen.

Diese Kämpfe wurden überlagert durch eine Reihe von Kriegen gegen aufständische Untertanen und gegen ins Reich einfallende Fremdvölker. Sie begannen mit der Niederringung eines Sklavenaufstandes in Unteritalien und Sizilien 134-132. v. Chr. Dann brachen die Kimbern zusammen mit anderen germanischen und keltischen Stämmen in Südgallien ein. (113). In den Jahren 111-105 galt es in Nordafrika den König Jughurta von Numidien niederzuringen. Ein zweiter Sklavenaufstand in Sizilien sowie einer in Attica beschäftigte römische Heere 104. In den Jahren 103-102 musste ein Einfall der Teutonen und Ambronen in Norditalien abgewehrt werden. Im Jahre 90 v. Chr. brach in Italien noch der sog. Bundesgenossenkrieg aus, als die Stammesbünde der Marser und Samniten die Res publica Romana durch einen Staat der Italiker ersetzen wollten. Größte Anstrengung erforderte schließlich vom Jahre 88 v. Chr. an der Krieg gegen Mithridates von Pontus, der am Schwarzen Meer – also auf römischem Territorium – ein eigenes Königreich errichten wollte.

Alle diese Krisen vermochte der Stadtstaat Rom noch mit einer Reihe tüchtiger Heerführer zu bewältigen. Erwähnt seien die Namen Marius, Cinna, Sulla, Pompeius, Caesar, Antonius und Oktavian. Diese Heerführer haben aber nicht nur Aufstände bewältigt und Angriffe zurückgeschlagen, sondern für Rom auch neue Gebiete erschlossen. So eroberte Cäsar Gallien, während Sulla, Pompeius, Antonius und Oktavian die hellenistischen Reiche annektierten.

Für die Republik wirkte sich allerdings nachteilig aus, dass diese Feldherren bald von der optimatischen, bald von der populären Fraktion gewählt und beauftragt waren. Diese rivalisierten nicht nur miteinander. Oft brachen sie bei ihren Entscheidungen die Verfassung. Oft kämpften sie sogar mit den ihnen unterstellten Heeren gegeneinander. So bestand während längerer Zeit ein Bürgerkrieg.

Beendet hat diesen schließlich Cäsars Adoptivsohn Oktavian. Als dieser Ägypten erobert und die ptolemäische Dynastie ausgeschaltet hatte, war der Bürgerkrieg beendet. Aber nicht nur der Bürgerkrieg fand damit ein Ende, sondern auch die Römische Republik. An ihrer Stelle errichtete Oktavian – fortan Augustes genannt – den Prinzipat.

1. 2. 4.   Der Prinzipat

Die Einführung des Prinzipats – einer monarchischen Staatsform – war nicht ein Willkürakt des Oktavian, sondern eine historische Notwendigkeit. Der Bürgerkrieg hatte nämlich gezeigt, dass der republikanisch verfasste römische Stadtstaat das zunehmend größer werdende Reich nicht mehr zu regieren vermochte. Ungenügend war z.B. das Wahlrecht, musste man doch in der Stadt Rom stimmen und wählen. Jene Bürger, die außerhalb der Stadt wohnten, konnten an den Komitien – den Volksversammlungen – nicht teilnehmen. Infolge solcher Insuffizienzen der republikanischen Verfassung war – im Gefolge der vielen Kriege und Gebietserweiterungen – der politische Organismus aus den Fugen geraten.

Schon Julius Cäsar hatte erkannt, dass das Imperium nicht mehr von Rom aus regiert werden konnte. Seine Vision war ein Imperium, das von der Peripherie – von den Provinzen – her lebt. Das setzte eine Macht voraus, welche über die römische Oligarchie, die aus ca. zwei Dutzend tonangebenden Familien bestand, hinausragte. Außerdem war Cäsar der Ansicht, bei der damaligen Größe des Reiches sei eine Weiterführung der offensiven Politik nötig. Vor allem sei es ratsam, die nördlichen „barbarischen" Völker zu unterwerfen und zu romanisieren, da diese für die Zukunft des Reiches weitaus gefährlicher seien als die degenerierten Nationen des Orients.

Cäsar wurde jedoch von konservativen Optimaten ermordet. Seine Vision in die Tat umzusetzen gelang erst seinem Adoptivsohn und Rächer Oktavian. Diesem verlieh der Senat in Anbetracht seiner Verdienste den Titel Augustus und betraute ihn – wohl ohne die Konsequenzen dieses Auftrags zu ahnen – mit der allgemeinen Fürsorge für das Reich.

Zuerst nahm Oktavian-Augustus ein großes gesetzgeberisches Werk in Angriff, durch das er viele überholte Gesetze der aktuellen Situation anpasste. Cäsars Idee bezüglich der nördlichen Völker setze er um, indem er die Verhältnisse in Spanien und Gallien ordnete und an der Rheingrenze die Aggression der Germanen stoppte. Ferner ließ er durch seine Söhne Tiberius und Drusus die Völker des Alpenraums unterjochen, um eine gefährliche Lücke zu den

Donauprovinzen zu schließen. Auch trieb er die schon seit langem in Gang befindliche Professionalisierung des Heeres voran.

Nachdem im Jahre 12 n. Chr. der Senat Oktavian-Augustus noch mit dem Amt des Pontifex maximus betraut hatte, war dieser nicht mehr nur Imperator, sondern auch höchster Priester. Da er – als Kind seiner Zeit – überzeugt war, dass das Wohl des Staates vom Wohlwollen der Götter abhängt, konnte er nun dafür sorgen, dass diese durch getreuen Vollzug der Opferriten günstig gestimmt „wurden". Das Reich gedieh nun besser als in den vorangegangenen Jahrhunderten. Die Hellenisierung des Mittelmeerraumes schritt weiter voran.

Ein zukunftsträchtiges Verdienst des Oktavian war es, dass er durch die Organisation der nördlichen Provinzen sowie durch Vorantreiben der Romanisierung der „barbarischen" Völker jenen Traditionsstrom, der vom Delta des Euphrat her kam, in den Norden leitete. So schuf er die entscheidende Voraussetzung für die spätere Geburt Europas.

1. 2. 5. Das Christentum tritt in die Welt

Kommen wir auf die Eroberung Galliens durch die Römer zurück. Es war nicht nur die darauf erfolgte Romanisierung der Kelten und später der Germanen, die den kulturellen Humus für die Mutation des europäischen Bewusstseins vorbereitet hat. Von der Öffentlichkeit anfänglich kaum beachtet hatte im römischen Reich ein Ereignis stattgefunden, dessen Folgen für die Mutation des Bewusstseins ebenso bedeutsam waren wie die Übertragung der römischen Tradition. Es war die Entstehung des Christentums.

Begonnen hat dieses in Palästina als Gruppierung von Juden, die sich auf die Lehre des Wanderpredigers Jesus beriefen. Der genaue Verlauf der urchristlichen Geschichte lässt sich nicht eruieren, da die neutestamentlichen Schriften zum einen erst später zustande kamen, zum anderen nicht historische Dokumente, sondern Verkündigungsschriften sind. An diesen ist zudem zu unterscheiden zwischen der Botschaft des Jesus und der Botschaft über Jesus, die beide miteinander zu einem scheinbar historischen Bericht zusammengefügt worden sind.

Unter der Botschaft des Jesus ist dessen hohe Sittlichkeit und vorbildliche religiöse Einstellung zu verstehen. Sie hat in der Folge ungezählten Menschen als Richtschnur für ihr Leben gedient. In Hinblick auf die Evolution des Bewusstseins ist jedoch die Botschaft über Jesus, d.h. der christliche Mythos, von Interesse. Wie dieser zustande gekommen ist, hat die historisch-kritische Erforschung der biblischen Schriften – wenigstens in Umrissen – herausgeschält. Danach kann angenommen werden, dass wenige Tage nach der Hinrichtung Jesu einige Visionäre berichteten, sie hätten den Meister geschaut. Da man damals das Trügerische des Eindrucks, den eine Vision hervorruft, noch nicht erkennen – Visionen noch nicht als bildsprachliche Gestaltungen des Unbewussten verstehen – konnte, führten die Berichte der Visionäre bei den Jüngern Jesu zur Überzeugung, ihr Meister sei von den Toten auferstanden. Dies wiederum bestätigte ihre Vermutung, Jesus sei der erwartete Messias gewesen. Allerdings stellte man sich in der Jerusalemer Urgemeinde den Messias (griechisch: Christos) noch als Menschen vor. In der jüdischen Diaspora hingegen, wohin die christliche Mission bald vordrang, dachte man sich ihn schon als göttliches Wesen.

Als dann die Propagatoren der christlichen Botschaft diese aus der Zwangsjacke der jüdischen Speisegesetze sowie der Pflicht zur Beschneidung befreit hatten, sodass sich auch „Heiden" bekehrten, verschmolz die nunmehr mythische Gestalt des Jesus Christus mit der bei diesen heimischen Gestalt des göttlichen Logos.

Die christliche Mission der „Heiden" schritt vor allem deshalb so rasch voran, weil bei ihnen eine Erwartungshaltung bestand, welcher die Christliche Botschaft entgegenkam. Im hellenistischen Raum hatte nämlich – Hand in Hand mit dem Voranschreiten der Spekulation über göttliche Hypostasen – eine erkenntnistheoretische Besinnung stattgefunden. Man war zur Auffassung gekommen, es sei dem Menschen nicht möglich, aus eigenen Kräften zu gültigen Aussagen über Gott – vor allem über den Willen Gottes – zu gelangen, sondern nur durch Offenbarung. Damit vollzog sich eine Rückkehr von der durch die Vorsokratiker eingeleiteten natürlichen Theologie zur – von alters her geübten – Offenbarungstheologie.

Dies führte dazu, dass immer mehr Philosophen sich auf die Suche nach geistigen Strömungen machten, welche Offenbarung anzubieten versprachen. Einige glaubten, Offenbarung bei Dichtern – z.B. bei Homer – zu finden, andere bei der von Zarathustra ausgehenden bzw. reformierten persischen Religion; ferner beim Judentum sowie – schließlich – bei der eben aus dem Judentum hervorgehenden christlichen Bewegung.

Diesem Suchen nach Offenbartem lag das Suchen nach einem Mythos zugrunde, der die abstrakten Gottesideen der Philosophie mit Leben erfüllte und einen Ritus anbot, in dem der Mythos begangen werden konnte. Solches bot nun die christliche Bewegung an, hatte diese doch innert weniger Jahrzehnte einen zwar noch rudimentären, jedoch neuartigen Mythos hervorgebracht: einen historisierten, d.h. auf eine historische Person projizierten. Es war die Erzählung, der göttliche Vater habe seinen Sohn zu den Menschen gesandt, indem er ihn als Jesus von Nazareth „fleischliche Gestalt" annehmen ließ. Dieser habe der Menschheit ein neues Gesetz gebracht, dann den freiwilligen Opfertod auf sich genommen, sei aber vom Tode auferstanden und kurz danach wieder in den Himmel hinaufgefahren.

Von griechischen Gebildeten, welche bei ihrer Suche nach Offenbarung diese im christlichen Glauben gefunden zu haben glaubten, verwendete nun eine kleine Gruppe ihren ganzen Eifer darauf, der heidnischen Welt zu beweisen, dass die christliche „Botschaft" echte göttliche Offenbarung und damit „höchste Philosophie" sei, und dass sie deshalb hoch über allen anderen Religionen stehe. Als Rüstzeug für diese apologetische Arbeit brachten sie die ausgefeilte Terminologie und Argumentationskunst der damaligen Schulphilosophie mit.

Außer dieser im eigentlichen Sinn apologetischen Arbeit leisteten diese frühen „Kirchenväter" der christlichen Bewegung noch einen anderen, für deren Weiterentwicklung entscheidenden Dienst, indem sie sich bemühten, den christlichen Mythos in ein platonisch-spekulatives System einzuordnen. Dabei gingen sie davon aus, dass ihr Logos und Jesus Christus identisch seien und arbeiteten vor allem dessen Sohn-Aspekt heraus. Damit begründeten sie die christliche Dogmatik. Aus ihrer Synthese von christlichem Mythos und griechischer Philosophie entstand – zumindest in den Grundzügen – die christliche Religion: jene Universalreligion, die sich zuerst im ganzen römischen Reich ausbreitete und dann – nach den Wirren der Völkerwanderung – unter den die abendländische Kultur begründenden Germanen. Es war die erste universelle Hochreligion auf dem zu uns führenden Strang der Bewusstseins-Evolution.

Die christliche Religion hatte nicht nur eine neue Lehre anzubieten, sondern auch einen neuartigen – nunmehr unblutigen – Ritus. Dies war deshalb bedeutsam, weil eine Religion nicht nur durch Verkündigung in die Herzen der Menschen eindringt, sondern vor allem dadurch, dass man sie immer und immer wieder im Ritus „begeht".

Der Ritus war ein charakteristisches Verhaltensmuster der archaischen Weltsicht. Durch seinen Vollzug sollte das Wohlwollen der Götter nicht nur – wie im Gebet – erfleht, sondern im eigentlichen Sinn des Wortes bewirkt werden. Der Vollzug eines Ritus bestand, wie schon gesagt, darin, dass man Szenen des Mythos – zeichenhaft und auf genau vorgeschriebene Weise – dramatisierte. Dabei glaubte man, in dem Moment, in dem eine Szene aufgeführt werde, geschehe das in ihr Erzählte wieder. Im Unterschied zu den heute üblichen Ritualen nahm der archaische Mensch nämlich an, durch den Ritus werde eine ontologische Veränderung bewirkt. Dem Offizianten, der die Aufführung vollzog bzw. leitete – bei uns Priester genannt – wurde dabei ebenso wie den jenseitigen Wesen akausale Wirkmacht zugeschrieben. Auf niedrigen Stufen der Bewusstseinsevolution galt der Offiziant eo ipso als wirkmächtiges Wesen, zumindest während der Zeit, in der er den Ritus vollzog. Unterstützt wurde seine „Wandlung" oft durch besondere Bemalung, durch das Aufsetzen einer Maske oder das Umgängen von Insignien. Im vorchristlichen Judentum befähigte die Zugehörigkeit zum Stamme Lewis zum Priestertum. In der katholischen Kirche wurde und wird an einem Menschen akausale Wirkmacht „bewirkt" durch Vollzug eines Ritus: durch die sog. Priesterweihe. Der Geweihte gilt dann für den Rest seines Lebens als mächtig, die sakramentalen Riten wirkungsvoll zu vollziehen: Brot und Wein in den Leib und das Blut Christi zu wandeln, Sünden zu vergeben usw.

Unterstützt wurde die Dramatisierung des Mythos in der Regel durch das Darbringen von Opfergaben. Durch den Verzicht auf deren Besitz glaubte man die Götter günstig zu stimmen. Einen guten Einblick in das vorchristliche Opferwesen gibt das Buch „Leviticus" der jüdischen Bibel. Dort wird auch erkennbar, wie blutig das jüdische Opferwesen war. Noch zurzeit Jesu und danach – bis zur Zerstörung des Tempels durch die Römer – wurden in Jerusalem, dem Kultzentrum der Juden, Brandopfer dargebracht.

Beim christlichen Hauptritus – heute Eucharistiefeier genannt – wurde (und wird) jene Szene des Mythos dramatisiert, in der erzählt wird, Jesus habe beim letzten Abendmahl gesagt, das Brot und der Wein, die er in seine Hände nahm, seien sein Leib und sein Blut, welche bei seiner bevorstehenden Hinrichtung dem göttlichen Vater zur Vergebung der Sünden der Menschheit geopfert werden. Allerdings haben sich der Eucharistie-Ritus – sowie das in ihm „begangene" Mythologem – erst in den frühen Jahrzehnten der christlichen Bewegung entwickelt. Sein Ausgangspunkt war ein gemeinsames Mahl, das die Gemeinden zur Erinnerung an ihren Meister feierten. Die historisch-kritische Erforschung der Bibel hat denn auch ergeben, dass die Wandlungsworte, die der Priester beim Vollzug des Eucharistieritus ausspricht – als sog. unechte Jesusworte – erst nachträglich in den christlichen Mythos eingefügt worden sind.

Als Universalreligion sowie von seinem Mythos und Ritus her war das Christentum etwas völlig Neues. Die religiöse Landschaft, in die es kam, war eine Vielfalt von Kultgemeinden, die man mit den Waben eines Bienenstocks vergleichen kann. Dabei hatten die Bewohner jeder Wabe ihre eigenen Götter und „bewirkten" deren Wohlwollen durch je spezifische Opferriten, bei denen entweder Gaben des Feldes dargebracht oder Tiere geschlachtet wurden.

Über diesen lokalen Riten schwebte – weit abgehoben von den täglichen Sorgen der Menschen – der offizielle römische Staatskult, durch den das Wohlergehen des Reiches bewirkt werden sollte. Zu diesem gehörte auch der Kaiserkult, galten doch zu jener Zeit die Kaiser schon als Götter. Diese den Römern an sich fremde Vorstellung war durch die Eroberung des hellenistischen Raumes aufgekommen. Dort war die Verehrung des Herrschers als Gott – ev. als direkter Beauftragter Gottes – ja eine Selbstverständlichkeit, reichte diese Tradition doch bis in die frühen mesopotamischen Kulturen und in die des alten ägyptischen Reiches zurück. Zur Ausweitung des Kaiserkults ins römische Reich trug besonders dessen Übernahme durch Oktavian bei. Wegen ihres Monotheismus konnten die Christen an diesem Kult nicht teilnehmen, was sie dann in den Augen der Römer als Reichsfeinde erscheinen ließ.

Wenn auch die christliche Religion mit ihrem Eucharistie-Ritus für die damalige Welt etwas völlig Neues war, und von den griechischen Apologeten als die „einzig wahre" Religion gepriesen wurde, sei doch darauf hingewiesen, dass die Religiosität der „Heiden" ebenso echt war bzw. sein konnte wie die der Christen. Der Ausdruck Religiosität kommt vom lateinischen religere, was so viel heißt wie beachten. Er bedeutet, dass ein Mensch bei seinem Tun bestrebt ist, den Willen der Numina – der unsichtbaren Mächte – zu beachten. Für die „Heiden" waren Numina ihre lokalen Götter, für die Christen war es der alleinige Gott. Beide Vorstellungen lagen jedoch noch innerhalb der archaischen Weltsicht. Das bedeutete, dass man sich die Numina, deren „Willen" zu beachten man sich bemühte, – im Unterschied zum heutigen, aus der Mutation des Bewusstseins sich ergebenden Weltsicht – noch außerhalb des Menschen vorstellte.

1. 2. 6. Die frühe Kaiserzeit

Während das Christentum sich unterschwellig ausbreitete, schritt auch die profane Geschichte voran. Von nun an geschah dies unter dem Regiment von Kaisern, welche die Lateiner Augusti nannten. Diese haben während der ersten drei Jahrhunderte – aufs Ganze gesehen – das Reich konsolidiert, indem sie es nach außen absicherten und im Innern organisierten.

Im Jahre 55 wurde dem Reich noch das südliche England hinzugefügt. Dann galt es – in zahlreichen Kriegen gegen germanische Stämme – die Grenze entlang des Rheins und der Donau zu begradigen und zu befestigen. Im Osten mussten mehrere Kriege mit dem „Erbfeind" – den Parthern – geführt werden, wobei meistens Armenien der Zankapfel war. Militärische Aktionen waren auch im Innern des Reichs notwendig wegen Aufständen in Gallien und Spanien, in Judäa und Syrien sowie wegen Usurpationen. Besonders erwähnenswert ist der Aufstand der Juden im Jahre 70, den die Römer erst nach einigen Jahren niederzuschlagen vermochten. Folgenschwer war er für die Juden, weil damals ihr Tempel wie auch Jerusalem zerstört, damit dem Brandopferwesen ein Ende bereitet, und das jüdische Volk „in alle Winde zerstreut" wurde.

Augustus und seine Nachfolger hatten die riesige Milizarmee ihrer Vorgänger verkleinert und zu einer Berufsarmee umgestaltet. Damit veränderte sich auch – insbesondere unter der Dynastie der Severer (193-235) – das Selbstverständnis des Soldaten. Soldat zu sein hieß nun zum einen, einen Beruf mit hoher Besoldung und Pensionsberechtigung zu haben. Zum anderen entstand mit dem Aufkommen des Soldatenkaisertums eine Verbindung von Kaisern und Soldaten auf Gedeih und Verderben. Man kann sagen, zu jener Zeit seien die Legionen das Rückgrat des Reiches sowie die Machtgrundlage des Kaisertums gewesen. Deren Unterhalt verschlang aber sehr viel Geld, das aus der Bevölkerung herausgepresst werden musste. Dies trug in beträchtlichem Ausmaß zum Niedergang des hoch entwickelten römischen Wirtschaftsystems bei.

Im Innern haben die Kaiser die Provinzen neu organisiert und deren Verwaltungsstrukturen ausgebaut. Da sie meistens ihre Residenzen außerhalb von Rom hatten, erlebten Städte wie Mailand, Lyon, Trier, Köln usw. einen gewaltigen Aufschwung. Auch in Rom errichtete fast jeder Kaiser große Bauten.

Durch Ausbau der kaiserlichen Gesetzgebung und des Gerichtswesens erlebte das Justizwesen einen Aufschwung, insbesondere als allen Einwohnern des Reichs das römische Bürgerrecht verliehen wurde. Es war die Blütezeit der römischen Jurisprudenz.

Die veränderte Bedeutung von Rittern und Senatoren im Reichsgefüge sowie die wachsende Bedeutung der Armee führten insgesamt zu einer Umstrukturierung der Oberschicht, gleichzeitig aber auch zu einer Veränderung in deren ökonomischem Verhalten. Da die Mächtigen ihr soziales Prestige vor allem durch den Erwerb von Land zu vergrößern glaubten, nahmen die Latifundien zu. Dies wiederum wirkte sich in einer Veränderung des Verhaltens der Landbesitzer gegenüber ihren Arbeitskräften aus. Indem sie bestrebt waren, Kleinbauern unter ihre Kontrolle zu bringen, entwickelten sich Latifundien oft zu eigentlichen Grundherrschaften: eine Entwicklung,

die später Vorbildfunktion für die Struktur der europäischen Herrschaftsver-
hältnisse hatte. Folgen für das spätere Europa hatte auch die gezielte Romanisierung von Gallien und Spanien.

Insgesamt kann man aber sagen, das kaiserliche Regiment der ersten zwei-
einhalb Jahrhunderte habe dazu geführt, dass das römische Reich zu einem
politisch-kulturellen Kosmos wurde. So konnte denn auch im Jahre 248 der
„tausendste Geburtstag Roms" gebührend gefeiert werden.

Allerdings war zu jenem Zeitpunkt der römische Kosmos schon seit zwei
Jahrzehnten unterhöhlt worden und erlebte während der folgenden drei Jahrzehnte noch eine Zeit des Niedergangs und der Wirren.

Unterhöhlt worden war der Kosmos zum Teil durch Ausplünderung der
Städte durch die Eintreibung der Kosten für das Heer, zum Teil durch fortschreitende Geldentwertung. Verwirrung trat ein durch größere Einfälle germanischer Völker sowie der Perser, wo 226 die Sassaniden die Parther abgelöst
hatten und daran gingen, das zweite persische Großreich zu errichten. Ferner
wurde das römische Reich erschüttert durch eine rasche Folge von Kaisern,
die teils durch den Senat, einmal sogar durch organisierte Jugendliche, meistens aber durch Truppen ausgerufen wurden. Dies führte zu Prätendenten-
kämpfen, welche weite Gegenden des Reichs verwüsteten und große Teile der
Bevölkerung ins Elend trieben.

Besserung trat ein, als im Jahre 284 mit Diokletian ein Kaiser wiederum den uneingeschränkten Besitz der Macht zu erringen vermochte. Diokletian stellte nicht nur Ruhe und Ordnung im Reich wieder her. Er fällte
auch grundsätzliche Entscheidungen, die den weiteren Bestand des Reiches in
einer sich wandelnden Zeit sicherten.

Als Erstes ernannte er seinen Freund Maximian zum Cäsar, adoptierte
ihn, beförderte ihn 286 zum gleichberechtigten Augustus und teilte ihm den
Westen des Reichs als Wirkungskreis zu. Nun konnte Diokletian sich dem
Osten widmen. 293 stellte er sich und seinem Mit-Augustus Maximian noch
je einen Cäsar zur Seite: Constantius und Gallienus. Damit stand an der
Spitze des Reichs erstmals eine Tetrarchie. Da jeder der vier aus Dalmatien
stammenden Herrscher sich in dem ihm zugeteilten Wirkungskreis nieder-
ließ, wurden Trier, Mailand, Sirmium (heute Belgrad) und Nikomedia (heute
Ismid) zu Residenzstädten.

Während jeder der vier Herrscher in seinem Kreis die Ordnung wieder
herstellte, schuf Diokletian ein neues Steuersystem sowie eine solide Währung
und erließ unter anderem ein Höchstpreisgesetz.

Im Jahre 305 zog sich Diokletian als erster römischer Kaiser ins Privatleben zurück und brachte Maximian dazu, das Gleiche zu tun. Die beiden Cäsaren rückten als Augusti nach und ernannten zwei neue Cäsaren: Maximius Dia und Contantius. Damit war eine zweite Tetrarchie zustandegekommen, doch war sie nicht von Dauer. Schon 306 starb nämlich Constantius, der eine der Cäsaren. Er hinterließ einen Sohn mit dem Namen Constantinus, der dann als Konstantin der Große in die Geschichte eingegangen ist. Diesen erhoben die Soldaten seines Vaters zum Augustus, was wiederum Machtkämpfe auslöste. Aus diesen ging schließlich – im Jahre 312 – Konstantin als Sieger hervor. Damit hatte das Reich wieder einen Alleinherrscher.

1. 2. 7. Konstantin und das Christentum

Bei uns ist Konstantin der Große vor allem deshalb bekannt, weil er den Christen erlaubt hat ihre Religion auszuüben. Dabei führte er allerdings nur weiter, was schon während der zweiten Tetrarchie eingeleitet wurde. Zwar hatte Diokletian noch im Jahre 303 eine Verfolgung der Christen angeordnet, da diese sich weigerten, am Staatskult teilzunehmen. Die Verfolgung führte jedoch nicht zum angestrebten Ziel. Zum einen betrug nämlich der Anteil der Christen an der Reichsbevölkerung zu jener Zeit schon ca. zehn Prozent. Zum anderen war die christliche Kirche in den ersten drei Jahrhunderten zu einer leistungsfähigen und reichen Organisation herangewachsen.

Deren Hierarchen erhoben zwar den Anspruch, ihre Kirche sei von Jesus gegründet worden. Es sei jedoch ausdrücklich festgehalten, dass der historische Jesus keine Kirche gegründet hat. Nach Jesu Tod bildeten sich Gruppen von Jüngern, die sich bemühten, gemäß seiner Lehre zu leben und diese auch zu verbreiten. Schon nach drei Jahren traten jedoch unter ihnen Spaltungen auf, besonders zwischen den konservativen Hebräern, den sog. Judenchristen und den. Hellenisten, die griechisch sprachen. Palästina lag ja damals im hellenistischen Kulturbereich. Die sog. Hellenisten unter den Jüngern Jesu trugen dann dessen Botschaft in viele Teile des Mittelmeerraumes. Dabei leiteten sie jenen Verschmelzungsprozess mit der griechischen Philosophie ein, aus dem die christliche Religion hervorgegangen ist.

Ansatzpunkt für die Bildung des christlichen Mythos war die Figur des Messias (griechisch Christos), von dem die Juden erhofften, dass er sie von der römischen Herrschaft befreie. Von der Jerusalemer Jüngerschaft wurde diese Figur auf die Person ihres Meisters projiziert, doch stellte man sich dort, wie gesagt, den Messias als menschliche Person vor. In der jüdischen Diaspora hingegen galt der Messias – wohl unter dem Einfluss des im hellenistischen Raum angenommenen wesensgleichen Sohnes Gottes (Hypostasen) – als göttliches Wesen. Als nunmehr historisch beglaubigter Messias vermochte sich Jesus Christus bei der Missionierung der hellenistischen Bevölkerung gegenüber der abstrakten Figur des dort heimischen Logos durchzusetzen. Es sei auch festgehalten, dass die werdende christliche Dogmatik weitgehend von der griechischen Philosophie – insbesondere dem Platonismus – bestimmt worden ist.

Gegen Ende des ersten Jahrhunderts gingen die ursprünglich von „Charismatikern" geleiteten Jesusgemeinden dazu über, feste, übertragbare Ämter einzurichten. Dabei orientierten sie sich am damals bestehenden zivilen Organisationsschema: am Verwaltungsapparat des römischen Reiches. So setzte sich denn im Verlauf des zweiten Jahrhunderts eine vertikale Struktur durch, an deren Spitze der Bischof (griechisch episkopos) stand. Auch wurde nun zwischen Klerikern und Laien unterschieden. In der Folge bildete sich sogar eine überregionale Struktur, indem sich Bischöfe zu Synoden zusammenfanden. Auch vermochten dabei die Bischöfe von Antiochia, Alexandria und Rom ein besonders Ansehen zu erlangen.

Aus dem frühen Gemeindechristentum war die Bischofskirche geworden. Begründet wurden die bei diesem Prozess entstandenen Strukturen und Gebräuche in den damals mehrfach abgeschriebenen und revidierten Evangelien mit Hilfe von Aussprüchen, die man Jesus in den Mund legte. Über all die Jahrhunderte haben sich dann die Hierarchen auf diese „unechten Jesusworte" gestützt. Für die Evolution des Bewusstseins hat allerdings dieser „fromme Betrug" eine bedeutsame Funktion gehabt.

Jedenfalls hatten die Christen – im Unterschied zu allen anderen levantinischen Religionsgemeinschaften – bis zum Beginn des vierten Jahrhunderts ein so mächtiges geistliches Herrschaftssystem errichtet, dass es im Jahre 310 dem nunmehrigen Kaiser Gallienus – aus Gründen der Staatsräson – ratsam schien, ein Edikt erlassen, das ihnen die Ausübung ihrer Religion erlaubte. Allerdings enthielt das Dekret die Auflage, dass sie zu ihrem Gott für das Heil des Kaisers und des Staates beten sollten. Noch im gleichen Jahr sorgte Cäsar Maxentius, der Sohn des Maximian, der damals über Italien gebot, für die Durchführung dieses Edikts in Rom. Das Gleiche tat schließlich auch der unterdessen im östlichen Bereich zur Macht gekommene Licinius. Beide bemühten sich nun um die Eingliederung der Christen in die staatliche Gemeinschaft. Die allgemeine Formel beim Staatskult lautete fortan: „Die höchste Gottheit".

Von dem Zeitpunkt an, als Konstantin zum alleinigen Herrscher wurde, galt das Christentum im ganzen Reich als religio licita (erlaubte Religion). Die lokalen heidnischen Kulte waren jedoch weiterhin erlaubt, waren doch Konstantin noch Pontifex maximus. Zwar „wusste" er, dass es der christliche Gott war, der ihm auf seine Anrufung hin in der Schlacht an der Milvischen Brücke zum Sieg über Maxentius verholfen hatte. Wahrscheinlich schienen ihm jedoch die heidnischen Götter nach wie vor wirkmächtig zu sein, behielt er doch das Amt des Pontifex maximus weiterhin bei. Jedenfalls hat er in seiner Gesetzgebung die Christen gegenüber den Heiden nicht besonders bevorzugt. Taufen ließ er sich erst kurz vor seinem Tod im Jahre 337. Zur alleinigen Staatsreligion erklärt wurde das Christentum erst von Theodosius dem Großen (379-395), der von Jugend an Christ gewesen war. Theodosius verbot die heidnischen Kulte und ließ die heidnischen Tempel schließen.

Allerdings sah sich schon Konstantin, dem ja die Einheit des Reiches oberstes Anliegen war, in Streitereien der Christen hineingezogen. Zuerst in den sog. Donatistenstreit, bei dem es um die rechtmäßige Besetzung eines afrikanischen Bischofsstuhls ging. Während Konstantin die Schlichtung dieses Streits noch an westliche Bischöfe delegieren konnte, sah er sich – im Interesse der Reichseinheit – veranlasst, die Auseinandersetzungen um die „wahre Natur Christi" selber in die Hand zu nehmen. In den seit der Hinrichtung Jesu verflossenen drei Jahrhunderten war es zur Selbstverständlichkeit geworden, dass der nun als Messias verkündete und mit dem griechischen Logos identische Jesus Christus der Sohn Gottes war. Als Gott galt dabei weiterhin der jüdische Jahwe. Diskutiert wurde jedoch darüber, wie die Sohnschaft Jesu zu verstehen sei. Dabei standen sich zur Zeit Konstantins vor allem zwei Positionen unversöhnlich gegenüber: die adoptianische (arianische) und die pneumatische (vom griechischen Pneuma, Geist). Während der Priester Arius lehrte, Jesus sei zuerst ein Mensch gewesen und erst später von Gott als Sohn adoptiert worden, vertraten die Anhänger der pneumatischen Christologie die Auffassung, Christus sei „vor aller Zeit" vom göttlichen Vater als geistiges Wesen gezeugt und von diesem „an der Wende der Zeiten" zu den Menschen gesandt worden. Zur Erklärung, wie diese Inkarnation geschah, verwendeten sie das verbreitete Mythenmotiv der Jungfraugeburt und fügten in den christlichen Mythos die Lehre ein, Gott habe – in Gestalt des Heiligen Geistes – die Jungfrau Maria befruchtet, sodass diese ein göttliches Kind gebar.

Um bei diesem Streit – aus Gründen der Staatsraison – eine Lösung herbeizuführen, lud Konstantin ca. 200 Bischöfe zu einem Konzil an seinem Sommersitz in Nicäa ein. Obwohl er das Konzil selber leitete, konnte der

Streit nicht bereinigt werden. Bei der Schlussabstimmung trugen jedoch die Pneumatiker – später Orthodoxe bzw. Katholiken genannt – den Sieg davon. Konstantin schloss sich der Mehrheit an. Solange er an der Regierung war, galten die Arianer als geächtet.

Konstantins Sohn und Nachfolger im Amt – Constantius – war hingegen Arianer. Nun war es eine schicksalhafte Laune der Geschichte, dass ausgerechnet unter der Regierung des Constantius die Goten christianisiert wurden, natürlich im arianischen Sinn. Befestigt wurde bei diesen das arianische Bekenntnis noch dadurch, dass der Gote Wulfila die Bibel – in arianischer Färbung – in die gotische Sprache übersetzte. Die Goten aber waren Germanen, und die arianische Christologie verbreitete sich in der Folge unter den germanischen Völkern.

Konstantin hat noch bis 337 gelebt und viel für die Organisation und Verteidigung des Reichs getan. Nachdem er in verschiedenen Städten residiert hatte, wählte er im Jahre 324 Byzanz am Bosporus zu seiner definitiven Residenz. Er umgab die Stadt mit einer Mauer und baute sie – unter enormem finanziellem Aufwand – prächtig aus. 330 fand die Einweihung statt.

Von den Kaisern, die auf Konstantin folgten, seien hier nur die Valentin-Brüder genannt. Dies deshalb, weil unter ihrer Herrschaft das römische Reich definitiv in zwei Hälften geteilt wurde. Nachdem Valentinian – ein Soldat aus Pannonien, dem heutigen Ungarn – 364 von seinen Truppen zum Kaiser erhoben war, forderten diese von ihm die Erhebung eines zweiten Augustus. Er ernannte hierzu seinen jüngeren Bruder Valens. Die beiden teilten nun das Reich auf eine neue Weise unter sich auf, indem sie nicht mehr wie frühere Herrscher nur dessen Gebiet, sondern auch den Hofstaat und die Truppen teilten.

Von da an nahmen die östliche und die westliche Hälfte des römischen Reiches eine unterschiedliche Entwicklung. Das Ostreich wurde nach einigen Jahrhunderten zum byzantinischen Reich. Dieses wehrte im 7.Jh. – nach beträchtlichen Gebietsverlusten – noch den Ansturm der muslimischen Araber ab, erlag aber schließlich 1453 den osmanischen Türken. Das westliche Kaisertum hingegen fand schon 476 sein Ende.

1. 3. Übergreifen über die Alpen

Auf dem Boden der westlichen Reichshälfte errichteten nun Germanen verschiedene Königreiche, von denen schließlich nur das der Franken auf Dauer Bestand hatte.

1. 3. 1. Die „barbarischen Völker des Nordens"

Als Cäsar es für ratsam hielt, die nördlichen „barbarischen" Völker zu unterwerfen und zu romanisieren, hatte er wohl das Überleben des römischen Reiches im Auge. Was er nicht ahnen konnte war, dass – gut ein halbes Jahrtausend danach – aus der Synthese von christianisiertem Römertum und dem kulturellen Erbe der unterworfenen „Barbaren" jene abendländische Kultur hervorgehen werde, in deren Schoss die archaische Weltsicht, der auch die Römer anhingen, überwunden werden sollte.

Während der Traditionsstrom, den die Römer nach Norden lenkten, von Stadtkulturen Mesopotamiens ausgegangen und über städtische Kulturen vorangeschritten war, ging der nördliche vom Bauerntum aus. Die historischen Faktoren, die den europäischen Sonderweg ermöglichten, hatten ihre Wurzeln in beiden Strömen. Diese haben sich gegenseitig befruchtet und zu weiterer Entwicklung angeregt.

Das Gebiet, das Cäsar Gallien nannte, umfasste das heutige Frankreich, die Schweiz, Belgien und Holland sowie die westlich des Rheins gelegenen Länder Deutschlands. Am östlichen Rand siedelten zu Cäsars Zeit schon keltisch-germanische Mischvölker. Gallien stand damals gerade davor, von Germanen infiltriert zu werden. Ereignet hat sich diese Infiltration dann während der fünf Jahrhunderte, in denen Gallien sowie der Donauraum von den Römern besetzt waren. Und es war diese Infiltration, die zum Untergang des weströmischen Reiches geführt und die Entstehung Europas ermöglicht hat.

Betrachten wir zuerst die Kelten. Diese bewohnten Gallien seit ungefähr dem 8. Jh. v. Chr. Allerdings waren sie nicht als neues Volk dort eingewandert. Sie waren durch Vermischung mehrerer älterer Völker zustande gekommen und kulturell von außen – vor allem von Griechenland und Italien her – geprägt worden.

Blicken wir deshalb weiter zurück. Seit dem 5. Jahrtausend v. Chr. hatte in Europa eine Ablösung des eiszeitlichen Jägertums durch ein Bauerntum mit Bodenbau und Viehzucht stattgefunden. Diese sog. Neolithisierung geschah wahrscheinlich zum Teil durch friedliche Einwanderung der Bauern von Kleinasien her, und zwar über lange Zeiträume hinweg sowie in verschiedenen Wellen. Dabei passten sich die alten Jägervölker teilweise den neuen Verhältnissen an, die übrigen wurden an die Ränder der damaligen Welt abgedrängt, wo sie ihre Kultur weiterhin pflegten.

Zwei Einwanderungsströme konnten die Archäologen – nach dem von Kleinasien herkommenden – ausmachen: einen vom Südosten und einen vom Westen her. Der von Südosten her führte zur sog. donauländischen Bauernkultur. Es war eine Hirtenkultur mit Ganzbestattung in Hügelgräbern. Sie breitete sich von Rumänien her über Sachsen und das Rheinland aus.

Der aus dem Westen kommende Strom entfaltete sich im Norden Europas. Das eindrucksvollste Merkmal dieser Kultur sind die Megalithgräber, auch Dolmen genannt.

Um 2500 v. Chr. – am Übergang von der Stein- zur Bronzezeit – wurden diese beiden Kulturkomplexe durch zwei neue, nach Inhalt und Herkunft völlig verschiedene, abgelöst. Im Unterschied zu den bisherigen waren beide kriegerisch. Für den einen waren Streitäxte charakteristisch, für den anderen Pfeil und Bogen.

Die aus dem Osten kommenden breiteten sich über Mitteldeutschland aus und gelangten bis an den Rhein. Im Norden drangen sie über Jütland bis nach Skandinavien vor. Dort vermischten sie sich zum einen mit Überresten der nacheiszeitlichen Jäger und Fischer, zum anderen mit Leuten der Megalithkultur. Lange Zeit lebte diese Mischbevölkerung dort isoliert, ohne weitere Zuwanderung. Aus ihr ist später der Kern jener Völkermischung hervorgegangen, die Cäsar Germanen nannte.

Der andere Strom kam von der iberischen Halbinsel her. Diese war schon früh von der Ägäis her besiedelt worden. Wegen ihrer typischen Keramik werden die Einwanderer Glockenbecherleute genannt. Sie errichteten große Denkmäler aus Stein: in der Bretagne die Menhire, in England die Henges, von denen Stonehenge der bekannteste ist. Ausgegrabene Dorfanlagen deuten auf eine straffe soziale Organisation mit mächtigen Fürsten hin. Diese Glockenbecherleute drangen dann nach Mitteleuropa vor, wo sie sich mit den Hügelgräberleuten vermischten.

Schon längere Zeit mit dem Kupfer vertraut, kam diese Mischbevölkerung dazu, das Kupfer mit Zinn zu Bronze zu härten. Die Kenntnis des Bronzegusses hatte sich von Süden her über Europa ausgebreitet. Zu dem schon reich entwickelten Handel mit Salz, Bernstein und sonstigen auserlesenen Steinen kam nun noch der Handel mit Zinn hinzu. Die bestehenden Handelswege wurden ausgebaut. Auf ihnen wurden nicht nur Güter transportiert, sondern auch Know-how und Ideen.

Die Bronzekultur entfaltete sich zu einer Hochblüte. Bei Bernsdorf in Südbayern wurden z.B. Reste einer Stadt gefunden. Unter den dort ausgegrabenen, kunstvoll gestalteten Schmuckstücken aus Bronze und Gold befanden sich auch solche aus Bernstein, in die sogar Schriftzeichen in mykenischer Linear-B eingraviert waren. Von einer relativ entwickelten Himmelskunde jener Zeit zeugt die berühmte Scheibe von Nebra.

Als man um 1000 v. Chr. das Eisen entdeckte und zu bearbeiten lernte, begann eine kriegerische Zeit. Vor allem brandete nun – von Osten her – die sog. Urnenfelderkultur durch die östlichen und südlichen Länder Europas. Es wird angenommen, dass dies zu einer Völkerumsiedlung großen Ausmaßes führte. Einem Ausläufer davon sind wir schon in der Einwanderung der sog. Dorer in Griechenland begegnet, welche damals die mykenische Kultur zerstörten. Aus deren Mischung mit den Resten der „Mykener" hat sich dann, wie wir sahen, die griechische Hochkultur entwickelt.

Der Name Urnenfelderkultur rührt daher, dass diese Völker ihre Toten verbrannten und die Ganzbestattung der Hügelgräberleute ablösten. Charakteristisch für die kriegerische Urnenfelderkultur war auch die Errichtung von Wehranlagen. Vor allem gegen Norden – gegen die späteren „Urgermanen" – grenzten sie sich durch einen Wall von Festungen ab.

Kurz danach traten in der Gegend des heutigen Frankreich und am Rhein die Kelten auf. Bei diesen handelte es sich, wie gesagt, nicht um ein neues Volk, sondern um eine Neugruppierung älterer. Zum einen waren es Hügelgräberleute, die von den Urnenfeldlern nach Westen verdrängt wurden und sich mit der dort ansässigen Bevölkerung der Pfahlbauten vermischten. Kulturell stark beeinflusst wurden sie von Hallstadtleuten: jener ostalpinen Population, die durch Salzabbau zu großem Reichtum gelangt war, beim Handel von den Griechen viele Anregungen erhalten hatte und vom Kleinbauerntum zur Wirtschaftsform des adeligen Großgrundbesitzes übergegangen war.

Ein eigenständiges Keltentum wurde erstmals fassbar in der La-Tène-Kultur, deren ergiebigste Fundstelle in der Schweiz am Neuenburgersee lag. Als Volk ins Licht der Geschichte getreten sind die Kelten um 400 vor Chr., als sie Eroberungszüge nach Spanien, England, dem Balkan und Kleinasien, sowie nach Griechenland und Italien unternahmen. Als Cäsar vier Jahrhunderte danach Gallien, ihr Stammland, eroberte, hatten sie sich beruhigt, wenigstens was den Drang nach Expansion betrifft.

Ein politisch geeintes Reich der Kelten gab es nie. Im Unterschied zu den Griechen und Italikern hatten sie keine konkreten Vorstellungen vom Staat. Sie waren unterteilt in Stämme, die sich oft gegenseitig bekriegten. Nur wenn sie sich von außen bedroht fühlten, schlossen sie sich zu lockeren Bünden zusammen. Diese wurden jedoch nicht mehr beachtet, sobald die Gefahr vorüber war.

Ein verbindendes Element war die Priesterschaft, Druiden genannt. Diese waren so etwas wie die (ebenfalls indogermanische) Brahmanenkaste in Indien. Sie leiteten die Opferriten, bewahrten die Mythen und fungierten zudem als Richter und Schlichter. Sie mischten sich auch politisch ein, vor allem nach der Besetzung durch die Römer. Weil sie gegen diese agitierten wurden das Druidentum von den Römern verboten.

gegen die sie agitierten. Aus diesem Grund wurde das Druidentum von den Römern verboten.

Eine Feudaladelsschicht beherrschte die große Masse der Bevölkerung, welche damals zur Hauptsache aus Hörigen bestand. Die einzelnen Adelsfamilien strebten nach einem möglichst großen Anteil an der Macht, was häufige Kämpfe zwischen ihnen zur Folge hatte. Ausgeübt haben sie ihre Macht mittels eines feudalen Systems mit Klientschaften. Diese setzten sich neben Familien- und Sippenangehörigen aus Resten unterworfener einheimischer Stämme zusammen, ferner aus Elementen, die aus Familien und Sippen ausgestoßen waren sowie aus abhängigen Schuldnern.

Herrschaften und Klienten waren durch Bande persönlicher Natur verbunden, in denen sie sich zu gegenseitiger Treue verpflichteten. Pflicht des Schutzherrn war Großzügigkeit, von den Klienten erwartete man bedingungslose Treue. Die Huldigung erfolgte durch gegenseitige Geschenke.

Den Kern der Klientschaften bildeten oft kleine Heere, die aus besonderen Männerbünden bestanden. Durch Blutsbruderschaften wurden zwischen den Kriegern starke Bindungen mystisch-rechtlicher Natur geschaffen.

Bekannt war auch die Vorliebe der Kelten für Schmuck. Der Reichtum keltischer Fürsten an Gold war sprichwörtlich. Das Kunsthandwerk erreichte einen hohen Stand. Posidonius, der griechische Geograph und Historiker, war vom Luxus keltischer Festessen beeindruckt. Bekannt war auch die Liebe der Kelten für Poesie und Gesang. Die Fürsten hatten Barden in ihrem Gefolge.

Als besondere Wohnsitze der Kelten beschrieb Cäsar die Oppida: befestigte Plätze an Flussschlingen oder auf einem schwer zugänglichen Plateau. Diese waren in der Regel auf der nicht durch Wasserläufe oder steile Abhänge gedeckten Seite durch einen breiten Graben geschützt.

Bekannt waren die Kelten für Vieh- und Pferdezucht. In der Landwirtschaft verwendeten sie schon Mergel zur Düngung des Bodens. Gerberei und Sattlerei hatten einen hohen Stand. Keltische Schuster waren berühmt, ebenso keltische Wagenbauer, Zimmerleute und Schiffbauer. Eine Besonderheit keltischer Zivilisation war die Verwendung von Holzfässern zum Aufbewahren von Flüssigkeiten, während die Römer hierfür noch Amphoren aus Ton benützten. Keramik wurde von den Kelten schon unter Verwendung der Töpferscheibe hergestellt. Auch die Glasmacherei war bekannt.

Ein weitläufiges Wegenetz zu Lande und zu Wasser war entwickelt. Wegezölle wurden erhoben. Die Wirtschaft war schon weitgehend eine Geldwirtschaft. Als Schrift wurde das griechische Alphabet verwendet. Erlaubt war dies jedoch nur für den Handel. Mythen durften nicht aufgeschrieben werden. Sie wurden im Rahmen des Druidentums mündlich weitergegeben bzw. von den Adepten in einer jahrelangen Ausbildung erlernt.

Die Gallier waren also nur in den Augen der Römer und Griechen Barbaren. In Wirklichkeit waren sie ein hochkultiviertes Volk, doch pflegten sie andere Sitten und Umgangsformen als die in mancher Hinsicht von den Orientalen geprägten Römer.

Das Gleiche gilt für die Germanen. Diese waren, wie die Kelten, eine Mischbevölkerung. Als das aus dem Osten kommende Volk bis nach Jütland vorgedrungen war, benützte es dieses Land bald einmal als Sprungbrett nach Schweden. Dort stieß es – neben Überresten der nacheiszeitlichen Jäger und Fischer – vor allem auf Megalithgräberleute. Mit diesen vermischte es sich zu einer neuen ethnischen Einheit. Da weitere Zuwanderungen nach Norden nicht stattfanden, blieb die anthropologische Zusammensetzung dieser Bevölkerung bis zum Ende der Jungsteinzeit unverändert.

Werfen wir kurz einen Blick auf diese Nordleute. Aufgrund der vielen Felszeichnungen, die diese hinterließen, sind wir über deren Kultur recht gut informiert. Bemerkenswert ist vor allem, dass sie – die Vorfahren der Wikinger – es verstanden, Schiffe zu bauen. Wie die Überreste der verspeisten Fische ergaben, fuhren sie weit aufs raue Meer hinaus, während die Anrainer des Mittelmeeres nie eine gewisse Scheu vor dem Meer überwinden konnten. Auch verstanden es die Nordleute, vierrädrige Wagen zu bauen, die von Ochsen gezogen wurden und die am unteren Ende der Deichsel schon eine Drehscheibe hatten. Neben dem Ackerbau, bei dem sie einen hölzernen Pflug verwendeten, betrieben sie die Zucht von Ochsen und Pferden. Das Pferd galt bei ihnen als sakrales Tier und spielte bei Opferriten eine Rolle.

Die nordische Population breitete sich mit der Zeit rund um die Ostsee aus und schuf – als Parallele zur Mittelmeerkultur – eine thalassische (von grch. Thalatta, Meer) Kultur. Dies im Unterschied zu den potamischen (von grch. Potamos, Fluss) Kulturen Vorderasiens und Ägyptens. Bei diesen Nordländern erlebte übrigens die Bronzekultur ihre längste Blüte.

Als sich während der Eisenzeit im Norden eine Klimaerwärmung ereignete und die Böden austrockneten, begaben sich die „Urgermanen" auf den Weg nach Süden. Während dieser Wanderung, die sich über mehrere Jahrhunderte erstreckte, vermischten sie sich mit den „Gastvölkern" und übernahmen von diesen manche kulturelle Errungenschaft.

Zur Zeit Cäsars befand sich, wie gesagt, im östlichen Grenzgebiet Galliens schon eine keltisch-germanische Mischbevölkerung. Aus dieser kristallisierten sich Stammesbünde wie die Alemannen, Sueben, Burgunder und Salier (später Franken genannt) heraus, für die dann die Geschichte einen unterschiedlichen Verlauf nahm.

1. 3. 2. Die Zeit der Wirren

Der Boden, auf dem die Franken ihr Reich errichteten, war Gallien. Dieses Land war von den Römern seit einem halben Jahrtausend romanisiert worden. Das heißt: die von den Römern mitgebrachte Kultur wurde dort mit der keltischen verschmolzen. Auf diesem gallorömischen und christlichen kulturellen Humus erst entstand dann – wiederum im Verlauf eines halben Jahrtausends – jenes staatliche Gebilde, in dem die Konstellation von Faktoren zustande kam, welche die Mutation des europäischen Bewusstseins ermöglicht hat.

Bevor es den Franken gelang, ihr Reich zu errichten, wurde allerdings das römische während zwei Jahrhunderten durch die Wirren der späten Völkerwanderung durchgerüttelt. Im Nachhinein lässt sich erkennen, dass nur dadurch jene Konstellation historischer Faktoren, welche die Mutation des Bewusstseins ermöglicht hat, zustande kommen konnte.

Was wir als Völkerwanderung bezeichnen, begann mit der schon erwähnten Wanderung germanischer Stämme nach Süden, anfänglich auf der Suche nach fruchtbarem Ackerboden und Weideland. Begonnen hatte die Wanderbewegung schon Jahrhunderte vor unserer Zeitrechnung, wahrscheinlich während der frühen Eisenzeit. Lange vollzog sie sich jedoch außerhalb der Grenzen des römischen Reiches, östlich von Rhein und Donau. Zwar machten die zahlreichen Einfälle germanischer Scharen den Römern viel zu schaffen, doch vermochten sie sich deren immer wieder zu erwehren bis zu dem Zeitpunkt, als sie die Goten ins Reich aufnehmen mussten. Das Reich der Goten, das sich aus vielen Stämmen zusammensetzte, bestand aus einer östlichen und einer westlichen Gruppe. Es erstreckte sich von der Ostsee bis zum schwarzen Meer. Die Hunnen – aus Asien kommende Steppennomaden wie die später unter

Dschingis Khan vereinigten mongolischen Völker – bedrängten seit dem 4. Jh. mit ihren Beutezügen vorerst die Ostgoten so stark, dass diese schließlich um Aufnahme ins römische Reich baten. Später taten die Westgoten das Gleiche. Indem die oströmischen Kaiser ihrem Wunsch nachkamen und ihnen Wohngebiete innerhalb des Reiches zuwiesen, konnten sie die Grenzen von deren Druck entlasten.

Es gelang ihnen auch, Goten ins römische Heer einzugliedern. Gotische Krieger rückten sogar bis in den Generalsrang auf. So auch der Westgote Alarich. Als dieser sich jedoch mit dem oströmischen Kaiser überworfen hatte, verwüstete er vorerst einmal Griechenland. Dann zog er mit dem ganzen Volk über die Julischen Alpen nach Italien und plünderte dort im Jahre 410 Rom. Nach Alarichs kurz darauf erfolgtem Tod führte sein Nachfolger Athaulf die Westgoten nach Südgallien. Kaum waren sie dort angekommen, animierte sie der in Ravenna residierende weströmische Kaiser Honorius, nach Spanien zu ziehen, um die Sueben und Alanen zu bekämpfen.

Diese waren nämlich zu Beginn des 5. Jh. zusammen mit den Wandalen über den Rhein nach Gallien eingebrochen, hatten dieses Land plündernd durchzogen und sich in Spanien niedergelassen. Die Wandalen setzten dann nach Nordafrika über, wo ihr Führer Geiserich, das erste wirklich selbständige Germanenreich errichtete. Die Sueben und Alanen blieben in Spanien zurück und drangsalierten die dortige keltisch-römische Bevölkerung. Nachdem die Westgoten ihren Auftrag, die Sueben und Alanen zu vernichten, erfüllt hatten, wies ihnen der weströmische Kaiser im Gebiet der Loire Wohnsitze zu.

Unterdessen war bei den Hunnen im Jahr 445 Attila Alleinherrscher geworden und brachte es fertig, die hunnischen sowie viele indogermanische Stämme zu einem wohl organisierten Reich zu vereinen. Über ein Jahrzehnt lang war es ihm gelungen, von Ostrom riesige Tribute in Form von Gold zu erpressen. Als aber mit Markian ein Kaiser auf den Thron kam, der sich nicht mehr erpressen ließ, entschloss sich Attila zu einem Raubzug nach Gallien. Dort erlitt er jedoch 451 in der berühmten Schlacht auf den katalaunischen Feldern bei Soissons eine vernichtende Niederlage. Dabei wurden die römischen Truppen unter Aetius, dem letzten großen Heermeister, von den Westgoten und den ebenfalls über den Rhein vorgedrungenen und schließlich im Rhonetal angesiedelten Burgundern kräftig unterstützt. Auch fränkische Einheiten beteiligten sich an der Schlacht. Als sich Attila danach durch das heutige Bayern und Österreich zurückgezogen hatte, fiel er noch in Norditalien ein, kehrte aber bald um und starb kurz danach. Nun war die hunnische Gefahr gebannt. Hunnen wurden sogar ins oströmische Heer eingereiht.

Das weströmische Reich kam jedoch nicht zur Ruhe. Im Gegenteil, während das oströmische Reich noch ein Jahrtausend lang – wenn auch beträchtlich gestutzt – weiterlebte, schritt das westliche nun endgültig seinem Zerfall entgegen.

Kurze Zeit nach Attilas Tod riss nämlich in Italien der Söldnerführer Odoaker – ein Skire – die Macht an sich und setzte 476 den letzten weströmischen Kaiser Romulus Augustulus ab. Dies veranlasste den oströmischen Kaiser Zenon, den ostgotischen Heerführer Theoderich gegen Odoaker zu schicken. Dieser zog nun mit dem gesamten Volk der Ostgoten – wiederum über die Julischen Alpen – nach Italien. Als er 493 in Ravenna eingezogen war und Odoaker ermordet hatte, erhoben ihn die Ostgoten zum König von Italien. Dort gründete auch er ein – zumindest de facto – selbständiges germanisches Reich.

1. 3. 3. Die Franken treten ins Licht der Geschichte

Nun war die Stunde der Franken gekommen: jenes germanischen Volkes, das Europa begründet hat und unter dessen Herrschaftsstrukturen die von uns gesuchte Konstellation historischer Faktoren zustande kam. Gegeben war sie jedoch erst im 12. Jh. Von der Ankunft bzw. dem „Erwachen" der Franken bis zu diesem Zeitpunkt verfloss also noch mehr als ein halbes Jahrtausend. Was in dieser Zeit geschah, muss noch betrachtet werden, entstanden doch schon dazumal einige der Voraussetzungen für die entscheidende Weichenstellung.

Im Unterschied zu den Goten, Wandalen, Sueben und Alanen hatten die Franken seit Jahrhunderten an den Grenzen Galliens – am Unterrhein – gesiedelt: zum Teil rechts der Rheingrenze als tributpflichtige Klientelstaaten, zum Teil innerhalb des römischen Reiches als Kriegerbauern, die in kleinen Gruppen eingesickert waren, sich dort angesiedelt hatten und als zuverlässige Lieferanten von militärischen Mannschaften dienten. Viele von ihnen wurden ebenfalls Offiziere im römischen Heer, einige stiegen sogar bis zu Heerführern auf.

Als treue Bundesgenossen unterstützten die Franken die Römer schon 406 im Abwehrkampf gegen Wandalen, Sueben und Alanen. Im Jahre 451 stritten sie zusammen mit Aetius in der Entscheidungsschlacht gegen Attila. 463 wirkten sie noch an der Seite der Römer im Abwehrkampf gegen die Westgoten. Dreizehn Jahre danach brach das weströmische Kaiserreich zusammen.

Damit begann der Aufstieg der Franken. Bis dahin waren sie kein eigentliches Volk gewesen, sondern eher ein Schwarm von Stämmen, die sich oft bekämpften. Ihre Einigung begann mit Childerich (463-481), einem Stammesführer aus der salfränkischen Sippe des Chlodio. Er war einer der letzten fränkischen Heerführer in der Tradition der Reichsgermanen. Er war es auch, der mit „seinen" Franken – unter dem Oberbefehl des Aetius – 463 bei Orléans gegen die Westgoten kämpfte.

Mit Childerichs Sohn Chlodwig (482- 511) begann jene fränkische Dynastie, die sich als Merowinger bezeichnete. Diesen Namen leiteten sie ab von ihrem legendären Urahn Merowech, welcher der Sage nach von einem Meeresungeheuer – halb Mensch, halb Stier – gezeugt war. Dass die fränkische Ursprungssage damals noch so lebendig war, dass sie der aufstrebenden Dynastie den Namen zu geben vermochte, zeugt von einem noch recht niedrigen Stand der Bewusstseins-Evolution. Wie die übrigen nicht christianisierten Germanen jener Zeit hingen die Franken eben noch einer – unter dem Blickwinkel der Bewusstseinsevolution betrachtet – primitiven Naturreligion an.

Chlodwig brachte den größten Teil Galliens in seine Gewalt. 486 besiegte er den römischen Statthalter Syagrius. Dieser hatte sich – in den Wirren nach der Absetzung des letzten weströmischen Kaisers – zu so etwas wie einem König Galliens emporgeschwungen. Durch den Sieg über ihn fiel Chlodwig viel Fiskalland in die Hand. Ebenso übernahm Chlodwig das Personal der römischen Provinzialregierung und -verwaltung. 507 krönte er seine Expansion nach Westen noch durch einen siegreichen Zug gegen das westgotische Reich südlich der Loire. Die Westgoten zogen sich darauf nach Spanien zurück.

Unterdessen hatte Chlodwig einen entscheidenden Schritt getan, indem er mitsamt seinen Heerführern zum Christentum übertrat. Entscheidend dabei war, dass er sich für die katholische Variante des Christentums entschied. Dies war deshalb für die Zukunft Europas folgenschwer, weil in den übrigen damaligen Germanenreichen – in dem der Wandalen, der Ost- und Westgoten sowie zum Teil auch der Burgunder – der Arianismus die Religion der Besatzer war, während die eingesessene Bevölkerung dem katholischen Christentum anhing. Weil aber die Herrscher der germanischen Reiche ihrem Arianismus treu bleiben wollten, betrieben sie eine Politik der Apartheid, wobei sie z.B. Ehen zwischen ihren Leuten und Römern verboten. Auf diese Weise vermieden sie zwar, dass sie in der eingesessenen Bevölkerung, von der sie ja nur wenige Prozent ausmachten, aufgingen. Anderseits verhinderten sie so das Zusammenwachsen der beiden Bevölkerungsteile. Eine Folge davon war, dass ihre Reiche nach relativ kurzer Zeit untergingen bzw. den Angriffen der oströmischen Heere, die zur Wiedereroberung der verlorenen Gebiete ansetzten, nicht zu widerstehen vermochten. So dauerte denn das Reich der Ostgoten, das Theoderich zu hoher Blüte gebracht hatte, nur 60 Jahre. Das der Wandalen in Nordafrika überstand immerhin ein Jahrhundert. Die westgotischen Könige traten zwar noch im Jahre 589 zum Katholizismus über, doch vermochten sie ihr Reich, in dem Thronkämpfe und Korruption blühten, nicht mehr zu konsolidieren. So brach es denn bald darauf unter dem Ansturm muslimischer Krieger wie ein Kartenhaus zusammen.

Anders das Reich der Merowinger. Dank des Übertritts Chlodwigs zum Katholizismus waren Franken und Galloromanen gleichen Glaubens und konnten deshalb miteinander verschmelzen. So wurde die Kontinuität des von der Antike herkommenden Traditionsstromes gewahrt. Eine günstige Voraussetzung dafür war, dass in den westlichen Teilen Galliens die römische Infrastruktur und Verwaltung – trotz all der vorausgegangenen Wirren – weitgehend erhalten geblieben war. Auf dem Land hatten nach wie vor die adeligen Großgrundbesitzer das Sagen. In den Städten regierten nun Bischöfe. Diese gehörten seit der Zeit des Theodosius zum Adel. Das hatte zur Folge, dass die Bischofssitze weitgehend mit Männern aus dem senatorischen Reichsadel besetzt wurden. Dadurch, dass Chlodwig die Kirche auf seiner Seite hatte, gewann er die Unterstützung dieser gallorömischen Eliten, welche noch erhebliche politische Macht besaßen, und auch kulturellen Einfluss ausübten. Sie waren es vor allem, die den Franken – zusammen mit dem Christentum – die Tradition der römischen Rechts-, Verwaltungs- und Steuerpraxis lieferten. Als so die beiden Hälften der Bevölkerung Galliens zusammenwuchsen, stellte sich für längere Zeit eine Art Aufgabenteilung ein. Während die Gallorömer weiterhin in Verwaltung und Bildung tätig waren, behielten die Franken die militärische Gewalt in ihrer Hand.

So überdauerte das Merowingerreich – ca. 500 gegründet – an die drei Jahrhunderte. Es wurde von der nachfolgenden Dynastie der Karolinger sogar noch erweitert und so durchstrukturiert, dass aus ihm schließlich die europäischen Staaten hervorgegangen sind.

1. 3. 4. Die Christianisierung Galliens

Hand in Hand mit dem Zusammenwachsen der beiden Volksteile schritt auch deren Christianisierung voran. Bei diesem Prozess entstand ein beträchtlicher Teil jener Strukturen, deren Konstellation später die Voraussetzung für die Mutation des Bewusstseins bildete. Aus diesem Grund sei noch ein Blick auf den Prozess der Christianisierung Galliens geworfen. An dieser sind nämlich vier Phasen zu unterscheiden, deren jede durch einen besonderen Impuls in Gang kam und das dortige Christentum modifizierte.

Eine erste Phase war die der frühchristlichen Mission. Christliche Gemeinden hatten sich ja in Gallien schon vor der „Konstantinschen Wende" – dem Beginn der zweiten Phase – ausgebildet. Sie waren auch schon in die erwähnte übergeordnete Struktur eingefügt. Deren Verwaltungseinheit oberhalb der Pfarreien war die Diözese, das „Herrschaftsgebiet" eines Bischofs. Da die Bischöfe gegenüber den Patriarchen – zumindest, was ihre „Hirtengewalt" betraf – noch weitgehende Selbständigkeit zu wahren wussten, kann die katholische Kirche bis weit ins Mittelalter hinein als Bischofskirche bezeichnet werden: bis zu der Zeit, als sie – unter dem Herrschaftsanspruch des Patriarchen von Rom – zur Papstkirche wurde.

Als Chlodwig ums Jahr 500 zum Christentum übertrat, war in Gallien schon seit einiger Zeit die zweite Phase der Christianisierung im Gang. Geleitet war sie – unter veränderten Umständen – immer noch von Bischöfen, jedoch von Bischöfen besonderer Art. Das Christentum war damals fast ausschließlich auf die Städte beschränkt. In diesen hatten die Bischöfe besondere Bedeutung erlangt, weil in den Wirren der Völkerwanderung die hohen römischen Beamten sich in sichere Gebiete zurückgezogen hatten und die Leitung der gallischen Städte den Bischöfen anheim fiel.

Dabei war von Bedeutung, dass diese zum größeren Teil senatorischen Familien entstammten und oft vor ihrer Ernennung zum Bischof schon hohe Stellungen in Armee und Verwaltung eingenommen hatten. So konnten sie denn beim Ansturm der „Barbaren" Befestigung, Verteidigung und Wiederinstandsetzung „ihrer" Städte leiten. Dazu kam, dass gallische Bischöfe in zunehmendem Masse besonders gute Christen waren. Dies hing mit der Ausbreitung des Mönchtums zusammen.

Nachdem nämlich das Christentum zur Staatsreligion erklärt war, wurden offenbar viele Römer aus opportunistischen Gründen zu Christen. Auch hatte schon Konstantiin damit begonnen, Bischöfe mit weltlichen Aufgaben zu betrauen, z.B. in der Verwaltung und im Gerichtswesen. Dies ließ – wenigstens teilweise – ihre spirituelle Vorbildfunktion erlahmen. Auf jeden Fall kehrten nun viele Christen der „Welt" den Rücken zu und begaben sich an den Rand der syrischen und ägyptischen Wüste. Dort bemühten sie sich bei Anwendung strenger Askese ein besonders gottgefälliges Leben zu führen. Sie lebten entweder allein als Eremiten oder in organisierten Gemeinschaften als Koinobiten. Dieses Mönchtum schwappte dann nach Europa hinüber, wo es viele Anhänger fand. Besonders folgenreich war, dass der römische Aristokrat Benedikt von Nursia, der um das Jahr 500 herum lebte, eine Ordensgemeinschaft mit einer wohldurchdachten Regel gründete.

Ein benediktinisches Kloster mit besonders strenger Observanz entstand auf den Lerinischen Inseln bei Marseille. In dieses traten viele Söhne aus dem römischen Hochadel ein. Da sie dort einen grundlegenden Wandel durchmachten, wurden sie – als besonders geläuterte Christen – von den Einwohnern vieler gallischer Städte als Bischöfe berufen.

Nachdem die Stürme der Völkerwanderung abgeebbt waren, gewann der Kampf gegen das Heidentum Priorität. Zwar waren die heidnischen Opferbräuche nun von Staats wegen verboten, doch saß das heidnische Denken noch fest in den Köpfen vor allem der ländlichen Bevölkerung. Diese hatte ja immer noch mit den Unbilden der Witterung zu kämpfen. Da war ihnen die Hilfeleistung der vielen in ihrer unmittelbaren Nähe „wohnenden" Naturgeister plausibler als die des abstrakten, christlichen Gottes, der hoch über den Sternen thronte.

Da kam zu jener Zeit die Sitte auf, verstorbene Bischöfe sowie andere besondere Christen als Heilige zu verehren. Diese galten fortan als besonders wirkmächtige jenseitige Wesen, die man in seinen Nöten um Hilfe anrufen konnte. So übernahmen nach und nach Heilige die Funktion der „menschennahen" heidnischen Götter. Weil man zudem glaubte, an dem Ort, wo ein Heiliger begraben war, sei er auch anwesend, entstanden viele Wallfahrtsorte. Da auch Knochensplitter eines Heiligen als wirkmächtig galten, ebenso Gegenstände, mit denen das „heilige" Grab berührt worden war, entfaltete sich ein überbordender Reliquienkult und verdrängte den Glauben an die heidnischen Amulette.

Die fränkischen Adligen waren weiterhin vor allem Krieger. Gelegenheit, ihre Waffenkunst zu üben, hatten sie in den vielen blutigen Auseinandersetzungen zwischen den Söhnen und Enkeln Chlodwigs sowie in Fehden mit ihresgleichen. Das Christ-Sein überließen sie weitgehend ihren Frauen. Viele von diesen hatten Klöster gegründet und großzügig beschenkt oder waren gar selber in Klöster eingetreten.

Diese „Arbeitsteilung" änderte sich, als 590 der irische Mönch Kolumban nach Gallien kam, um dieses Land zu missionieren. Sein Erscheinen löste dort den dritten Schub der Christianisierung aus. In Irland hatte sich nämlich ein Mönchtum besonderer Prägung entwickelt. Ein Ideal jener Mönche war, in die „Wildnis" zu ziehen und dort gegen die bösen Geister zu kämpfen, indem sie Menschen zum Christentum bekehrten oder schon Bekehrte zu besseren Christen erzogen. Von diesem Ideal beseelt begab sich Kolumban nach Gallien. Infolge seiner Wirksamkeit vollzog sich dort zum einen ein allgemeiner Mentalitätswandel, der darin bestand, dass die strenge Selbstverwirklichung, welche antike Philosophen geübt hatten, nun auch in Kreisen der „religiösen" Christen angewandt wurde. Zum anderen ließ Kolumban die gallischen Bischöfe links liegen und wandte sich direkt an den merowingischen Königshof. Begünstigt wurde der Mentalitätswandel dadurch, dass in Gallien gerade zur Zeit des Erscheinens Kolumbans die Frage in der Luft lag, ob auch Laien erlöst werden können. Kolumban bejahte dies und zeigte gleich den Weg dazu auf. Jeder Einzelne sollte sich Rechenschaft über seine Sünden geben, diese bereuen und bekennen und dann die Busse tun, die der Seelenführer ihm auferlegte. Am besten geschah dies, wenn einer sich in ein Kloster begab und sich eine Zeit lang der dortigen strengen Disziplin unterzog.

Indem Kolumban sich direkt an den Königshof wandte, brachte er es fertig, dass viele Söhne aus den vornehmsten adeligen Familien in das Kloster Luxeuil eintraten: in jenes von ihm gegründete burgundische Kloster, in dem er als Abt 20 Jahre lang ein strenges Regiment führte. Luxeuil kam damals für die Christianisierung der fränkischen Elite die gleiche Funktion zu wie einst – zur Zeit der Wirren – den Klöstern auf den Lerinischen Inseln für die römische.

Gefördert wurde die asketische Bewegung noch dadurch, dass man sich jetzt mehr mit der Frage nach dem Schicksal der Seele nach dem Tod befasste. Dabei breitete sich die Vorstellung aus, im Himmel werde über die Sünden jedes Einzelnen Buch geführt. Ebenso, dass jeder nach dem Tod vor den göttlichen Richter treten müsse, welcher dann entschied, ob er in den Himmel oder in die Hölle kam. In dieser Atmosphäre entfaltete sich die Vorstellung des Fegefeuers: eines „jenseitigen" Feuers, in dessen Flammen die für das Himmelreich bestimmten Seelen noch von den letzten Schlacken befreit wurden. Hand in Hand damit kam der Glaube auf, die Leiden der Verstorbenen im Fegefeuer können durch Fürbitte der Hinterbliebenen gemildert und abgekürzt werden. Als wirksamstes Mittel der Fürbitte galt die Totenmesse. Man stellte sich sogar vor, dass die Seelen der Abgeschiedenen, obwohl sie eigentlich im Fegefeuer weilten, bei der Messe den Altar umschwebten (archaische Vorstellung der Multipräsenz jenseitiger Wesen) und sich von dem Duft, der aus dem Kelch mit dem Blut Christi aufstieg, ernährten. Adelige stifteten deshalb mehr und mehr auf ihrem Grund sog. Hausklöster. Deren Mönche hatten den Auftrag, über Jahre hinweg für ihre verstorbenen Herren Totenmessen zu lesen. Für den Lebensunterhalt schenkten die Stifter ihnen Ländereien samt den dazugehörigen Bauern. So breitete sich damals über Gallien ein Netz von Klöstern mit großem Grundbesitz aus.

Ein vierter und letzter Schub der Christianisierung Galliens setzte ein mit dem Aufstieg der karolingischen Dynastie, welche im Verlauf des 8. Jh. die der Merowinger verdrängte. Der wesentlichste Unterschied zu dem von Kolumban ausgelösten Schub war, dass der Impuls dazu nicht mehr vom irischen Christentum ausging, sondern vom römischen. Bevor wir darauf eingehen, müssen wir wieder einen Blick auf die politische Geschichte werfen.

1. 3. 5.   Der Aufstieg der Karolinger

Schon seit dem 7. Jh. befand sich das Reich der Merowinger in einer Dauerkrise mit Thronkämpfen, Brudermord und Adelsopposition. Zu jener Zeit gewannen in den drei durch Erbteilungen entstandenen Teilreichen Austrasien, Neustrien und Burgund die Hausmeier mehr und mehr Macht. Ursprünglich standen Hausmeier dem Gesinde und der königlichen Hofhaltung vor. Wegen der Schwäche der merowingischen Könige, die damals häufig Kinder waren, rückten sie mit der Zeit an die Spitze der Verwaltung und des Heeres. Die größte Macht errangen die Hausmeier von Austrasien. Es waren dies Pippin der Ältere und der Mittlere, danach Karl Martell, welcher der späteren Dynastie den Namen gab. Sie alle hatten nach und nach das in Teile zerfallene Reich wieder weitgehend zu einigen vermocht. Pippin der Jüngere, Karl Martells Sohn machte schließlich den entscheidenden Schritt, indem er – nach Anfrage beim Papst und dessen zustimmender Antwort – den Merowingerkönig Childerich III. scheren ließ und ins Kloster steckte. Der Papst besiegelte danach den Dynastiewechsel, indem er Pippin und dessen Söhnen die – damals noch nicht übliche – Firmung erteilte.

Das Vorgehen des Papstes war nicht uneigennützig. Unterdessen hatten sich nämlich – zu dessen Nachteil – die großräumigen Kräfteverhältnisse verändert. Entscheidend war dabei der Einmarsch der Langobarden in Italien. Dieses germanische Volk hatte sich nach einem langen Zug nach Süden schließlich im Karpatenbogen niedergelassen. Dort wurde es jedoch von den Avaren – Steppennomaden wie einst die Hunnen – bedrängt. Da entschloss sich der langobardische König Alboin im Jahre 568, mit seinem Heer, Frauen, Kindern und Gesinde – auf den gleichen Weg wie einst West- und Ostgoten sowie Hunnen – nach Italien zu ziehen. Sie breiteten sich in der Poebene aus und behielten dort ihren Schwerpunkt, doch drangen einzelne Große bis nach Süditalien vor und gründeten dort die Herzogtümer Spoleto und Benevent.

Gegen 590 sahen sich die Langobarden allerdings einer militärischen Aktion ausgesetzt, bei der der oströmische Kaiser mit den Franken zusammenspannte. Hart bedrängt, ersuchten sie die Franken um einen Separatfrieden. 591 gewährte ihnen Childerich von Austrasien – ein damals noch starker Merowingerkönig – einen solchen. Allerdings mussten sich die Langobarden dabei in ein Klientelverhältnis zu den Franken begeben, was diese legitimierte, sich fortan immer wieder in die italienischen Verhältnisse einzumischen. Nun waren die Langobarden teils Heiden, teils Arianer. Von Anfang an drangsalierten sie die eingesessene katholische Bevölkerung. Langobardische Kriegsherren gingen mit barbarischer Härte nicht nur gegen Großgrundbesitzer und Kleriker vor, sondern bedrängten im 8. Jh. sogar Rom. Das veranlasste den Papst, der unterdessen auch Stadtherr von Rom geworden war, sich nach Hilfe umzusehen.

Der damalige Papst Stephan II. (752-757) war sich im Klaren, dass er vom römischen Kaiser keine wirksame militärische Hilfe erwarten konnte. Dazu kam, dass er sich wegen dogmatischen Auseinandersetzungen und Kompetenzstreitigkeiten von Byzanz ins Abseits gedrängt sah. Da setzte er auf die Franken als die neue starke Macht im Westen. Im Jahre 754 reiste er nach Gallien, wo er in Poitu in der Champagne Pippin den Jüngeren traf und um Hilfe bat. Dieser zog daraufhin zweimal über die Alpen (754 und 56) und zwang den Langobardenkönig Aistulf zu einem Frieden. Bei dieser Gelegenheit schenkte er dem Papst mehrere ober- und mittelitalienische Städte und legte damit den Grundstock für den späteren Kirchenstaat. Nachdem aber Pippin 768 gestorben war, hielten sich die Langobarden nicht mehr an ihre Abmachungen. 771 zog der neue langobardische König Desiderius sogar in Rom ein.

Pippins Sohn, Karl der Große, sollte nun zum Rechten sehen. Allerdings musste er zuerst gegenüber seinem Bruder und den fränkischen Großen seine Macht absichern. Gesamtherrscher geworden, zog er dann über die Alpen, besiegte Desiderius und setzte sich selber die langobardische Krone auf. Im Jahr 800 ließ er sich zudem vom Papst noch zum Kaiser krönen.

1. 3. 6. Vierter Schub der Christianisierung Galliens

Kommen wir, bevor wir uns mit jenem Wirken Karls, das viele Grundlagen für das spätere Europa legte, befassen, auf die Christianisierung Galliens zurück. Schon während des Aufstiegs der Karolinger hatte dort ein vierter Schub der Christianisierung eingesetzt. Er ging, wie schon gesagt, nicht mehr vom irischen Mönchtum mit seinen strengen Bußvorschriften aus, sondern von Rom, wo eine andere Vorstellung vom richtigen Christ-Sein aufgekommen war. Allerdings erreichte dieser Impuls Gallien erst nach einem Umweg über England. Der Mann, der ihn ausgelöst hatte, war Gregor der Große, der von 589 bis 604 auf dem päpstlichen Thron saß, also schon die Langobarden als (ungeliebte) Nachbarn hatte.

Zwar war Gregor Mönch. Bevor er jedoch Mönch wurde, hatte er das Amt des Stadtpräfekten von Rom bekleidet und kannte somit „die Welt". Jedenfalls vertrat er die zu jener Zeit im oströmischen Reich verbreitete Meinung, dass Laien zur Heiligkeit ebenso berufen seien wie Mönche. Er erkannte aber auch die Notwendigkeit, diese im christlichen Leben zu unterweisen. Um zu zeigen, wie dies geschehen sollte, verfasste er ein Büchlein, das für das gesamte frühe Mittelalter bestimmend werden sollte: die Regula pastoralis (Hirtenregel). Es war geschrieben für Menschen, die Macht haben, sei es geistliche oder weltliche. Diese sollten sich nicht nur um das eigene Heil kümmern, wie noch Kolumban gepredigt hatte, sondern auch um das ihrer Untertanen. Dabei sollten sie sich bemühen, auf die Lebensumstände und Bedürfnisse jedes Einzelnen einzugehen.

Neben dieser theoretischen Anleitung zur Seelsorge bewährte sich Gregor auch als Mann der Tat. Seine für die Zukunft der westlichen Christenheit entscheidende Tat war die Entsendung einer Gruppe von Missionaren nach England zu dem (noch heidnischen) König Ethelbert, damit sie diesen sowie dessen Untertanen zum Christentum hinführten. Nach etlichen Rückschlägen entstanden dort im Verlauf der Zeit einflussreiche Klöster. Aus diesen zogen dann – fast ein Jahrhundert nach Gregor – Missionare nach Gallien. Der berühmteste unter ihnen war Bonifatius (675-754). Dieser eröffnete sein Wirkungsfeld in den neuen, von Pippin eroberten oder wieder gewonnenen Gebieten jenseits des Rheins und an der mittleren Donau. Diese waren in Sachen Christentum noch eigentliche Entwicklungsländer. Zum Teil waren sie sogar noch heidnisch. Die Stärke des Bonifatius war – neben seinem glühenden Missionseifer – sein Organisationstalent. Stets in engem Kontakt mit dem Papst und von diesem mit immer größeren Vollmachten ausgestattet, gründete er fortwährend Bistümer und Klöster. Den Päpsten bot diese Situation Gelegenheit, ihren Machtbereich innerhalb der gallischen Kirche auszubauen.

Auf dem Werk des Bonifatius baute Karl der Große auf und führte nun den von diesem eingeleiteten vierten Christianisierungsschub im großen Stil durch. Hatte König Pippin dem Bonifatius lediglich Rückendeckung gewährt, nahm Karl nun das Ruder selber in die Hand. Zwar war Karl in erster Linie Krieger. Er hatte nicht nur die Langobarden unterworfen, sondern führte seinem Reich auch im Osten sowie bis hinunter nach dem heutigen Ungarn neue

Gebiete zu. Um aber die Einwohner dieser Länder in sein Reich zu integrieren, und auch die stets nach Selbständigkeit strebenden fränkischen Großen fester an sich zu binden, förderte er mit starker Hand die Christianisierung. Sein Bestreben war, alle seine Untertanen so unter das „christliche Gesetz" zu bringen, dass er sie durch Beschwören ihrer Gefolgschaftstreue auf den christlichen Gott fest an sich binden konnte. Abfall von Karl war nun gleichbedeutend mit Abfall von Gott und wurde mit dem Tode bestraft.

Neben dieser Instrumentalisierung des Christentums zur Festigung seiner Herrschaft war Karl jedoch auch ernsthaft um Intensivierung des christlichen Lebens in seinem Reich bemüht. Diesen Prozess förderte er im Rahmen jener umfassenden Reformen, die unter dem Namen Karolingische Renaissance in die Geschichte eingegangen sind. Auf deren einen Kern – die Bildungsbewegung – werden wir später eingehen. Hier sei nur noch erwähnt, dass Karl sich seit seiner Kaiserkrönung im Jahre 800 als Schirmherr der Christenheit verstand und den Papst gleichsam als Gefolgsmann betrachtete. So rief er denn neben den Hoftagen für seine Gefolgsleute auch den Klerus zu Synoden zusammen, und gab diesen sein Reformprogramm bekannt. Karls Sohn, Ludwig der Heilige, führte die Bestrebungen seines Vaters zur Christianisierung des Reiches fort. In diesem Rahmen verpflichtete er alle Klöster, die Regel des Hl. Benedikt einzuführen. Regularkanoniker – am Sitz eines Bischofs in Gemeinschaft lebende Kleriker – verpflichtete er auf die unter seiner Leitung verfasste Aachener Regel.

1. 3. 7. Zerfall des Karolingerreiches und neues Leben aus den Ruinen

Nach Ludwigs Tod setzte jedoch ein unaufhaltsamer Zerfall des Karolingerreiches ein. Ausgelöst wurde er durch die schon von den Merowingern praktizierten Teilungen des Reichs unter den Söhnen eines Herrschers. Die dadurch ausgelösten kriegerischen Auseinandersetzungen zwischen den Erben ermöglichten den mächtigen Geschlechtern, ihre Macht auszubauen, ihre Stellungen und Privilegien zu verfestigen, ja sogar erblich werden zu lassen.

Weil die Reichsstruktur damals noch die eines Personalverbandes war, hatten die Teilungen in der Regel keine dauernden territorialen Konsequenzen. Im Grunde genommen ging es dabei um die Verteilung von Ressourcen. Anders war dies jedoch beim Teilungsvertrag von Verdun, den die Söhne Ludwigs des Frommen 843 miteinander abschlossen. Den Zeitgenossen mochte dieser zwar als einer der vielen schon erfolgten Teilungsverträge erscheinen. Er mochte auch als solcher gedacht sein. Im Rückblick kann jedoch gesehen werden, dass durch ihn eine historische Weichenstellung erfolgte: dass er zu jener

Trennung zwischen der westlichen und östlichen Hälfte des einstigen Karolingerreiches führte, aus der schließlich Frankreich und Deutschland hervorgegangen sind.

Die Streitereien, die nach 843 einsetzten, nützten vorerst einmal die Wikinger und Magyaren aus, um das Reich mit ihren Beutezügen heimzusuchen. Ziel ihrer Raubzüge war nicht – wie bei den fränkischen Heerzügen – der Gewinn von Land, sondern wie einst bei den Hunnen und Avaren die Erbeutung beweglicher Güter. Solche lockten sie vor allem deshalb an, weil der fränkische Adel – der weltliche wie der geistliche – damals schon großen Reichtum angehäuft hatte.

Die Wikinger, meistens Kampfverbände junger Dänen und Norweger, konzentrierten sich zuerst auf das Gebiet an der Seine einschließlich Flanderns, wo Städte und Klöster nicht befestigt waren. 881 kam es zu einem größeren Einfall den Rhein aufwärts in Richtung Köln und Trier. Die Einfälle waren deshalb so erfolgreich, weil die Wikinger völlig überraschend zuschlugen und auf ihren beweglichen Booten ebenso schnell wieder verschwanden.

Sie waren jedoch – im Unterschied zu den Magyaren – mehr als ein Räubervolk. Als Träger der thalassischen Ostseekultur hatten sie seit ca. 800 ein eigentliches Handelsimperium errichtet. Dieses erstreckte sich schließlich zum einen über das russische Flusssystem bis ans Schwarze Meer, zum anderen über Atlantik und Mittelmeer bis nach Sizilien.

Mit den Franken hatten die Wikinger schon lange Handel getrieben. Dabei erwarben sie Kenntnis von deren Reichtum und den dortigen Zwisten. Begonnen haben die Einfälle, als Lothar, ein Sohn Ludwigs des Frommen, die Unterstützung durch die Flotte eines verbannten dänischen Königs begrüßte. Dies lockte dann weitere Wikingerbanden an.

Ein eigentliches Räubervolk waren jedoch die magyarischen Reiternomaden. Aus den Steppen südlich des Urals kommend, hatten sie sich im heutigen Ungarn festgesetzt. Anfänglich waren die Franken ihren Angriffen gegenüber ziemlich hilflos. Nicht gewachsen waren sie zum einen der magyarischen Reitkunst und Taktik, zum anderen deren Kampfweise mit Pfeil und Bogen.

Mit der Zeit formierte sich jedoch die fränkische Abwehr gegen Wikinger wie Magyaren. Dabei ging man auf unterschiedliche Weise vor. Gewissen Wikingern wurde gestattet, sich an den Flussmündungen niederzulassen, wo sie neu ankommende Banden abzuwehren hatten. Als der Wikingerführer Rollo 911 mit seinen Männern im oberen Seinebecken wütete, dann aber durch die vereinigten lokalen Adeligen eine Niederlage erlitt, konnte der damalige König Karl der Einfältige ihn bewegen, das Christentum anzunehmen und sich zur Abwehr weiterer Angriffe von Wikingern im Norden Frankreichs niederzulassen. Normannia, wie sich ihre Niederlassung nannte, wurde sogar ein fränkisches Fürstentum mit relativ modern anmutenden staatlichen Strukturen. 1055 überquerte von dort aus – auf Rat des Papstes – Herzog Wilhelm den Kanal, um das weitgehend von noch heidnischen Wikingern besiedelte England zu erobern. Nach seinem Sieg bei Hastings 1055 etablierte er dort ein dauerhaftes Königtum. Andere Gruppen infiltrierten Sizilien sowie Apulien und errichteten dort jenes Normannenreich, das in der Folge Byzanz, den Päpsten und dem „heiligen" römischen Reich schwer zu schaffen machte.

Im ostfränkischen Reich hatten sich unterdessen die politischen Verhältnisse konsolidiert. Dort war es den Liudolfingern gelungen, eine Führungsposition oberhalb der übrigen Adelsfamilien zu erringen und zum Königtum aufzusteigen. Sie begründeten die sächsische Dynastie. Auf Konrad I. (911-918) folgte Heinrich I. (919-36) und auf diesen Otto I. später der Große genannt (936-73). Ihm gelang es 955 – mit Unterstützung von Kontingenten aus allen Teilen seines Reiches – in der berühmten Schlacht auf dem Lechfeld bei Augsburg die Magyaren vernichtend zu schlagen.

Diese ließen fortan von ihren Raubzügen ab. Unter ihrem Großfürsten Geza, der sich taufen ließ, wurden sie in erstaunlich kurzer Zeit zu sesshaften Bauern und Hirten. Gezas Sohn Stefan setzte dann mit harter Hand den Wandel vom Stammesverband zum straff organisierten Staat durch und errichtete in diesem sogar eine kirchliche Organisation. 1001 wurde er zum König gekrönt. Die Krone erhielt er – auf Drängen von Kaiser Otto III. – aus den Händen des Papstes. Als selbständigen Staat fügte er Ungarn in die abendländische Völkergemeinschaft ein. Die ungarische Kirche unterstellte er direkt der Autorität Roms.

Das einst von den Karolingern begründete Römische Kaisertum – seit 924 vakant – war schon 962 an den Ostfranken Otto I. übergegangen. Papst Johannes II. hatte Otto zum Kaiser des „Heiligen" römischen Reiches gekrönt, nachdem dieser mit einem Heer nach Rom gezogen und die dortigen Kämpfe zwischen Päpsten und römischem Stadtadel – wenigstens fürs Erste – beendet hatte. Das neue Kaisertum war jedoch nicht mehr das gleiche wie das, welches einst Karl der Große ausgeübt hatte. Die sächsischen Könige hatten sich ja aus ihresgleichen emporgeschwungen und blieben so etwas wie Primi inter pares. Die Verfügungsmacht der Kaiser war fortan stark eingeschränkt. Gemäß den Usanzen des Lehenssystems waren sie gehalten, vor allen wichtigen Entscheidungen den Rat der Großen des Reiches – von Herzögen, Grafen, Markgrafen und Bischöfen – einzuholen.

2.   Warum in Europa?

2. 1.   Allgemeines

Durch die Vereinigung des vom persischen Golf her kommenden Traditionsstromes mit dem, der aus der keltisch-germanischen Welt kam, ist jener kulturelle Humus entstanden, auf dem sich die Keime für die Mutation des abendländischen Bewusstseins bilden konnten.

Von besonderer Bedeutung war dabei, dass die Römer nicht nur die zivilisatorischen Errungenschaften in die Länder nördlich der Alpen brachten, sondern auch das Christentum. In diesem hatte die Evolution des Bewusstseins bei archaischer Weltsicht die höchste Stufe erreicht. Indem die keltogermanischen Völker, die bis dahin noch auf der Stufe der Naturreligionen standen, das Christentum übernahmen, rückten sie auf das damals höchstmögliche Bewusstseinsniveau empor.

Europa als historische Einheit wurde von Karl dem Großen geschaffen. Zwar durchlebte es nach Karls Tod eine Periode der Schwäche und des teilweisen Zerfalls, doch ist es unter den salischen Kaisern wieder erstanden und fortan als „Heiliges" römisches Reich in die Geschichte eingegangen.

Während des Mittelalters war diese Geschichte weitgehend durch die Auseinandersetzung der Päpste mit den Kaisern um die Macht bestimmt. Schließlich obsiegten die Kaiser, und es stellte sich eine Art Koexistenz zwischen dem weltlichen und dem klerikalen Herrschaftssystem ein. Dieses Gleichgewicht wurde jedoch zu Beginn des 16. Jh. durch die Reformation erschüttert. Zwar konnte sich die stark angeschlagene katholische Kirche im Konzil von Trient und in der Gegenreformation wieder auffangen, doch leiteten Renaissance und Humanismus parallel dazu die Neuzeit ein, während der sich dann jener fundamentale Wandel des Welt- und Menschenbildes vollzogen hat, den ich als Mutation des Bewusstseins bezeichne.

Im Vergleich mit den hoch differenzierten Herrschaftssystemen der hellenistischen und römischen Zeit mag das abendländische Reich des frühen Mittelalters primitiv erscheinen. Obwohl es noch nicht über ausgeprägte staatliche Strukturen verfügte, darf doch nicht übersehen werden, dass von den eigentlichen zivilisatorischen Errungenschaften der Antike – trotz den Wirrungen der Völkerwanderung – kaum etwas Wesentliches verloren gegangen war.

Verloren gegangen war allerdings die antike Bildung, obwohl deren Reste durch die gallorömischen Eliten über die Völkerwanderung hinweg einigermaßen gerettet wurden. Zum einen war nämlich die Bildung schon während der Spätantike im westlichen Teil des römischen Reichs weitgehend verkommen. Dies vor allem deshalb, weil Lehrer, die ja meistens Griechen waren, kaum mehr zur Verfügung standen und zudem die Kenntnis des Griechischen fast völlig verloren gegangen war. Zum anderen hatte der Kirchenvater Augustinus (354-430), dessen Ansichten im Abendland während des frühen Mittelalters wegweisend waren, gelehrt, weltliche Bildung zu erwerben sei nur soweit gerechtfertigt, als es zum Verständnis der Bibel – des „offenbarten Wortes Gottes" – beitrage. Verständlich wird diese Aussage, wenn man bedenkt, dass Augustinus glaubte, mit dem Zerfall des römischen Reiches, der sich ja vor seinen Augen vollzog, gehe die Welt unter und die himmlische Herrschaft breche an.

Im oströmischen Reich hingegen hatte die antike Bildung weitergelebt. Von dort war sie ab dem 7. Jh. auch von Muslimen übernommen worden, nachdem diese sich weite Gebiete der Levante angeeignet hatten. Muslime übersetzten das griechische Schrifttum, das sie in (schlechter) syrischer Übersetzung vorfanden, ins Arabische und übernahmen – vor allem in der Mathematik – noch vieles von den Indern. So wurde der eigentlich kulturelle Ertrag der Antike gleichsam in zwei Depots – einem byzantinischen und einem muslimischen – aufbewahrt. Aus diesen konnten ihn dann die europäischen Völker übernehmen, sobald die Zeit dazu reif war.

Reif war die Zeit dazu allerdings erst, als Europa erstens sein eigenes, spezifisches Bildungssystem – die Universität – entwickelt hatte und zweitens, als es – Hand in Hand mit der Bildung der Universität – sich für das Ingangkommen der Mutation des Bewusstseins gerüstet hatte. Hierzu gehörte zum einen die Einstimmung auf das Motto „fides quaerens intellectum" – das Aufkommen des Willens, das „Glaubensgut" rational zu durchdringen – zum anderen die Einübung des gerichteten Denkens und – als Überleitung zu den empirischen Wissenschaften – die Durchführung des Universalienstreits.

Erfolgt ist die Übernahme der antiken Bildung in drei Schüben. Erstens im Rahmen der Kreuzzugsbewegung, bei der von den Arabern unter anderem. viel heilkundliches Wissen übernommen wurde. Zweitens während der Reconquista, als über Toledo lateinische Übersetzungen der naturkundlichen Schriften des Aristoteles in die Hände christlicher Theologen gelangten. Drittens zur Zeit der Renaissance, als das Byzantinische Reich im Untergehen begriffen war und dessen literarische Schätze nach Italien hinüber gerettet wurden.

Bis es zur Gründung der Universität kam, hatte Europa Zeit, jene Faktoren auszubilden, deren spezifische Konstellation das Zustandekommen dieser einzigartigen Organisation überhaupt ermöglicht hat.

Bevor wir nun diese Faktoren im Einzelnen betrachten, möchte ich noch einmal darauf hinweisen, dass diese sowie auch deren Vernetzung nicht als Ursache der Mutation aufzufassen sind, sondern als Rahmenbedingungen, welche deren Zustandekommen ermöglicht haben. Als Ursache bzw. treibenden Faktor der Mutation erachte ich die unter der Oberfläche unseres bewussten Tuns wirkende evolutionäre Tendenz: jene in der Evolution der raumzeitlichen Systeme zum Ausdruck kommende Tendenz, die zu immer komplexeren Gebilden geführt hat, und die sich nun einen Weg suchte, auf dem sie die überfällig gewordene archaische Auffassung des objektiv Geistigen durchbrechen und so zu einer komplexeren Weltsicht führen konnte.

2. 2.　Die europäische Form des Feudalismus

Unter Feudalismus wird eine Wirtschafts- und Herrschaftsform verstanden, bei der eine privilegierte Oberschicht von den Arbeitserträgen einer unfreien bäuerlichen Bevölkerung lebt. Vor der industriellen Revolution war Feudalismus für die meisten Hochkulturen charakteristisch, doch war er – je nach Herrschaftsform – unterschiedlich strukturiert.

Charakteristisch für die europäische Form des Feudalismus war das Lehnswesen, und für die europäische Form des Lehnswesens wiederum die Vasallität: das auf der keltisch-germanischen Tradition der Gefolgschaftstreue beruhende personale – Pflichten und Rechte umfassende – Verhältnis zwischen Lehensgeber und Lehensnehmer.

2. 2. 1.　Die Grundherrschaft als Wirtschaftsform

Sozusagen die Kerneinheit, auf der diese spezifische Form des Lehnswesens beruhte, kann die Grundherrschaft gesehen werden. Diese war eine wohldurchdachte basale Wirtschafts- und Herrschaftsform, die viele Keime für weitere Entwicklungen in sich barg. Grundherrschaften mit Grundherren an der Spitze gab es auf allen Stufen der mittelalterlichen Adelshierarchie: vom König bis hinab zum kleinen Aftervasallen. Zudem gab es auf Grund der damals bestehenden Reichs-Kirchen-Einheit, sowohl weltliche wie kirchliche Grundherrschaften.

Die Besonderheit der Grundherrschaft bestand darin, dass sie in zwei Bereiche bzw. Funktionseinheiten aufgeteilt war: in den Herrenhof und die Fronhöfe.

Als Herrenhof wurde jenes Land mit seinen Gebäuden bezeichnet, das von den eigenen Leuten des Grundherrn bewirtschaftet wurde. Man nannte diese servi non casati, d.h. Bedienstete, die kein eigenes Haus (casa) besaßen. Sie wurden vom Grundherrn auf dem Herrenhof untergebracht und verpflegt.

Als materielle Einrichtungen befanden sich auf einem Herrenhof – neben den üblichen Ackerbaugeräten – Stallungen und Vorratsscheunen, die Wassermühle, der Backofen und die Brauerei; ebenso gewerbliche Betriebe wie Schmiede, Sattlerei usw. Weibliche Arbeiten wie Spinnen, Weben, Nähen usw. wurden in sog. Gynäzeen (vom griechischen Gynä, Frau) verrichtet.

Fronhöfe bzw. Hufen wurden jene Parzellen genannt, die der Adelige unfreien Bauern und deren Familien zur selbständigen Bewirtschaftung zur Verfügung stellte. Dazu gehörten auch Nutzungsrechte an Wald, Weiden und Gewässern. Als Gegenleistung mussten die Hufenbauern – auch Grundholde genannt – dem Grundherrn einen Teil ihres erwirtschafteten Ertrags abliefern sowie Frondienste für den Herrenhof verrichten. Die Grundholden besaßen ein Haus bzw. Bauerngut, waren somit servi casati. Auch verfügten sie über eigenes Ackergerät und Vieh.

Organisiert und beaufsichtigt wurden die auf einer Grundherrschaft zu verrichtenden Arbeiten – sowohl auf dem Herrenhof wie auf den Hufen – vom sog. Meier, einem „höheren Angestellten" des Grundherrn. Zu seinen Aufgaben gehörte auch das Eintreiben der Abgaben. Bei klösterlichen Grundherrschaften wurde dieser Betriebsleiter – ein Laie – Vogt genannt.

Der Grundherr sowie alle Bediensteten einer Grundherrschaft – casati und non casati – wurden zusammen als familia bezeichnet. Sie bildeten eine Betriebsgemeinschaft. Dies war etwas Neues, für die zukünftige Entwicklung Europas Bedeutsames. Die überkommene germanisch/keltisch geprägte Sozialstruktur beruhte auf dem durch Blutsgemeinschaft gegründeten Stammesverband. Da die Grundherrschaft jedoch nach betriebswirtschaftlichen Grundsätzen organisiert war, bewirkte sie die Herauslösung aus dem Stammesdenken. Sie führte mit der Zeit zu einem neuen Selbstverständnis, das schließlich die Entstehung des modernen Staates ermöglichte.

2. 2. 2. Neuerungen in der Agrarwirtschaft

Ergeben hat sich die Organisation der Grundherrschaft aus der damals im Kernbereich Europas üblichen Art von Landwirtschaft. Während zu jener Zeit in China der Anbau von Reis vorangetrieben wurde, im vorderen Orient nach wie vor Gemüse und Kräuter angepflanzt sowie Oliven-, Mandel- und Dattelkulturen gepflegt wurden, stand in Europa der Getreidebau im Vordergrund. Es war dies allerdings eine fortgeschrittene Art von Getreidebau. Seit der Zeit Karls des Großen hatte sich nämlich – zumindest im Gebiet zwischen Paris und dem Rhein – eine eigentliche Agrarrevolution ereignet. Diese betraf sowohl die angebauten Getreidesorten und die Art und Weise des Anbaus als auch das landwirtschaftliche Gerät. Dabei hat jeweils das eine das andere beeinflusst.

Vollzogen haben sich diese Neuerungen im Rahmen eines Prozesses, der oft als Vergetreidung bezeichnet wird. Hatte nämlich bei den Germanen östlich des Rheins noch die Viehwirtschaft vorgeherrscht, breitete sich nach der Eroberung Galliens durch die Franken der Anbau von Getreide aus. Als Getreidesorten wurden Roggen und Dinkel sowie Hafer und Gerste bevorzugt, weil diese am besten den klimatischen Verhältnissen entsprachen. Auf Klostergütern wurde auch Weizen angebaut, da man ihn für die Herstellung der Hostien benötigte.

Von den Arten des Anbaus hatte sich als beste die Dreifelderwirtschaft erwiesen. Bei dieser wurde im Herbst vor allem Roggen und Weizen ausgesät, im Frühling Hafer und Gerste. Nach der Ernte lag das Land jeweils ein Jahr lang brach. Ließ man darauf das Vieh weiden, wurde zum einen der Boden gedüngt, zum anderen kam es der Milchwirtschaft zugute.

Möglich geworden war der flächendeckende Anbau von Getreide dank der Erfindung des schweren Räder- bzw. Wendepfluges. Dieser ritzte den Boden nicht nur oberflächlich auf wie der Hakenpflug. Er griff tief und wendete zudem die Schollen um. Gezogen wurde er lange Zeit von Ochsen. Dann aber kam – mit der Erfindung des Kummets – mehr und mehr der Pferdezug auf.

Die Notwendigkeit der Traktion des schweren Pfluges förderte wiederum die Großtierhaltung, und diese wiederum den Nah- und Ferntransport schwerer Lasten mittels Wagen. Übrigens war auch der Wagentransport ein Spezifikum Europas. In China geschah nämlich der Transport schwerer Lasten vor allem auf Schiffen, wozu ein ausgedehntes Kanalnetz errichtet wurde. Im Orient wurden Lasten von Tragtieren – Eseln und Kamelen – transportiert.

Die Weiterverarbeitung der anfallenden großen Getreidemengen wurde möglich durch das Aufkommen der Wassermühle mit aufrecht stehendem Rad. Diese wurde zwar zur Zeit der Römer schon in Italien verwendet, meistens in Kombination mit Aquädukten. Der Reichtum Mitteleuropas an Fließgewässern führte jedoch – Hand in Hand mit der Zunahme des Getreideanbaus – zu einem eigentlichen Mühlenboom.

Wegen der hohen Investitionskosten wurden die Mühlen auf den Herrenhöfen errichtet. Dort konnten dann auch die Hufenbauern ihr Getreide mahlen lassen. Hinzuweisen ist noch auf das Innovationspotential des senkrecht stehenden Wasserrads. Da eine so bestückte Mühle eine Nockenwelle, Kurbelbetrieb sowie Zahnräder und Transmissionen erforderte, konnte sie zur universellen Antriebskraft weiterentwickelt werden, mit der man alternierende Bewegungen wie Stampfen, Pumpen, Schmieden mit dem Hammer sowie Sägen durchführen konnte. Die Mühlentechnologie blieb – bei ständiger Weiterentwicklung im Montanwesen und den städtischen Gewerben – bis ins 18. Jh. ein Innovationszentrum des hölzernen Großmaschinenbaues.

2. 2. 3. Rechtliche Ordnung der Grundherrschaft.

Damit der Hufenbauer, der als Unfreier galt, seinen Verpflichtungen nachkam, waren seine häuslichen Verhältnisse gesetzlich geregelt. Gesamthaft bezeichnet man diese Regelungen oft als Hufenverfassung. Natürlich war dies keine geschriebene Verfassung sondern – wie alle rechtlichen Regelungen im Mittelalter – zur Gewohnheit gewordenes Recht.

In erster Linie waren die häuslichen Verhältnisse auf einer Hufe geregelt. Diese war ja nicht einfach eine Landparzelle. Sie galt als terra unius familiae, d.h. als Land einer (einzigen) Familie, wobei die Familie – im Unterschied zu den Großfamilien der Stammesgemeinschaften – aus einem Ehepaar und seinen Kindern bestand. Allerdings umfasste sie in der Regel – als „Zugewandte" – noch ein Gesinde, bestehend aus nicht verheirateten Söhnen, zugezogenen Blutsverwandten oder auch nicht verwandten Personen.

Dass das Gesinde nicht zum eigentlichen Familienverband gehörte, äußerte sich u.a. darin, dass es vom Grundherrn versetzt werden konnte, ev. auf den Herrenhof – als servi non casati – oder auf andere Hufen.

Wenn ein Sohn den väterlichen Hof übernahm, musste er heiraten. Andererseits durfte ein Sohn keine Ehe eingehen, solange er nicht einen Hof selbständig führte. Die Weitergabe des Hofes war jedoch nicht an die männliche Linie gebunden wie in patrilinearen Gesellschaften. Möglich war auch die Weitergabe über die Frau, falls der Grundherr dies erlaubte.

Für den Fall, dass der Bauer wegen Nachlassens der körperlichen Kräfte nicht mehr in der Lage war, die erforderlichen Leistungen zu erbringen, war das sog. Ausgebinde vorgesehen. Dieses bestand darin, dass der Altbauer und seine Frau zwar weiterhin auf dem Hof lebten und den Anspruch hatten, versorgt zu werden, der Sohn jedoch den Hof übernahm und nun heiraten durfte bzw. musste.

Starb der Bauer oder die Bäuerin, hatte der Grundherr Anrecht auf eine Abgabe. Im Falle des Bauern war dies in der Regel das sog. Besthaupt, d.h. das beste Stück Vieh, im Falle der Frau deren bestes Kleid. Die Beseitigung dieser Abgabe bildete später – beim Bemühen der städtischen Untertanen um Befreiung von grundherrschaftlichen Verpflichtungen – ein zentrales Postulat.

Diese Rechtsordnung hatte bedeutsame Konsequenzen für die Struktur der Familie. In dem auf der Blutsverwandtschaft basierenden Stammesdenken war die Familienstruktur patrilinear. Maßgebend für die Auffassung von Verwandtschaft war die väterliche Abstammung. Auch hatte der Vater als Oberhaupt der Familie Verfügungsrecht über deren Mitglieder.

Dem wirkte nun die Grundherrschaft entgegen, da diese nicht nach blutsverwandtschaftlichen Gesichtspunkten ausgerichtet war, sondern nach ökonomischen. Da auch die Arbeitsleistung der Frau zählte, galten die Ehepartner grundsätzlich als gleichberechtigt. Dies hatte zur Folge, dass nun die väterliche und die mütterliche Verwandtschaft nicht mehr unterschiedlich gewertet wurden. Diese Familienform wird oft – im Unterschied zu der vom männlichen Oberhaupt dominierten – als gattenzentrierte bezeichnet.

Diese durch das Zustandekommen der Grundherrschaft gleichsam erzwungene Herauslösung aus der Stammesverwandtschaft war eine wichtige Weichenstellung für die Weiterentwicklung. Ihr Endergebnis ist die heutige – heute mit Nachdruck postulierte – Gleichberechtigung von Mann und Frau.

Im frühen Mittelalter wurde die Herauslösung aus der Stammesgemeinschaft noch gefördert von der Kirche, wenn auch nicht mit Absicht. Sie ergab sich einfach durch die Notwendigkeit der Taufe.

An dieser Stelle ist zu bedenken, dass der mittelalterliche Mensch christlich sozialisiert war und deshalb die archaische Weltsicht für ihn noch absolute Gültigkeit hatte. So war es für ihn denn selbstverständlich, dass er nach dem Tode entweder in den Himmel oder in die Hölle kam. Vor der Hölle „rettete" ihn – wenigstens auf Zeit – die durch die Taufe erworbene „heiligmachende Gnade". Dem Vollzug des Taufritus lag ja die Vorstellung zugrunde, durch ihn werde der Täufling – gemäß archaischer Ritenvorstellung ontologisch – zu einem Kind des göttlichen Vaters und damit zu einem Glied des mystischen Leibes Christi.

Um die Aussage zu verstehen, dass der Täufling zu einem Glied des mystischen Leibes Christi wurde, muss auf die von Theologen erarbeitete Dreileib-Theorie hingewiesen werden. Diese lehrte, es gebe erstens jenen Leib Christi, der einst von der Jungfrau Maria geboren wurde und sich jetzt – in verklärtem Zustand – im Himmel befindet, zweitens den Leib, zu dem die Opfergaben von Brot und Wein vom Priester – kraft seiner durch den Weihe-Ritus bewirkten Potestas sacra – gewandelt werden, und drittens den Leib, den die Gemeinschaft der Getauften bildet.

Die Frage, wie dies möglich sei, konnten Theologen natürlich nicht beantworten. Sie sagten einfach dies geschehe mystice, d.h. auf geheimnisvolle Weise. So ging denn der Ausdruck „mystischer Leib" – als Worthülse – in den Sprachgebrauch ein.

Die Herauslösung aus dem Stammesverband durch die Taufe wurde noch bekräftigt durch die Institution der Taufpaten, die für die christliche Erziehung des Täuflings garantierten. Diese wurden denn auch als patres (Väter) bezeichnet und konstituierten so – zusätzlich zur leiblichen Verwandtschaft – eine geistliche. Auch dies trug zur Herauslösung aus dem Stammesverband bei, und diese Herauslösung wiederum in mancherlei Hinsicht zur Ausbildung der gesuchten „Faktoren".

2. 2. 4. Der Adel

Die sog. Hufenverfassung regelte zwar das Funktionieren der Grundherrschaft unter ökonomischen bzw. betrieblichen Gesichtspunkten. Dies setzte
jedoch das Vorhandensein einer außerökonomischen Gewalt voraus, und die
lag in der Hand des Adels. Diesen müssen wir nun ins Auge fassen, denn die
Besonderheit des europäischen Adels gehört ebenfalls zu den „Faktoren", um
die es uns hier geht.

Allgemeine Voraussetzung für das Bestehen einer Adelsklasse ist, dass es
einen Bevölkerungsteil mit gemindertem Rechtsstatus gibt. Obwohl die Franken vor ihrem Eindringen in Gallien zur Hauptsache als freie Bauern in einem
genossenschaftlichen Verband lebten, hatte sich schon damals, wie früher bei
den Kelten, eine gesellschaftliche Differenzierung angebahnt.

So erwähnt die um 510 entstandene Lex salica, in der das damals gültige fränkische Gewohnheitsrecht aufgezeichnet war, neben den freien Bauern
schon Liten (Unfreie) und Servi (Sklaven). Ein gesonderter Rechtsstand des
Adels ist in der Lex salica zwar nicht ausdrücklich erwähnt, doch ist unbestritten, dass es bei den Franken – wie in allen Populationen, die eine Wanderung
hinter sich hatten – damals schon einen durch Reichtum, Macht und Ansehen ausgezeichneten Stammesadel gab.

Dieser unterhielt – wie einst die Kelten – bewaffnete Gefolgschaften, die
es ihm ermöglichten, durch Kriegs- und Beutezüge sowohl seinen materiellen
Reichtum als auch seinen Führungsanspruch gegenüber der Masse der Stam-
mesangehörigen zu vermehren. Diese gesellschaftliche Differenzierung bildete
die Voraussetzung dafür, dass die Germanen in der Lage waren, in den eroberten Gebieten schnell wirksame politische Herrschaft auszuüben.

Ein Vorbild, wie sie die von ihnen abhängigen Bauern organisieren
könnten, fanden die Franken vor, als Chlodwig das Reich des Syagrius eroberte. Dort bestand eine Vorstufe des europäischen Feudalismus: das Kolonat.
Während im römischen Reich lange Zeit der von Sklaven bearbeitete Groß-
grundbesitz vorgeherrscht hatte, bahnte sich dort im dritten Jh. ein neuer Typ
landwirtschaftlicher Produktion an. Zwar wurde die Arbeit immer noch vorwiegend von Sklaven geleistet, doch waren diese nun mit Landbesitz ausgestattet, allerdings immer noch an die Scholle gebunden. Diese Betriebsorgani-
sation wurde als Kolonat bezeichnet.

Als Chlodwig das Reich des Syagrius eroberte, hat er zwar den bestehenden staatlich-politischen Überbau zerschlagen, jedoch die gesamte römische
Verwaltungsstruktur einschließlich des Kolonatsystems übernommen. Die
durch seine Eroberung erlangte Verfügungsgewalt über die umfangreichen

römischen Staatsländereien setzte ihn nun in Stand, von Franken Dienste gegen Landschenkungen zu erlangen. Auf diese Weise schuf er – neben dem schon bestehenden Schwertadel – noch einen Dienstadel. Da die fränkischen Großen während der ganzen Dauer merowingischer Herrschaft danach strebten, ihre Macht sowohl gegenüber den Königen als auch gegenüber ihren Standesgenossen zu erweitern, entstand mit der Zeit eine hierarchisch gegliederte Adelsschicht, die von der Arbeit unfreier Bauern lebte.

Das Problem war jedoch, wie deren Arbeit organisiert werden sollte. Die ideale Lösung fand man schließlich in Gestalt der Grundherrschaft, einer Weiterentwicklung des Kolonats. Diese Wirtschaftsform hat sich dann während Jahrhunderten bewährt. In Ostpreußen bestand sie – nun als Gutsherrschaft – sogar bis zum zweiten Weltkrieg.

Entscheidenden Einfluss auf das Entstehen der Grundherrschaft hatten zwei Ereignisse: die sog. Agrarrevolution sowie die Reorganisation des fränkischen Heeres durch Karl den Großen.

Hier ist nur noch die karolingische Heeresverfassung zu betrachten. Im Kern ergab sich diese durch den vermehrten Einsatz des berittenen Kriegers. Unter Chlodwig hatten die Franken ihre militärischen Erfolge noch durch den Einsatz von Fußtruppen errungen. Diese bestanden aus sog. Wehrbauern: aus freien Bauern, die jeweils für eine gewisse Zeit in den Krieg zogen.

Karl der Große führte nun – im Unterschied zu Chlodwig – sehr lange dauernde Kriege. Zudem zog er mit seinem Heer bis nach Ungarn, an die Adria und an die Elbe. Dazu führte er die schwere Panzerreiterei ein. Diese neue Truppengattung war nicht nur beritten. Sie verfügte auch über eine neue, wirksamere Bewaffnung. Die militärischen Erfolge Karls des Großen beruhten denn auch vor allem auf dem massiven Einsatz der schweren Panzerreiterei.

Nun war aber die Ausrüstung des Panzerreiters eine kostspielige Angelegenheit. Dem Wert von Brünne, Helm und Beinschienen sowie von Lanze, langem und kurzem Schwert allein entsprach schon der Wert mehrerer Kühe. Dazu kam noch das Kampfpferd, – ein speziell gezüchtetes Pferd, das sich vom Zuggaul unterschied – ferner Knappe und Troßpferd.

All das konnte sich ein gewöhnlicher Bauer nicht leisten. Zudem war die bäuerliche Arbeit so aufwendig geworden, dass eine längere Abwesenheit des Bauern vom Hof gar nicht mehr in Frage kam. Da bot sich die Wirtschaftsform der Grundherrschaft als geradezu ideale Lösung an. Sie war eine echte Neuheit. Ihre Erfindung kann geradezu als Systemsprung im damaligen Wirtschafts- und Sozialsystem bezeichnet werden, waren doch in ihr mehrere bis dahin für sich existierende Einrichtungen zu einer grundlegend neuen Einheit integriert.

Ihre Erfindung hatte denn auch bedeutsame Folgen. Eine erste Folge war, dass sie einerseits eine von der Bodenbewirtschaftung unabhängige Reitertruppe ermöglichte, andererseits aber die Bauern vom Militärdienst befreite.

Dies war wiederum eine Weichenstellung für eine gesellschaftliche Entwicklung, die erst im 20. Jh. ihr Ende fand: für die Trennung zwischen einer bäuerlichen Lebenswelt und einer davon abgehobenen adeligen Herrenschicht. Von dieser Trennung der Schichten sind zwei unterschiedliche gesellschaftliche bzw. politische Entwicklungen ausgegangen: Entwicklungen, bei denen jene Strukturen entstanden, die das Gesicht Europas bestimmten.

Im Rahmen der Herrenschicht bildeten sich die adelsstaatlichen Herrschaftsstrukturen aus, innerhalb der bäuerlichen Schicht entstanden genossenschaftlich organisierte Gemeinden. Aus diesen wiederum entstanden – über die städtische Kommunebewegung – das Bürgertum und schließlich die verfasste Demokratie.

Betrachten wir zuerst die Folgen dieser Trennung der Schichten für die Ausbildung staatlicher Strukturen.

2. 2. 5. Das Reichs-Lehenssystem

Als Wirtschafts- und Sozialverband konnte die Grundherrschaft nur deshalb funktionieren, weil der Grundherr über Herrschaftsrechte verfügte. Insbesondere als Inhaber von Gerichtsrechten konnte er direkten Zwang ausüben. Bezogen hat der Adlige seine Herrschaftsrechte aus dem Reichs-Lehenssystem, dessen Glied er war.

Seine Wurzel hat das Lehenssystem – ebenso wie die Grundherrschaft, die aus ihm hervorging – in der schon erwähnten Karolingischen Heeresreform, genau gesagt in der Einführung der gepanzerten Reitertruppe. Da Karl der Große nicht über die flüssigen Mittel verfügte, mit denen er diese Truppe hätte ausrüsten können, jedoch sehr viel Kronland besaß, entlohnte er seine Krieger – wie früher schon Chlodwig – mit Land. Allerdings schenkte er ihnen dieses nicht zu Eigentum, sondern nur zu Besitz in Form des Lehens.

Dieses Lehen war die spezifisch europäische Form der Leihe. Während nämlich bei der gewöhnlichen Leihe ein Eigentümer einem anderen einfach eine Sache zum Gebrauch überlässt, begründet das Lehen ein gegenseitiges personales Verhältnis mit Rechten und Pflichten. Der Lehensnehmer (Vasall) verpflichtet sich gegenüber dem Lehensgeber zu Hilfe und Rat (auxilium et consilium). Als Gegenleistung sichert der Lehensgeber seinem Vasallen Schutz zu.

Die Lehensübergabe war ein quasi religiöser, von symbolischen Handlungen begleiteter Akt. Dabei legte der Lehensnehmer in der Regel seine Hände in die des Gebers als Zeichen der „Hingabe" (deditio). Diese „Hingabe" fußte im Gedanken der Gefolgschaftstreue, der zur kulturellen Tradition sowohl der Kelten als auch der Germanen gehörte. Oft wurde diese Verpflichtung zu Treue noch durch einen Schwur bekräftigt. Auf Schutz seines Herrn war der Vasall vor allem deshalb angewiesen, weil damals die Fehde noch allgemein verbreitet war. Da nämlich Rangordnungsstreben zum Verhaltensrepertoire der Primaten – somit auch des Menschen – gehört, sah sich damals jeder Adlige ständig durch Stärkere bedroht.

Eigentum an Land besaßen die Adeligen allerdings schon vor der Karolingerzeit. Erworben hatten sie es durch Eroberung, Raub, Erpressung, Heirat oder Schenkung. Dieses eigene Land wurde Allod (von ahd. Od, Eigentum) genannt. Wenn nun noch Land als Lehen dazu kam, bedeutete dies nicht nur Vergrößerung des Besitzes, sondern zugleich Schutz durch den Lehensgeber vor Beraubung oder Verdrängung. Die Hilfe (auxilium), die der Vasall seinem Herrn bei der Lehensübergabe versprach, war anfänglich militärischer Art. Sie war Fortführung der traditionellen kriegerischen Gefolgschaft. Mit der Zeit bedeutete auxilium aber auch Hilfe mit Geld, z.B. bei Befestigungsbauten. Dadurch gerieten die „Großen" in Abhängigkeit von „Kleineren". Die zweite Verpflichtung der Vasallen – die Verpflichtung zu Rat (Consilium) – wandelte sich mit der Zeit zu einer Verpflichtung des Lehensgebers, vor wichtigen Entscheidungen den Rat der Lehensnehmer anzuhören.

Nun bedeutete Belehnung für den Vasallen auch – bzw. wohl in erster Linie – die Übertragung von Herrschaftsrechten. Ausgelehnt wurde ja nicht nur Boden, sondern auch die Menschen, die diesen bewohnten und bearbeiteten. So bezogen denn die Grundherren jene aussserökonomische (rechtliche) Gewalt, die die Einhaltung der Rechtsordnung durch den Grundholden sicherte, aus ihrem Eingebundensein in das Reichs-Lehenssystem.

2. 3.   Beginn der Staatwerdung

Auch der Staat, der sich schließlich aus dem Amalgam mit der Kirche gelöst hat, war einer der „Faktoren", die die Mutation des Bewusstseins ermöglicht haben. Insbesondere ermöglichte er das Zustandekommen einer zivilen Gesellschaft und damit jenen geistigen Freiraum, in dem sich – außerhalb von Theologie und Kirche – empirische Wissenschaften entwickeln konnten. Dies wiederum führte – als ersten Schritt der Mutation – im 18. Jh., zum Zustandekommen des sog. Dilemmas zwischen Wissen und Glauben, das eigentlich ein Dilemma zwischen empirischen Wissenschaften und Theologie war.

Im 12. Jh. bestanden zwar noch keine staatlichen Institutionen im Sinne von feststehenden, ordnenden Einrichtungen, sondern erst ein Personenverband. Aber die Weichen für die typisch europäische Staatsbildung waren schon gestellt. Suchen wir nämlich nach ersten Vorläufern des Staates, finden wir sie schon im Reich der Merowinger: in der dort üblichen Heeresversammlung, die jährlich auf dem Märzfeld stattgefunden hat. An dieser teilgenommen haben außer dem König, der sie einberief und leitete, alle zum Waffendienst aufgebotenen Männer der Franken; auch Krieger aus anderen Stämmen sowie zum Kriegsdienst aufgebotene Galloromanen waren dabei. Verhandelt wurden neben Plänen für neue Eroberungen auch Fragen des Gemeinwohls.

Die eigentliche Weichenstellung für die typisch europäische Struktur des werdenden Staates fand dann unter den Karolingern statt durch die Einführung des Lehenssystems. Aus der Vasallität, die ja als Vertragsverhältnis mit gegenseitigen Rechten und Pflichten verstanden werden kann, ergab sich jene duale Struktur, die für alle Staatsgefüge des alten Europa charakteristisch ist: die Einflussnahme der niedrigeren Adelsschicht auf die Entscheide der Fürsten. Anderseits ergab sich aus der Tatsache, dass die Grundherrschaften – und damit die Machtzentren – über das ganze Land verstreut waren, Hand in Hand mit der dualen Struktur die für Europa ebenfalls typische dezentrale und föderale.

Die föderale Komponente der dualen Staatsstruktur implizierte nicht nur die Beziehung der Vasallen zu ihren Herren. Die Vasallen einer Gegend standen auch untereinander in einer Beziehung, die als quasifamiliale bezeichnet werden kann, auch wenn sie sich in der Praxis häufig befehdeten und zu unterjochen suchten.

Ebenso wie die Einwohner einer Grundherrschaft – Grundherr, Hufenbauern und Gesinde – als Familia bezeichnet wurden, verstanden sich auch die Adeligen einer bestimmten Gegend als Familia. Auf der einen Seite haben somit die durch das Lehnswesen verursachten Herrschaftsentwicklungen zu kleinteiligen, voneinander getrennten Strukturen – den Grundherrschaften – geführt; auf der anderen Seite ist es aber zwischen diesen – aufgrund des Familia-Gedankens – zu einer Verdichtung sozialer Beziehungen gekommen, die man als quasiverwandtschaftlich bezeichnen kann. Von keinem anderen Kulturraum der Welt ist bekannt, dass sich die Herrschaftsbildung auf dieser Grundlage vollzogen hat.

Betrachten wir diesen Prozess im europäischen Rahmen, können wir sehen, dass quasifamiliale Beziehungen auch den König mit seinen Großvasallen verbanden, und diese wiederum mit ihren Lehensleuten bis herunter in die Grundherrschaft. Die Verbindungen, die dieses vielteilige Herrschaftsgebilde zusammenhielten, waren deshalb so intensiv und dauerhaft, weil sie sich nach dem Vorbild häuslicher, familiärer, verwandtschaftlicher Beziehung entwickelt haben. Sie hielten auch Stand, als sich – im Ständewesen – die nächste Phase der Staatwerdung etablierte.

Der mittelalterliche Staat wird oft als Ständestaat bezeichnet. Unter den Ständen werden Körperschaften verstanden, welche den Fürsten entgegentraten bzw. – in den Ständeversammlungen – auf deren Regierungsführung Einfluss ausübten. In diesem Ständewesen kam der duale Charakter europäischer Herrschaft besonders deutlich zum Ausdruck. Man unterschied zweierlei ständische Körperschaften: die Reichsstände und die Landstände.

Die Reichsstände setzten sich zusammen aus den Reichsfürsten: aus jenen Großen, welche vom König direkt belehnt waren. Sie bildeten zusammen den Hof, weshalb ihre Zusammenkünfte – wenigstens in der ersten Zeit – als Hoftage bezeichnet wurden.

Zu den Landständen kamen jene Adeligen zusammen, welche einem Landesfürst unterstellt waren. Anlass zur Bildung der Landstände war die schon im 12. Jh. einsetzende Tendenz mächtiger Geschlechter, Territorialherrschaften zu errichten. Die Ausdrücke „Territorialstaat" bzw. „Land" sind allerdings weniger geographische Begriffe als vielmehr rechtliche. Sie entstanden durch Kumulation von Herrschaftsrechten: zum einen durch Erwerb oder Usurpation von königlichen Rechten (Regalien), zum anderen durch Unterwerfung anderer Herrschaftsträger. Als Reaktion auf die Expansion solcher Alphatypen schlossen sich die niedrigeren Adeligen zu Interessenverbänden – den sog. Landständen – zusammen.

Wegen der dualen Struktur europäischer Herrschaft bildeten Landesherr und Landstände zusammen das „Land", verfügten sie doch nur gemeinsam über die Gesamtheit der Herrschaftsrechte.

Zwar verfestigte bzw. etablierte sich durch den Ausbau der Territorial-herrschaft der Fürstenstaat. Ein Gegengewicht bildete jedoch das Recht der Ständeversammlungen, über den Erlass von Steuern zu entscheiden. Die im Vasallenversprechen gegebene Zusage von Hilfe wandelte sich somit zu einem Mittel zur Beschränkung der Macht der Fürsten.

Zu den Versammlungen der Stände kamen neben den Landesfürsten (weltlichen und geistlichen) auch Abgeordnete der freien Städte zusammen. Sie tagten jedoch als getrennte Kammern. Beschlüsse der Ständeversamm-lungen mussten einstimmig gefasst werden, was gewöhnlich lange Verhand-lungen erforderte. Rechtskraft erhielten sie jedoch erst dann, wenn der über-geordnete Herr ihnen zugestimmt hatte.

Die tatsächliche Macht über die Bevölkerung lag aber bis weit ins 16. Jh. hinein in der Hand des Landadels. Dieser lebte ja in direkter Nachbar-schaft zu seinen Untertanen und übte als Grundherr, Gerichtsherr und Leib-herr unmittelbare Gewalt auf diese aus.

Auf der oberen Ebene erfolgte 1356 ein Schritt zu weiterer Ausbildung staatlicher Strukturen mit dem Erlass der sog. Goldenen Bulle durch Karl IV. Mit diesem Reichsgrundgesetz wurde für das „Heilige" Römische Reich zum einen das Wahlkönigtum festgeschrieben. Zum anderen wurden die Modalitäten der Wahl sowie der Installation des Königs geregelt. Beides hatte durch die sieben Kurfürsten – drei geistliche und vier weltliche – zu erfol-gen. Durch die Goldene Bulle hielten diese im Rang erhöhten Großen aller-dings die Möglichkeit, Anwärter auf das Königtum zu erpressen. So mussten Wahlkandidaten in der Regel – neben den zu entrichtenden „Handsalben" in barer Münze – sog. Wahlkapitulationen unterschreiben, in denen sie den Kurfürsten Rechte und Einkünfte abtraten. Als Folge davon stützten sich die Könige bzw. Kaiser mehr und mehr auf ihre Hausmacht sowie auf ihre Kli-entel: auf jene Herrschaftsträger, die sich vor dem Zugriff der Landesfürsten absichern wollten.

Auf der einen Seite beschränkte dies die Willkür der Kurfürsten, auf der anderen bewahrte es das „Heilige" Reich vor jener extremen Form des Staats-absolutismus, wie er sich später in Frankreich unter Ludwig XIV. durchge-setzt hat. Während sich im „Heiligen" Reich das Wahlkönigtum installiert hatte, war es nämlich den französischen Königen gelungen, das Erbkönig-tum einzuführen und damit eine Dynastie zu begründen. Dies allerdings erst nach schweren Kämpfen. Lange Zeit war der Herrschaftsbereich des franzö-sischen Königs auf das Gebiet rund um Paris beschränkt, während die übrigen Gebiete in der Hand eigenmächtig handelnder (nomineller) Vasallen befanden. Schritt für Schritt war es jedoch den Königen gelungen, diese unter ihre Botmäßigkeit zu bringen. Der Schritt zum Absolutismus, der mit einer völligen Entmachtung des Adels verbunden war, brachte zwar den französischen Königen fast unumschränkte Macht, hatte aber zur Folge, dass die große Revolution ausgerechnet in Frankreich ausbrach.

Wenn wir nun die damals im Werden begriffenen staatlichen Strukturen noch gesamthaft betrachten und sie mit denen im Römischen Reich vergleichen, wird das spezifisch Europäische an ihnen noch deutlicher erkennbar. Während nämlich das Reich der Römer „von oben nach unten" – vom römischen Senat bzw. dessen Militärmacht her – zustande gekommen war, wuchsen die europäischen „von unten nach oben" heran: von der Sippe über den Stamm und das Volk.

Dazu kommt noch ein europäisches Spezifikum, zumindest des „Heiligen" Reiches, des französischen und englischen. Sie wurden zwar vom Adel getragen. Während aber in Osteuropa sowie in Spanien der Adel weitgehend in seiner ursprünglichen Sippenform verblieb, wurden diese „vom Blut her" gewachsenen Bindungen im Kernraum Europas, wie gezeigt, durch die persönlichen Treuebindungen des Lehenssystems aufgelockert. Manifestiert hat sich dies unter anderem in der adeligen Familia des Ständestaates.

2. 4.   Die Kirche

Zu der Zeit, die wir hier betrachten, war die europäische Bevölkerung nicht nur bäuerlich, sondern auch christlich. In Bezug auf jeden dieser beiden Aspekte war sie organisiert. Bezüglich landwirtschaftlicher Tätigkeit war die Organisationsform die des europäischen Feudalismus mit dem aus diesen hervorgehenden Ansätzen zur Staatsbildung. In Bezug auf die Ausübung des christlichen Glaubens war sie organisiert in der Kirche.

Während aber die staatlichen Strukturen in Verlauf des Mittelalters erst langsam Gestalt annahmen, hatte die Kirche schon im römischen Reich eine differenzierte Organisationsstruktur. Wir haben diese als Bischofskirche kennen gelernt. Das dort Gesagte ist hier noch zu ergänzen. Der Herrschaftsbereich des Bischofs wird Diözese genannt. Diese war noch unterteilt in Pfarreien. An der Spitze einer Pfarrei stand der Pfarrer. Das Zentrum einer Pfarrei war die Pfarrkirche. In dieser wurde der zentrale Ritus des Christentums, die Eucharistie, gefeiert. Auch nahm dort der Pfarrer den Gläubigen die Beichte ab, wobei er sie nach kirchlicher Lehre von ihren Sünden befreite. Außerdem war die Pfarrei mit verschiedenen Rechten aus- gestattet. Die wichtigsten waren das Taufrecht, das Bestattungsrecht und das Zehntenrecht. Der Zehnten wurde in vier Teile aufgeteilt: einer für den Pfarrer, einer für den Unterhalt des Kirchengebäudes, einer für die Armen und Fremden der Pfarrei und einer für den Bischof. Für die Entwicklung der Pfarreien war die Einrichtung des Zehnten von entscheidender Bedeutung, denn dadurch musste eine Pfarrei rechtlich und geographisch genau abgegrenzt werden.

Neben Bischofssitzen und Pfarreien bestanden die Klöster. Sie waren gesonderte kirchliche Einheiten. Bis zum Aufkommen der Bettelorden im 13. Jh. folgten sie der Regel des Hl. Benedikt. Geleitet wurden sie von einem .Abt, der auf Lebenszeit gewählt war und patriarchale Gewalt über seine Mönche besaß. Im kirchlichen Rang kam er den Bischöfen gleich. Das Motto der Benediktinerregel war: „Ora et labora", das heißt „Bete und arbeite". Dabei wurde die Arbeit zu einem großen Teil von den Hufenbauern der klösterlichen Grundherrschaften verrichtet, während die Mönche in den Schreibstuben und im Schulunterricht tätig waren. Bis zum Aufkommen der Universitäten waren die Klöster die Zentren kulturellen Schaffens.

In Gestalt von Reich und Kirche bestanden somit nebeneinander zwei grundverschiedene Herrschaftssysteme. Sie waren jedoch miteinander verzahnt, und der Kampf um die Loslösung der weltlichen Macht aus dieser Verzahnung macht einen beträchtlichen Teil der Geschichte Europas aus.

Weil aber damals das archaische Weltbild noch allgemein gültig war, führten die Vertreter beider Systeme ihren Herrschaftsanspruch auf den Willen bzw. Auftrag Gottes zurück. Dies wenigstens in der Theorie. In der Praxis ruhte die Autorität der weltlichen Herrscher auf der Macht des Schwertes, die der kirchlichen auf dem für die archaische Weltsicht typischen Begriff der heiligen Gewalt (Potestas sacra).

2. 4. 1.   Das Reichs-Kirchensystem

Die Kirche war ein „Geschenk" der Antike an das werdende Europa. Sie nahm aber auch – ebenso wie der Feudalismus – eine für Europa typische Struktur an. Und auch diese spezifische Struktur der Kirche war einer jener historischen Faktoren, um die es uns geht. Sie trug sogar ganz wesentlich zur Mutation des Bewusstseins bei, obwohl bei dieser das Fundament, auf dem sie ruhte – die archaische Weltsicht – überwunden wurde.

Übrigens war schon das abendländische Christentum ein spezifisches. In der Antike gab es nämlich nicht einfach das Christentum, sondern verschiedene Christentümer. Schon im 4. Jh. bestanden neben dem durch das Konzil von Nicäa zustande gekommenen – dem sog. nizäanischen – Christentum noch das arianische, das nestorianische sowie das monophysitische. Ergeben hatten sie sich aus unterschiedlichen Vorstellungen von der Natur Jesu Christi. Um die Jahrtausendwende spaltete sich dann – wegen Meinungsverschiedenheiten über die Natur des Heiligen Geistes – das nizäanische Christentum noch auf in das orthodoxe, das für das byzantinische Reich gültig war, und das für den Westen gültige katholische.

Aus jedem der vier Christentümer ging eine spezifisch strukturierte Kirche hervor. Allen gemeinsam war jedoch die Unterscheidung zwischen einer Schicht von Priestern und einer von Laien. Dadurch war eine geistliche Adelsgesellschaft entstanden, bei der die Priester den Adel bildeten, die Laien hingegen das „gewöhnliche" Volk. Im Unterschied zum weltlichen Blutadel war der kirchliche jedoch ein Weihe-Adel. Stützte sich der weltliche auf die Geburt aus einem adeligen Geschlecht, stützte sich der kirchliche auf den – im Sinn der archaischen Weltsicht verstandenen – Ritus der Priesterweihe.

Da nach archaischem Verständnis durch den Ritus eine ontologische Veränderung bewirkt wurde, „bewirkte" die Weihe den Wandel vom gewöhnlichen Menschen zu einem (akausal) wirkmächtigen Wesen: dem Priester. Nach heutigem katholischen Kirchenrecht umfasst die Wirkmacht, mit der der Geweihte (auch heute noch) ausgestattet „wird" – die Potestas sacra – drei Arten von Macht bzw. Gewalt: Weihegewalt (Potestas sacramentalis), Regierungsgewalt (Potestas regiminis) und Lehrgewalt (Potestas docendi). Die eigentlich priesterliche Gewalt ist dabei die sakramentale. Sie „macht" den Priester zu einem Wesen, das durch Aussprechen von Worten Brot und Wein in Fleisch und Blut Christi verwandeln, Sünden vergeben usw. „kann".

Die Bestimmung, wer die Weihe vornehmen darf, und in welchem Umfang er jeweils die Potestas sacra verleiht, führte zu einer hierarchischen Gliederung auch des kirchlichen Adels. Kirchliche Ämter waren ja schon früh entstanden. Es waren das des Presbyters (Priesters) und des Diakons und – über beiden – das des Bischofs. Für die Struktur der Kirche – zumindest der nizäanischen – folgenschwer war nun, dass gemäß Kirchenrecht nur der Bischof zur Vornahme der Weihe berechtigt ist; ebenso dass die „heilige Gewalt" in ihrem vollen Umfang nur bei der Weihe zum Bischof übertragen wird, bei der Weihe zu Priestern und Diakonen jedoch nur „verdünnt". Dies hatte zur Folge, dass – in Gestalt der Bischöfe – ein kirchlicher Hochadel zustande kam, in Gestalt der Priester und Diakone hingegen ein Kleinadel. Dieser bildete dann – unter anderem – das Reservoir für die Ergänzung des Hochadels. Auch war auf diese Weise dafür gesorgt, dass der Hochadel über all die Jahrhunderte die kirchliche Macht in ihrem vollen Ausmaß in der Hand behielt.

Während sich im weltlichen Adel Europas eine hierarchische Struktur erst im Mittelalter herausbildete, war eine solche im kirchlichen schon im Reich der Römer zustandegekommen. Ergeben hat sich dies dadurch, dass übergemeindliche Strukturen entstanden. War das frühe Christentum noch ein reines Gemeindechristentum gewesen, kam ja schon im zweiten Jahrhundert die Tendenz zu einer Zusammenfassung von Gemeinden nach regionalen Gesichtspunkten auf. Da dies in Anlehnung an die Einteilung des römischen Reiches in Provinzen geschah, führte es zu einem Anschluss der kirchlichen Organisation an die des Staates. Zuerst bildete sich die sog. Metropolitanverfassung heraus, wobei der Bischof der Metropole die Aufsicht über die Bischöfe der ganzen Provinz beanspruchte. Als die Kirche gegen Ende des 4. Jh. die von Diokletian eingeführte Reform der Reichsverfassung übernahm, entstand noch eine Übermetropolitanverfassung. Im 7. Jh. etablierte sich schließlich das System der fünf Patriarchate: von Rom, Konstantinopel, Alexandrien, Antiochia und Jerusalem.

So bestanden schon im römischen Kaiserreich zwei grundverschiedene Herrschaftssysteme nebeneinander, und es stellte sich spätestens bei der Anerkennung des Christentums durch Konstantin die Frage nach deren Zusammenarbeit. Diese Frage stellte sich allerdings nur theoretisch. Konstantin entschied sie nämlich durch die Tat, bevor sie überhaupt aufkam, indem er den sog. Cäsaropapismus ausübte. Da er noch das Amt des Pontifex maximus innehatte, erschien es ihm wohl selbstverständlich, auch Herr über die christliche Kirche zu sein.

In Byzanz blieb diese Praxis bis zum Untergang des Reiches bestehen. Für den Westen hat Karl der Große sie dann nach seiner Krönung zum Kaiser übernommen. Als nunmehriger Beschützer der westlichen Christenheit „von Gottes Gnaden" betrachtete er den Patriarchen von Rom, der sich unterdessen zum Papst emporgearbeitet hatte, einfach als seinen Gefolgsmann. Als später die Ottonen das Kaisertum übernahmen, verfügten auch sie frei über Bischofs- und Abtstühle. Otto der Große setzte sogar Päpste ab und ein.

Unterdessen hatte sich nämlich das sog. Reichskirchensystem etabliert: eine Art Amalgam von weltlicher und kirchlicher Herrschaft unter dem Regiment des Kaisers. Ausgangspunkt für dieses System war der große Landbesitz von Bistümern und Klöstern. Als im Karolingerreich die Grundherrschaft aufkam, wurde diese auch von Bischöfen und Äbten übernommen. Bischofssitze und Klöster waren sogar eigentliche grundherrschaftliche Musterbetriebe, die viele Neuerungen und Verbesserungen eingeführt haben.

Dazu kam, dass schon Karl der Große Bischöfe und Äbte mit weltlicher Herrschaft betraut hatte. Als kaiserliche Vasallen hatten sie nun – neben ihren kirchlichen Aufgaben – die gleichen Pflichten zu erfüllen wie die übrigen Reichsfürsten. Außer der Beherbergung des herumreisenden Kaiserhofes und anderen Aufgaben hatten sie vor allem Heeresfolge zu leisten. Bei den (unbeliebten) Zügen deutscher Kaiser nach Italien machten die Kontingente der Kirchenfürsten oft sogar bis zu zwei Dritteln des Heeres aus.

Wahrscheinlich war der Einbezug der Kirchenfürsten ins Reichs-Lehenssystem ursprünglich auch als Gegengewicht zu den weltlichen Fürsten gedacht: gegen deren Bestreben, ihre eigenen Interessen zu verfolgen, d.h. die eigene Macht und den eigenen Besitz zu mehren und die Lehen erblich werden zu lassen.

2. 4. 2. Kirchenreform und Investiturstreit

Durch die Unterstellung der Kirchenfürsten unter die weltliche Macht sahen sich allerdings die Päpste in ihrem eigenen Machtbereich eingeschränkt und begannen sich dagegen zu wehren. Dies geschah im Rahmen jener Bewegung, die unter dem Namen Kirchenreform in die Geschichte eingegangen ist.

Eingesetzt hat das Bemühen um die Reform der Kirche im 11.Jh. An ihm sind zwei Ebenen zu unterscheiden. Auf der „unteren" kann es als Bemühen gesehen werden, Missstände zu beseitigen und das geistliche Leben zu reformieren. Auf der „oberen" Ebene ging es um das Bemühen der Päpste, die Kirche aus dem Amalgam der Reichs-Kirchen-Einheit herauszulösen bzw. ihre Macht gegenüber der des Kaisers auszuweiten.

Als kirchliche Missstände wurden vor allem Simonie und Priesterehe ins Visier genommen. Unter Simonie verstand man den Kauf von Weihen. Dieser fand vor allem auf der Ebene der Bischöfe und Äbte statt. Zum einen geschah dies indirekt in den vielen Eigenkirchen und Eigenklöstern, welche Adelige auf ihrem Grundbesitz errichtet hatten, um ihr Heil im Jenseits zu sichern. Da erhoben die Stifter häufig den Anspruch, deren Führungspositionen mit Leuten aus der eigenen Familie zu besetzen. Theologische Ausbildung und geistliche Qualität spielten da meistens keine Rolle. Simonie ereignete sich auch bei der Besetzung von Bischofssitzen. Weil dieses Amt meistens mit großer Macht und bedeutenden Einkünften verbunden war, kam die Gewohnheit auf, für dessen Zuschlag beträchtliche Summen zu bezahlen. Gegen diese Missstände waren zwar schon die sächsischen und salischen Kaiser eingeschritten, indem sie das Verfügungsrecht insbesondere über Klöster dem lokalen Adel entzogen und diese direkt der Krone unterstellten. Die Päpste bauten die Simoniefrage jedoch in ihr Kampfprogramm gegen die weltliche Herrschaft ein.

Gegen die Priesterehen sträubte sich die Kirche zwar schon lange. Schon seit dem 4. Jh. war auf Synoden immer wieder – als „kultische Reinheit" – Ehelosigkeit der Priester gefordert worden. Hinter der Forderung nach kultischer Reinheit stand der Gedanke, dass die Hände, die im Eucharistie-Ritus den Leib Christi anfassten, nicht durch Berührung einer Frau „besudelt" sein sollten (!). Im Mittelalter hatte sich allerdings – zumindest bei Priestern auf dem Land – das familiäre Zusammenleben mit Frau und Kindern als Regelfall durchgesetzt.

Bei der Verpflichtung der Priester zum Zölibat im Rahmen der Kirchenreform ging es den Päpsten jedoch weniger um deren „kultische Reinheit" als um den Einsatz eines Kampfmittels gegen die Adelskirche. Der Zölibat hob nämlich den Geistlichen aus der Sippe heraus, unterstellte ihn einem anderen Recht – dem kanonischen – und entzog sein Erbe wie seine Nachfolge der Verfügung durch die Sippe.

Es sei aber festgehalten, dass es den Päpsten beim Kampf gegen diese Missstände auch um die Verbesserung des geistlichen Lebens ging. Hier interessiert uns jedoch vor allem die „obere" Ebene der Kirchenreform: jener Konflikt, bei dem um Herrschermacht gerungen wurde.

Der Kampf um die päpstliche Herrschaft, der unter dem Namen Investiturstreit in die Geschichte eingegangen ist, war ein lange dauernder Streit mit vielen unschönen Nebenerscheinungen. Gelöst wurde er schließlich dadurch, dass man sich auf zwei Abmachungen einigte. Erstens auf die Einführung der kanonischen (kirchenrechtlichen) Wahl der Bischöfe. Das bedeutete zum einen, dass diese gewählt werden mussten, zum anderen, dass die Wahl „durch Klerus und Volk" erfolgen sollte. Zweitens wurde die Einsetzung ins Amt in der Weise geregelt, dass sie sowohl von päpstlicher als auch von kaiserlicher Seite vorgenommen wurde.

Möglich geworden war diese Lösung, weil der juristisch versierte Bischof Yvo von Chartres die Unterscheidung zwischen weltlichen und geistlichen Angelegenheiten – damals etwas völlig Neues – in die Diskussion eingebracht hatte. Man einigte sich dann darauf, dass fortan der Kaiser bei der Einsetzung eines Bischofs für die weltliche Seite – für dessen Ausstattung mit Besitz und Herrscherprivilegien – zuständig sei, der Papst hingegen für die geistliche Seite, das heißt für dessen Ausstattung mit Potestas sacra.

Damit war die Frage der Investitur zwar auf der praktischen Ebene gelöst. Noch nicht gelöst war aber jenes grundsätzliche Problem, das hinter dem Streit um die Einsetzung der Bischöfe stand. Es war die Frage, unter welcher Herrschaftsform das christliche Abendland stehen sollte: unter der caesaropapistischen wie bisher oder unter der sakramental-hierokratischen – auf die Potestas sacra abgestützten – die gewissen Päpsten vorschwebte. Klar geäußert haben sie sich drüber in der Regel zwar nicht, doch haben sie seit der Krönung Karls des Großen sozusagen die Faust in der Tasche gemacht.

„Die Katze aus dem Sack gelassen" hat dann der besonders aggressive und hartnäckige Papst Gregor VII. (1072-86). Er bestritt nicht nur das Recht der Kaiser, Päpste einzusetzen. Er vertrat auch die Meinung, die eigentliche Herrschaft über das Reich komme den Päpsten zu. Gestützt hat sich dieser sein Anspruch letztlich auf die „heilige Gewalt", die ja, wie gesagt, auch Regierungsgewalt (Potestas regiminis) implizierte. Zwar war damit „Regierung" über den untergeordneten Klerus und das Kirchenvolk gemeint. Gregor VII. erachtete sich aber auch für den weltlichen Bereich zuständig. Als Römer mit Leib und Seele, aufgewachsen und ausgebildet im Umfeld des Lateranpalastes, sah er nämlich im christlichen Rom die Fortsetzung des antiken und beanspruchte für sich die Rechte der römischen Kaiser. Nach seiner Auffassung stand das christliche Rom sogar auf festerem Grund als das einst (der Sage nach) von Romulus und Remus gegründete heidnische. Gregor war nämlich der Überzeugung, der Bischofssitz von Rom sei nicht von Aposteln errichtet worden, sondern von Christus. Dies formulierte er denn auch deutlich in seinem berühmt-berüchtigten Manifest, das unter dem Namen Dictatus papae in die Geschichte eingegangen ist. Dort stellte er gleich im ersten Canon (Paragraphen) klar, "quod Romana ecclesia a solo domine sit fundata" (dass die Kirche von Rom vom Herrn selbst gegründet worden sei). Daraus leitete Gregor die Machtbefugnis des Bischofs von Rom ab und schrieb diesem die gleiche Macht zu, die einst Augustus gehabt hatte. Dass er sich als Herrscher über die gesamte Christenheit, auch in weltlichen Dingen, fühlte, drückte Gregor unmissverständlich in den weiteren Canones des Dictatus papae aus. So schrieb er in Canon 8 „dass er allein die kaiserlichen Insignien benützen kann"; in Canon 10 „dass er berechtigt ist, Kaiser abzusetzen"; in Canon 27 „dass er Untergebene ungerechter Herren vom Treueid lösen kann".

Im darauffolgenden Kampf gegen die Kaiser bestanden die Päpste besonders hartnäckig auf der sog. Approbation: auf dem Anspruch, der von den Kurfürsten gewählte König bedürfe der Genehmigung durch den Papst; erst dann sei sein Königtum rechtmäßig. Zur Durchsetzung dieser Forderung saßen die Päpste gegenüber den gewählten Königen am längeren Hebel, da sie den Kirchenbann und das Interdikt verhängen konnten. Der Bann bedeutete, dass der Gebannte nicht mehr an den sakramentalen Riten teilnehmen durfte. Das Interdikt verbot dem Klerus eines Gebiets, kirchliche Amtshandlungen – Messen, Taufen, Eheschließungen usw. – vorzunehmen. Zu einer Zeit, in der man fest glaubte, die Kleriker verfügten über den Zugang zum Himmelreich, waren Bann und Interdikt furchtbare Waffen. Sie hatten zudem nicht nur geistliche Folgen. Mit ihnen konnte nämlich der Papst einen König gleichsam außer Gefecht setzen, da die Untertanen – solange der Bann dauerte – von ihrem Treueid entbunden waren. Manchem Reichsfürsten kam dies gar nicht ungelegen, denn während der König gebannt war, konnten sie ihre Unabhängigkeit von ihm sowie ihre Macht gegen andere Fürsten ausbauen.

Allerdings haben die Päpste ihr Ziel nicht erreicht. Die Kaiser ließen sich nämlich nicht unterkriegen und erlangten schließlich – im Jahre 1338 – eine Entscheidung zu ihren Gunsten. Nachdem Ludwig der Bayer 15 Jahre lang den Anspruch der Päpste, sie um Approbation seiner Wahl zu bitten, abgelehnt und mehrere Bannungen durchgestanden hatte, konnten sich die Kurfürsten endlich auf eine gemeinsame Haltung gegenüber den Päpsten einigen. Obwohl drei von ihnen Erzbischöfe waren, erklärten sie im sog. Weistum von Rhense, es sei Recht und Gewohnheit des Reiches, dass die Königswahl, auch wenn sie nur von einer Mehrheit der Kurfürsten ausgehe, den zum König Erwählten ohne weiteres zum Tragen des Königstitels und zur Verwaltung der Güter und Rechte im gesamten Imperium berechtige. Nennung, Billigung, Bestätigung, Zustimmung oder Autorität des apostolischen Stuhles sei dazu nicht erforderlich. Zustande gekommen ist dieser Beschluss – sogar unter Zustimmung der geistlichen Kurfürsten – wohl deshalb, weil dieses Gremium fürchten musste, seine Kompetenzen (und die daraus resultierenden Einnahmen!) würden schließlich durch die Forderungen der Päpste eingeschränkt.

König Ludwig berief darauf einen Reichstag nach Frankfurt ein und dieser erhob das Weistum von Rhense zum Reichsgesetz. In diesem sog. licet iuris wurde ausdrücklich erklärt, dem von den Kurfürsten Gewählten müssen alle gehorchen, ihm stehe von Anfang an die volle königliche Gewalt und Jurisdiktion zu.

Mit diesem in der Geschichtsschreibung kaum je beachteten Beschluss begann ein neuer Abschnitt der mittelalterlichen Geschichte. Mit ihm war nämlich nicht nur die von den Päpsten angestrebte sakramental-hierokratische Herrschaftsform endgültig abgelehnt. Es waren zugleich die Weichen gestellt für die spätere Trennung von Staat und Kirche.

Für die Mutation des Bewusstseins war diese Weichenstellung – wie im Nachhinein gesehen werden kann – unumgänglich. Erst sie ermöglichte nämlich die Entstehung jener Zivilgesellschaft, in der – außerhalb des kirchlichen Machtbereichs – jene Entdeckungen gemacht und jene Schlüsse aus ihnen gezogen werden konnten, welche den Wandel der Weltsicht herbeigeführt haben. Allerdings hat das Kaisertum durch den Ausgang des Investiturstreits erheblich an Sakralität eingebüßt. Geblieben ist ihm – wie auch dem französischen und englischen Königtum – lediglich ein Nimbus. Jedenfalls galt der Kaiser, strenggenommen, fortan nicht mehr – im Sinn des bis dahin gültigen theokratischen Herrschaftsverständnisses – als Beauftragter Christi, sondern als Laie. Mochte das für die Kaiser eine Einbuße bedeuten, war es für das Ingangkommen der Mutation des Bewusstseins ein Vorteil, gedieh doch die spätere empirische Wissenschaft am besten unter einem „weltlich" gesinnten Regime.

In Frankreich und England war die Auseinandersetzung mit den Päpsten weniger dramatisch verlaufen, weil die dortigen Herrscher sich nicht von einem Papst zu Kaisern krönen lassen mussten und infolgedessen die Päpste ihnen gegenüber nicht den Anspruch auf Approbation stellen konnten. Die französischen Könige veranlassten sogar die Päpste, ihren Sitz nach Avignon zu verlegen, wo dann sie bestimmten, wer Papst wurde, und wo sie auch die Päpste in ihrem Kampf gegen das deutsche Kaisertum (das sie selber gerne innegehabt hätten) unterstützten.

Englische Könige ließen sich von den Päpsten grundsätzlich nicht dreinreden. Als schließlich der „heilige Stuhl" Heinrich VIII. (1509-47) die Erlaubnis zur Scheidung von seiner Frau und damit zur Ehe mit seiner Geliebten Anne Bolein verweigerte, sagte sich dieser von der katholischen Kirche los und gründete eine eigene. Fortan übte auch der englische König eine Art von Caesaropapismus aus. So gilt denn noch heute der „Herrscher" Englands als Oberhaupt der anglikanischen Kirche.

2. 4. 3. Zentralisierung der Kirche

Während der ganzen römischen Antike war die nizäanische Kirche eine Bischofskirche. Zum einen war jeder Bischof Herr in seiner Diözese. Zum anderen galt für die Beziehung unter ihnen das kollegiale Prinzip, der sog. Synodalismus. Obwohl die Bischöfe von Rom seit dem 4. Jh. immer Anspruch auf Vorrang erhoben, waren sie doch de facto nur primi inter pares. Nachdem die südlich des Mittelmeeres gelegenen Patriarchate durch den Ansturm der muslimischen Heere hinweggefegt waren, standen die Bischöfe von Rom noch in Konkurrenz mit den Patriarchen von Konstantinopel. Erst als Karl der Große nach seiner Krönung zum Kaiser die Schutzherrschaft über die westliche Christenheit übernommen hatte, konnten die Bischöfe von Rom sich am Ziel ihrer Ansprüche fühlen. Allerdings betrachtete Karl die Päpste, wie gesagt, als seine Gefolgsleute. Zwar lehnten sie dies – wenigstens mental – von Anfang an ab, doch konnten sie anfänglich nichts dagegen unternehmen, da sie auf kaiserlichen Schutz sowohl gegen die Langobarden als auch gegen das mit dem byzantinischen Kaiser eng verflochtene Patriarchat von Konstantinopel angewiesen waren.

So bemühten sie sich denn erst einmal – in zähem Ringen – ihren Machtbereich zu erweitern. Den weltlichen konnten sie – in Gestalt des Kirchenstaates – bis an den Apennin und die Adria ausweiten, den geistlichen, – wenn auch nur sehr langsam – über andere Gebiete des „heiligen Reichs". In diesem Punkt leisteten ihnen nämlich die Bischöfe hartnäckigen Widerstand. Das Seilziehen um die Macht zwischen Bischöfen und Päpsten – bezeichnet als Ringen zwischen Episkopalismus und Papalismus bzw. zwischen Synodalismus und Zentralismus – zog sich bis weit in die Neuzeit hinein. Ein päpstlicher Absolutismus kam sogar erst mit dem Vaticanum I von 1870 zustande. Mit den gekrönten Häuptern der anciens régimes zusammen lebten die Päpste dann noch während einiger Jahrzehnte – im sog. Bündnis von Thron und Altar – sozusagen auf gleicher Ebene. Seitdem jedoch diese Herrschertümer von Gottes Gnaden nach dem ersten Weltkrieg hinweggefegt worden sind, und zudem die archaische Weltsicht, in der die anciens régimes gründeten, überwunden worden ist, ragt die Papstkirche heute wie ein lebendes Fossil in unsere demokratische Landschaft herein.

Blicken wir aber wieder aufs 12. Jh. als auf die Zeit, in der sich die Päpste gegen die Reichs-Kirchen-Einheit zur Wehr zu setzen begannen. Damals hatten sie ihren Anspruch auf geistliche Gewalt schon auf das ganze Reich ausgedehnt. Der Investiturstreit gab ihnen dann Gelegenheit, auf dem Weg zur Papstkirche ein gutes Stück voranzuschreiten. Dabei profilierten sie sich mit der Zeit – innerhalb der Kirche – als oberste Gesetzgeber und Richter, als oberste Lehrautorität sowie als oberste Priester, von denen alle Weihegewalt ausgeht.

Dabei strafften sie die Organisation der Kirche. Bei aller Notwendigkeit, in Hinblick auf unser Thema zu verfolgen, wie sie dabei vorgingen, soll jedoch noch einmal darauf hingewiesen werden, dass die primäre Intention der Kirche darin bestand, die Menschen zur Pflege des geistlichen Lebens anzuhalten und ihrem Leben einen Sinn zu vermitteln. Auf diese seelsorgerische Tätigkeit, die von Heerscharen einfacher Priester vollbracht wurde, wollen wir aber hier nicht eingehen. Sie war ja kein Spezifikum des Christentums, sondern wurde in allen Religionen ausgeübt. Hier geht es jedoch darum, die Organisation der kirchlichen Herrschaft zu betrachten, da diese für das Ingangkommen der Mutation des europäischen Bewusstseins von großer Bedeutung war.

Zwar war die katholische Kirche schon bis dahin besser organisiert gewesen als die weltlichen Herrschaften, hatte sie sich doch schon seit ihren Anfängen an der hoch differenzierten Verwaltungsstruktur des römischen Reiches orientiert. Im Verlauf der Kirchenreform wurde sie jedoch zu der am besten organisierten nicht nur der christlichen Kirchen, sondern unter allen Religionsgemeinschaften.

Charakterisiert werden kann dieser Prozess nach Hans Küng durch die Stichworte Zentralisierung, Juridisierung, Politisierung, Militarisierung und Klerikalisierung. Sichtbarster Ausdruck der zunehmenden Zentralisierung waren vor allem die Laterankonzilien, von denen das erste 1121 stattgefunden hat. Zwar fanden allgemeine Kirchenversammlungen schon unter Karl dem Großen statt, doch war es damals der Kaiser, der dazu aufrief. Zu den Laterankonzilien hingegen rief der Papst die Kirchenfürsten zusammen. Zudem versammelten sich in ihnen nicht nur die Bischöfe und Äbte des „Heiligen" Römischen Reiches, sondern auch Frankreichs, Spaniens, Englands und Polens. Verhandelt wurde an diesen Konzilien neben kirchlichen auch weltliche Angelegenheiten. Indem sie dabei Regeln für die gesamte Westkirche in Belangen des religiösen wie auch des gesellschaftlichen Lebens aufstellten, trugen sie – das soll hier nicht vergessen werden – viel zur Entstehung eines einheitlichen europäischen Kulturraumes bei.

Auch schufen die Päpste die organisatorischen Mittel, die es ihnen ermöglichten, die Konzilsbeschlüsse zu verwirklichen. Dazu gehörte erstens die päpstliche Kurie, der höchst entwickelte Verwaltungsapparat des mittelalterlichen Europa. Ein weiteres Machtmittel waren die Legaten: päpstliche Gesandte, die schon seit dem 12. Jh. eingesetzt wurden. Sie waren der verlängerte Arm des an seinen Amtssitz gebundenen Papstes, und machten diesen im gesamten Raum der westlichen Kirche gleichsam gegenwärtig. Legaten waren aber nicht nur dazu da, die Weisungen des Papstes zu verbreiten. Da sie den lokalen Episkopaten übergeordnet waren, konnten sie Visitationen durchführen, Bischöfe richten, lokalen Konzilien vorstehen und politische Gespräche führen. Da viele Bischöfe – im Rahmen des Seilziehens zwischen Papalismus und Episkopalismus – der Zentralisierung Widerstand leisteten, muss die Überordnung der Legaten über sie als kluger Schachzug der Päpste gesehen werden.

Unterstützt wurde die Funktion der Legaten durch die damals erfolgende Zentralisierung der Orden. Diese ging zwar nicht – jedenfalls nicht unmittelbar – von den Päpsten aus, sondern von den Orden selber. Von den Päpsten wurde sie jedoch unterstützt. Ein Mittel zur Unterstützung war die sog. Exemtion der Klöster: deren Herauslösung aus der bischöflichen Jurisdiktion, was zugleich direkte Unterstellung unter den Papst bedeutete.

Ein erster Schub der Zentralisierung der Orden erfolgte in der Bildung von Klosterverbänden. Lagen die Klöster im frühen Mittelalter noch wie einsame Inseln über die weite Landschaft verstreut, kam im Zug der Kirchenreform die Tendenz auf, sich zu Verbänden zusammenzuschließen. Es begann mit der Bildung von Reformklöstern. Derartige Zentren waren Cluny im Burgund, Gorze bei Metz sowie Brogne in Flandern. Etwas später kamen dazu noch Hirsau und St. Blasien im Schwarzwald. Indem sich um solche Zentren jeweils ein Kranz von reformfreudigen Abteien bildete, entstanden regionale Klosterverbände.

Der nächste Schritt bestand in der Bildung universaler Verbände. Ein Erster erfolgte mit der Gründung des Zisterzienserordens. Dieser entstand dadurch, dass Robert von Champagne das Benediktinerkloster, dessen Abt er war, verließ und um 1075 in Citaux – im Bistum Chalons – eine neuartige Ordensgemeinschaft gründete. Diese setzte sich zum Ziel, die Benediktinerregel wieder buchstabengetreu zu befolgen, insbesondere deren Forderung nach Besitzlosigkeit und körperlicher Arbeit ernst zu nehmen. Entscheidend in Hinblick auf unser Thema war, dass sich der neue, tatkräftige Orden zwar innert kurzer Zeit über ganz Europa ausbreitete, dass jedoch die Neugründungen mit ihrem Mutterkloster engen Kontakt aufrecht hielten. Das geschah dadurch, dass die Äbte der Tochterklöster alle zwei Jahre in Citaux zusammenkamen und – unter Vorsitz des dortigen Abtes – ein Generalkapitel abhielten. Durch diese Regelung entstand mit dem Zisterzienserorden erstmals ein universeller Ordensverband. Gaben die Päpste Weisungen an dessen Zentrale, war deren Verbreitung über ganz Europa gesichert.

Ein weiterer Schritt zu universellen Verbänden vollzog sich mit der Gründung der Bettelorden: der Franziskaner und Dominikaner. Beide gaben das ummauerte Kloster, das Gebot der Ortsbeständigkeit sowie die Figur des auf Lebenszeit gewählten Abtes auf. Ihre Mitglieder waren mobil und die Oberen nur für eine beschränkte Zeit gewählt. Da diese Orden nicht mehr über ausgedehnten Grundbesitz und dessen Erträge verfügten, waren sie allerdings für ihren Lebensunterhalt auf Spenden angewiesen. Daher ihre Bezeichnung als Bettelorden. Alles in allem war ihre Gründung eine Folge der zunehmenden Verstädterung und Mobilität.

Beschränken wir uns für die genauere Betrachtung auf den Dominikanerorden. Gegründet wurde er 1216 vom spanischen Kleinadligen und Regularkanoniker Dominikus von Guzman mit dem Ziel, die Katharer zu bekämpfen. Diese waren eine Sekte, deren „Irrlehre" sich an gnostischem Gedankengut – „Materie ist schlecht" – orientierte. Dominikus unterstellte seine Gemeinschaft direkt dem Papst. Für das Ordensstatut der sich rasch ausbreitenden (gelehrten) Gemeinschaft orientierte er sich an denen der Ritterorden. Wie diese war auch der Dominikanerorden zentral befehligt. An der Spitze stand der Generalmagister, der – trotz der hierarchischen Gliederung – jedem einzelnen Mitglied befehlen konnte. Gesetzgebende Instanz für den gesamten Orden bildete das Generalkapitel, zu dem sich die Vorsteher der einzelnen Provinzen unter Leitung des Generalmagisters versammelten. Ein wirksames Machtmittel in der Hand der Päpste wurde der Dominikanerorden dadurch, dass diese ihn mit der Durchführung der Inquisition betrauten. Abgesehen davon bildeten Dominikaner dank ihrer Infrastruktur ein wirksames Instrument für die Penetration und Integration der westlichen Christenheit von der päpstlichen Zentrale aus.

2. 4. 4. Juridisierung der Kirche
Hand in Hand mit dem Bemühen um Befreiung aus der Reichs-Kirchen-Einheit bemühten sich die Päpste auch um den Ausbau eines für die ganze

westliche Christenheit gültigen Kirchenrechts. Dieses wird kanonisches Recht genannt, da man die Paragraphen, in denen es formuliert ist – entsprechend der römischen Tradition der Kirche – Canones nennt. Die Canones enthielten zum Teil Konzilsbeschlüsse, zum Teil Rechtssetzungen durch Bischöfe und Päpste (Reskripte und Dekretalien).

Seit ihren Anfängen hatte die Kirche sich bemüht, ihre Struktur durch Rechtsnormen zu festigen. So hatte sie denn im Mittelalter gegenüber den weltlichen Herrschaftsverbänden einen beträchtlichen Vorsprung. Dazu kam, dass in der germanischen Tradition das Recht nicht wie in der römischen fortlaufend gesetzt und kodifiziert wurde, sondern als ungeschriebenes Gewohnheitsrecht lebte.

Beide Rechtsauffassungen ruhten jedoch auf der gleichen Grundlage. In beiden Fällen wurde angenommen, das Recht sei von Gott bzw. von den Göttern gesetzt worden. Allerdings war es bei den Römern selbstverständlich gewesen, neues Recht zu setzen, während dies bei Germanen – wenigstens in der Theorie – verpönt war. So war man denn in der weltlichen Rechtsprechung im „Heiligen" Reich bemüht, das „gute alte Recht" zu „finden".

In der Kirche hingegen war – aufgrund der Potestas sacra – Rechtssetzung üblich. Allerdings war dort wegen der Aufsplitterung in viele Teilkirchen eine Fülle unterschiedlicher Rechtsnormen entstanden: neben dem geschriebenen Recht auch eine Vielzahl lokaler Rechtstraditionen. Man hat sich jedoch schon früh bemüht, diese zusammenzutragen. So entstand schon um 500 die sog. Dionysische Rechtssammlung. Da sich aber viele kirchliche Rechtsvorschriften widersprachen, bemühte man sich schon in fränkischer Zeit – im Interesse der Reichseinheit – diese zu harmonisieren. Dabei tendierten besonders die Karolinger dazu, dem päpstlichen Recht besondere Anerkennung zu verschaffen.

Das Streben nach Vereinheitlichung des Kirchenrechts spielte sich auf zwei Ebenen ab. Auf der unteren Ebene galt es, die Aufteilung der Jurisdiktionsgewalt zwischen Diözesanbischöfen und Metropoliten (Erzbischöfen) zu regeln, was zu hartnäckigen Auseinandersetzungen führte. Überlagert wurden diese – im Rahmen des Seilziehens zwischen Episkopalismus und Papalismus – durch das Dominanzstreben der Päpste und den Widerstand, den die Bischöfe diesem entgegensetzten.

Seit Beginn der. Kirchenreform begannen die Päpste, auch in rechtsmaterieller Hinsicht das Ruder in die Hand zu nehmen. So kam schon 1140 die in deren Auftrag verfasste sog. Gratianische Rechtssammlung zustande. Dass diese nicht nur eine Sammlung war, sondern eine „Reinigung" von den

Päpsten nicht genehmen Normen, geht aus ihrem Namen „Concordantia discordantium canonum"(Harmonisierung sich widerstreitender Paragraphen) hervor. Mit der Gratianischen Sammlung war die Entwicklung zum zentralisierten Kirchenrecht eingeleitet. Im Zug der Ausweitung des päpstlichen Machtanspruchs wurde die Zentralisierung zielbewusst fortgesetzt. So entstanden in der Zeit von 1140-1240 sechzig (!) derartige Sammlungen, wobei in jede neues, von Päpsten gesetztes Recht einging.

Vom Inhalt her umfasste (und umfasst) das kanonische Recht Sakramentenrecht, Verfassungsrecht, Sachenrecht, Strafrecht und Prozessrecht. Uns interessiert hier nur das Verfassungsrecht. In diesem wurde (und wird) die Ausübung der „heiligen Gewalt" (Potestas sacra) in ihrem ganzen Umfang geregelt: erstens als Regierungsgewalt (Potestas regiminis), wobei Legislative, Exekutive und Judikative noch ungetrennt in einer Hand vereinigt sind, zweitens als Lehrgewalt (Potestas docendi) und drittens als Weihegewalt (Potestas sacramentalis). Dass das gesamte kirchliche Gebäude – die sog. Klerikerkirche – auf dem Begriff der Weihegewalt ruht, habe ich erwähnt.

Der Begriff Klerikerkirche setzt voraus, dass eine Gruppe vorhanden ist, an der die „heilige bzw. klerikale Gewalt" ausgeübt werden kann. Es sind die Laien. Diese „sind" darauf angewiesen, dass ihnen der kirchliche Adel – gemäß dem auf archaischem Denkmuster beruhenden Sakramentenrecht – den Zugang zum Himmelreich erschließt.

Die Beziehung der Kleriker untereinander wird in dem Sinne geregelt, dass die volle Potestas sacra von Bischof zu Bischof weitergegeben wird, die Bischöfe diese jedoch bei der Priesterweihe an den zu Weihenden nur verdünnt weitergeben. Verdünnt bedeutet hier, dass ein Priester keine anderen Priester weihen kann. Im Verfassungsrecht wirkt sich das dann so aus, dass die Bischöfe und der aus ihren Reihen gewählte Papst den Hochadel bilden, die Priester den Kleinadel. Als verfasste Körperschaft wird die katholische Kirche durch diese Bestimmungen zu einem Fürstenstaat, an dessen Spitze der Papst als Monarch steht. Durchgeführt wird die Wahl des Monarchen durch die Kardinäle. Da der regierende Papst diese jeweils aus den Reihen der Bischöfe ernennt, kann er die Wahl seines Nachfolgers – und damit die Fortsetzung der von ihm eingeschlagenen Politik – weitgehend beeinflussen.

Eine eigentliche Wissenschaft des kanonischen Rechts – Kanonistik genannt – konstituierte sich im Investiturstreit. Ihre Geburtsstätte war die Universität von Paris. Eine Leistung des ersten großen Kanonisten – des Yvo von Chartres – war die schon erwähnte Unterscheidung zwischen geistlichen und weltlichen Angelegenheiten.

Diese Unterscheidung musste dann auch an der Masse der kirchenrecht-lichen Bestimmungen durchgeführt werden. Die Folge war die Unterschei-dung zwischen göttlichem und menschlichem (Kirchen-)Recht, wobei das göttliche – im Unterschied zum menschlichen – als unveränderlich galt. De facto blieb diese Unterscheidung jedoch ein Lippenbekenntnis. Aus der alten theokratischen Denkweise heraus kam es dazu, dass die Unveränderlichkeit des als göttlich bezeichneten Rechts mit der Zeit – im Denken – den gesam-ten kirchlichen Rechtsbereich sozusagen überdeckte. Da die Päpste in rechtli-chen Fragen die letzte Instanz zu sein beanspruchten, trug diese Entwicklung ganz wesentlich zur Unterstützung der angestrebten päpstlichen Kirchenherr-schaft bei.

Dabei soll aber nicht übersehen werden, dass die Juridisierung der Kir-che – neben deren Zentralisierung – viel zur Förderung des schon erwähnten gesamteuropäischen Kulturraumes beigetragen hat. Besonders bedeutsam waren dabei der überall in gleicher Weise vollzogene Eucharistie-Ritus sowie die allgemeine Verwendung der lateinischen Sprache. Indem die Päpste durch die Schaffung dieses einheitlichen Raumes ein Gegengewicht schufen zur Tendenz der werdenden europäischen Staaten, sich zu profilieren und zu kon-kurrenzieren, trugen sie zur Entstehung eines weiteren – bedeutsamen – Fak-tors" für das Zustandekommen der Bewusstseins-Mutation bei.

2. 5.   Die Kommunalbewegung

Die Grundherrschaft hatte zur Trennung zwischen einer adeligen Herrenschicht und einer Schicht unfreier Bauern geführt. In den Städten waren Einwohner adeligen Stadtherren – weltlichen oder geistlichen – untertan. Von dieser Trennung sind, wie gesagt, zwei bedeutsame Entwicklungen ausgegangen: eine „nach oben" und eine „nach unten". Dass das Reichs -Lehenssystem, in das die Herren eingebunden waren, den Ausgangspunkt für die Entwicklung „nach oben" – für die Entwicklung staatlicher Institutionen – bildete, haben wir gesehen.

Nun sind noch die gesellschaftlichen Veränderungen zu betrachten, die von der Schicht der Unfreien ausgegangen sind. Auch diese bildeten einen wesentlichen Faktor für die Ermöglichung dessen, was ich die Mutation des Bewusstseins nenne.

2. 5. 1.   Dorf und Dorfverfassung

Im frühen fränkischen Reich lebte die bäuerliche Bevölkerung vorwiegend in Weilern. Zur Zeit der Karolinger und Ottonen fand dann eine so genannte Verdorfung statt. Diese erfolgte nicht zuletzt unter dem Druck der Bedrohung der Bauern durch die Magyaren und durch innerfränkische Fehden, aber auch infolge der zunehmenden Organisation des Landes durch Adel und Kirche.

Die Grundeinheit des Dorfes war das eingezäunte Gehöft. Der Zaun (Etter genannt) diente zum einen dazu, die Haustiere – insbesondere das Federvieh – zusammenzuhalten. Er umgrenzte aber zugleich die häusliche Gewalt des Bauern und umschloss damit den Hausfrieden.

Die Gesamtheit der Höfe – das Dorf, in dessen Mitte oft eine Kirche stand – war ebenfalls von einem Zaun, dem Ortsetter, umgeben. Außerhalb von diesem lag die sog. Dorfgemarkung, zu der auch die Allmende gehörte: Weide- und Waldflächen, die von allen Bauern des Dorfes genutzt werden durften.

Im Zug der „Verdorfung5" bildeten sich rechtliche Binnenstrukturen aus, da man für nachbarschaftliche Beziehungen sowie für gemeinsame Arbeiten Regelungen treffen musste. Wichtig für das in diesem Kapitel zu Besprechende ist nun, dass die dabei entstehende Dorfverfassung – im Gegensatz zu der herrschaftlich begründeten Hufenverfassung – auf der genossenschaftlichen Idee beruhte, d.h. dass sich hier Gleichgestellte zur Erfüllung gemeinschaftlicher Aufgaben zusammenfanden und den daraus sich ergebenden Verpflichtungen freiwillig unterwarfen.

Dies zu beachten ist deshalb wichtig, weil die genossenschaftliche Organisationsform von der später in den Städten entstandenen Kommunalbewegung aufgenommen wurde: von jener Bewegung, durch die sich schließlich neben der Adelsgesellschaft eine bürgerliche Gesellschaft etablierte.

Bevor wir auf die Kommunalbewegung eingehen, müssen wir jedoch die mittelalterliche Stadt betrachten. Städte hatte es ja in Gallien schon zur Römerzeit gegeben, doch hatte sich an diesen – im Zug des Übergangs vom römischen zum fränkischen Reich – eine grundlegende Transformation vollzogen.

2. 5. 2. Die mittelalterliche Stadt

Die Stadt war – ebenso wie das Christentum samt Kirche – sozusagen das Geschenk der Antike an das werdende Europa. Zwar hatten schon die Kelten Vorläufer der späteren Städte besessen: die schon erwähnten Oppida als zentrale Orte für Kult, Politik und Handel. Die Römer haben diese aber dann im Sinn der mediterranen Civitates bzw. Poleis ausgebaut.

Nach der Übernahme der Macht durch die Franken änderte sich sowohl Aussehen wie Funktion der Stadt beträchtlich. Dies ergab sich daraus, dass die Franken – wie alle Germanen – eine ganz andere Auffassung von der Funktion der Stadt im Reichsgefüge hatten. Während nämlich die Römer von der Stadt her dachten, dachten die Germanen vom Lande her. Dies ergab sich daraus, dass diese, als sie während der Völkerwanderung ins römische Reich eindrangen, sich auf dem Lande niederließen und dort – zumindest seit karolingischer Zeit – ihre Grundherrschaften und Herrensitze errichteten.

Zudem war römische Herrschaft zentral, germanische hingegen dezentral. Während der römische Kaiser in einer Hauptstadt residierte, reiste der des „heiligen" Reiches – mitsamt seinem Hof – im Lande herum und ordnete die Verhältnisse vor Ort.

Verschieden war auch die Art der Ausübung von Herrschaft. Während die Dekrete des römischen Kaisers in direkter Linie – über Beamte – den einzelnen Bürger erreichten und dessen Verhalten bestimmten, waren die germanischen Herrscher – wegen der Lehensstruktur ihrer Reiche – auf die Treue bzw. Gefolgschaft ihrer Vasallen und Aftervasallen angewiesen. So konnte z.B. der Kaiser keinen Vasallen eines Reichsfürsten zu einer Versammlung aufbieten, und den Bauern konnte er nur über die verschiedenen Stufen der Adelshierarchie erreichen.

Diese Unterschiede wirkten sich auf die Transformation der Städte aus. Vor allem verloren sie ihren großstädtischen Charakter. Dieser hatte in römischer

Zeit nicht so sehr auf ihrer Bevölkerungszahl beruht, sondern auf ihrem Eingebundensein in das reichsübergreifende Bezugsnetz. Wegen dessen Zerfall beim Untergang des römischen Reiches sowie wegen des dezentralen Charakters germanischer Herrschaft, wurden die Städte auf ihren Eigenbereich zurückgeworfen.

Dies geschah allerdings nicht überall im gleichen Ausmaß. Im 12. Jh. in dem die hier zu besprechende Kommunebewegung einsetzte, finden wir ein Gefälle der Urbanität von Süden nach Norden. Die größte Kontinuität römischen Städtewesens finden wir zu jener Zeit in Norditalien, das ja auch zum „heiligen" Reich gehörte. Dort waren noch beträchtliche Reste antiker städtischer Lebensweise im Verband mit römischer Rechtsordnung vorhanden.

Allerdings blieb auch in den mehr ländlichen Städten des Nordens eine gewisse Kontinuität bewahrt. Dazu beigetragen hat zum einen die romanische Bevölkerung, die dort in kleinstadtartigen Lebensformen weiterlebte. Zu diesen Romanen hinzu kamen in Bischofsstädten die zahlreichen Kleriker sowie – an fürstlichen Verwaltungssitzen – die Ministerialen. Neben diesen sowie den Gewerbetreibenden sicherten auch Träger des Fernhandels – z.B. in Mainz und Worms – ein Fortleben antiker Traditionen.

Ein besonders wichtiger Faktor im Städtewesen waren die Bischöfe, die ja seit der Antike in Städten residierten. Mit ihrem Dienst- und Verwaltungspersonal gewährleisteten sie nicht nur eine siedlungsmäßige, sondern darüber hinaus auch eine wenigstens rudimentäre geistige und kulturelle Kontinuität.

2. 5. 3. Die Entstehung der Kommune

Nun waren die Einwohner der Städte, zumindest nördlich der Alpen Unfreie. Ebenso wie die Grundholde dem Grundherrn, waren die Stadtbewohner dem Stadtherrn im vollen Sinne des Wortes untertan.

Seit dem 12. Jh. regte sich jedoch das Bemühen, sich der stadtherrlichen Kontrolle sowie der grundherrschaftlich begründeten persönlichen Unfreiheit zu entziehen. Dieses Bemühen ist unter dem Begriff „Kommunalbewegung" in die Geschichtsschreibung eingegangen. Es beruhte auf dem Gedanken der Gemeinde (Kommune). Dieser war aus einem neuen Verständnis persönlicher Freiheit sowie politischer Selbst- bzw. Mitbestimmung hervorgegangen. Mit Hilfe der genossenschaftlich verfassten Gemeinde erkämpfte man individuelle Freiheitsrechte sowie politische Selbstbestimmung. Das anvisierte Ziel war die Einführung einer Ratsverfassung: eines von den Gemeindemitgliedern gewählten Rates, der gegenüber den adeligen Herren die Interessen der Stadtbürger vertrat. Auch eine eigene Gerichtsbehörde wurde angestrebt.

Die Form, in der sich dieser Vorgang vollzog, war in der Regel die Schwurgemeinschaft (coniuratio). Meistens anlässlich eines Konflikts mit dem Stadtherrn kamen die Bewohner eines Orts zusammen und verpflichteten sich durch Eidesleistung in verbindlicher Form zu gegenseitiger Hilfe. Von den Stadtherren wurde dies meistens als Verschwörung (conspiratio) aufgefasst. Erhebungen wurden denn auch meistens gewaltsam niedergeschlagen. Durch immer neue Anläufe gewann jedoch die beschworene Vereinigung Stabilität und erlangte schließlich eine Vertretung nach außen sowie eine gewisse Selbstkontrolle nach innen. Durch diese Entwicklung wurde die Einwohnerschaft der betreffenden Stadt zu einer Gemeinde im Sinne des öffentlichen Rechts.

Anlässe zur Bildung einer Schwurgemeinschaft war das eine Mal die Besetzung eines Bischofsstuhles mit einer unbeliebten Persönlichkeit, ein anderes Mal die Einsetzung eines missliebigen Adeligen als weltlichen Stadtherrn.

Beeinflusst und gefördert wurde die Kommunebewegung durch die Auseinandersetzungen im Gefolge des Investiturstreits. Neu war nämlich, dass die Diskussion um die Beseitigung kirchlicher Missstände nicht mehr nur im Kreis der Kleriker stattfand, sondern dass sich nun – zumindest in den Städten – auch das „niedere Volk" daran beteiligte. Darin zeigte sich auch, dass die priesterliche Autorität nicht mehr ungefragt als gottgegeben hingenommen wurde.

In der Tatsache, dass sich das „Volk" zudem nicht mehr mit der Diskussion begnügte, sondern oft auch kämpferisch gegen die Oberschicht vorging, zeigte sich ferner, dass es nicht mehr bereit war, sich mit der Rolle der „Beherrschten" abzufinden.

Ihren Anfang nahm die Kommunebewegung in den Städten Oberitaliens um 1150. Führend war dabei Mailand. Begonnen hat dort die Rebellion mit der Entstehung der sog. Pataria im Rahmen der Kirchenreform. Die Pataria war eine radikale religiöse Laienbewegung, die sich zuerst gegen die Verkommenheit des höheren Klerus richtete. Besondere Dynamik erhielt sie dadurch, dass sie auf der Seite der Päpste stand, während die Kirchenprovinz Mailand sich diesen widersetzte und sich grundsätzlich von Rom nicht dreinreden ließ. Die Patariabewegung verzahnte sich jedoch mehr und mehr mit einer politisch-sozialen Erhebung wirtschaftlich erstarkter Stadtbewohner gegen den weltlichen Hochadel.

Neu war, dass nun über Fragen des Glaubens und der Politik öffentlich diskutiert wurde. Als zu erreichendes Ziel kristallisierte sich mit der Zeit ein weltliches heraus: die Einrichtung eines Stadtrates. Ein wirksames Instrumentarium zur Meinungsbildung sowie zur Formulierung der Forderungen war die Volksversammlung. Dass eine solche zustande kam sowie auch dass die Forderungen formuliert werden konnten, beruhte darauf, dass sich in den Städten Norditaliens eine Führungsschicht herausgebildet hatte, der auch Kleinadelige angehörten. Bis in Mailand ein Stadtrat errichtet war, dauerte es allerdings gut ein Jahrhundert, während dem es oft zu blutigen Auseinandersetzungen kam.

Nördlich der Alpen breitete sich die Kommunalbewegung bis nach England aus. Ausstrahlende Zentren waren nordfranzösische Städte, Städte am Rhein sowie in Flandern. Im Norden Frankreichs waren dies Cambrai und Laon, am Rhein vor allem Worms und Köln, in Flandern Brügge, Gent und St. Omer. Gemeinsam war allen das Streben nach politischer Selbständigkeit bisheriger Untertanen, das im Zug des Erwachens der europäischen Völker aufgekommen war.

Hand in Hand mit dem Streben nach politischer Selbständigkeit ging das Bemühen, sich aus grundherrschaftlich begründeten persönlichen Abhängigkeiten wie Eheerlaubnis und Todesfallabgabe zu befreien. Auch ging es um Befreiung von der Gerichtsbarkeit des Stadtherrn. Durch Konzessionen, die dem Stadtherrn abgerungen wurden, bildete sich – neben dem grundherrlichen Rechtskreis – schrittweise ein bürgerlicher heraus. Das Ergebnis war wirtschaftliche und politische Freiheit im Sinne von Adelsunabhängigkeit sowie Rechtsgleichheit der Stadtbürger.

Die Wege, auf denen diese Ziele erreicht wurden, waren verschieden. Sie variierten zwischen bloßer Verweigerung und bewaffneten Aufständen. Auch knüpften sie an unterschiedliche Voraussetzungen an: zum Teil an früher erworbene Markt- und Handelsrechte, zum Teil an die im 10. Jh. aufgekommene Gottesfriedensbewegung, bei der die Bevölkerung jeweils auf Bistumsebene zur Selbsthilfe gegen Adelsfehden organisiert worden war. Gemeinsam aber war allen kommunalen Erhebungen die Schwurvereinigung der Stadtbewohner. Entscheidend für den Erfolg war immer das Aufkommen einer kompetenten Führungsschicht. In dieser spielten – neben reich gewordenen Kaufleuten und Gewerbetreibenden – vor allem Ministeriale (vom Adel eingesetzte, halb unfreie Amtsträger) eine Rolle wegen ihrer Erfahrung in Führungs- und Verwaltungsaufgaben.

2. 6.   Die Universität

Das Aufkommen der Kommunebewegung ist in einem größeren Zusammenhang zu sehen. Ebenso wie die schon erwähnten Bemühungen um eine Reform der Orden, die Ausbildung staatlicher Strukturen sowie der Aufbruch in der Theologie war sie Ausdruck eines allgemeinen Erwachens aus dem Jahrhunderte langen Dornröschenschlaf, das sich nach der Jahrtausendwende bemerkbar machte.

In diesem Erwachen sehe ich die Manifestation der evolutionären Tendenz, welche damals zur Mutation des abendländischen Bewusstseins ansetzte. Meistens wird zwar der Ansatz zur „neuen Zeit" in der Renaissance gesehen. Mit dieser trat jedoch nur etwas ans Licht, das sich in den Jahrhunderten zuvor – zumindest untergründig – entwickelt hatte. Stattgefunden hatte diese Entwicklung im Rahmen der Theologie, und zwar in jener neuen Art von Theologie die man Scholastik nennt. Diese aber hatte sich nur entwickeln können, weil zur gleichen Zeit zu den schon vorhandenen historischen Faktoren ein weiterer dazugekommen war: die Institutionalisierung von Lehre und Forschung in Gestalt der Universität.

Die Universität hat am meisten bzw. am direktesten zur Mutation des Bewusstseins beigetragen. Sie war ein weiteres – man kann sagen das eigentliche – Spezifikum Europas. In ihr wurden Lehre und Forschung so institutionalisiert, dass gleichsam ein Gefäß entstand, in dem sich der (notwendig gewordene) fundamentale Wandel des Welt- und Menschenbildes vollziehen konnte.

Natürlich entstand sie nicht aus heiterem Himmel. Zum einen setzte sie die bis dahin beschriebenen herrschaftlichen und gesellschaftlichen Strukturen voraus, zum anderen eine gewisse Entwicklung des Schulwesens.

Betrachten wir deshalb zuerst das europäische Schulwesen, das vor der Entstehung der Universität bestand. Diese Betrachtung ist ernüchternd. Wenn nämlich der früher übliche Ausdruck „finsteres Mittelalter" heute noch berechtigt ist, dann für jenen Bereich, den man als Schulbildung bezeichnet. In dieser Hinsicht war es in Europa zwischen dem 6. und dem 8. Jh. tatsächlich dunkel und zwar in zweierlei Hinsicht. Zum einen, was das Vorhandensein von Schulen betraf, zum anderen in Hinblick auf das, was zu jener Zeit Schulen überhaupt an Wissen hätten vermitteln können. Blicken wir zuerst auf die Schulen.

2. 6. 1. Die Bildungsreform der Karolingerzeit

Unter Karl dem Großen vollzog sich jener kulturelle Aufbruch, der als karolingische Renaissance in die Geschichtsbücher eingegangen ist. Dieser umfasste neben der Ausbildung neuer politischer, staatlicher, wirtschaftlicher und militärischer Strukturen auch das Bildungswesen. Dabei ist zu beachten, dass die Franken für die erstgenannten Bereiche auf Traditionen aufbauen konnten, die bei ihnen seit langer Zeit herangewachsen waren, dass jedoch Bildung – so wie wir sie verstehen – für sie etwas Fremdes war.

Wenn Karl diese förderte, dann nicht weil er einen besonderen Sinn für Bildung hatte. Sie sollte ihm vielmehr dazu dienen, sein Reich zu konsolidieren. Karls Reich umfasste ja verschiedene Ethnien mit unterschiedlichen Traditionen, Kulten und Stammesgesetzen. Da war es Karls Anliegen, diesen „Flickenteppich" zwecks besserer Regierbarkeit unter ein einheitliches „Gesetz " zu bringen. Unter diesem einigenden „Gesetz" verstand er das christliche. Wie schon gesagt, instrumentalisierte er zu diesem Zweck die katholische Kirche, deren Schirmherr er durch seine Krönung zum Kaiser geworden war.

Nun war aber zu jener Zeit der Bildungsstand des Klerus, der das christliche „Gesetz" hätte unter die Leute bringen sollen, kläglich. Beim Bemühen, diesen Notstand zu beheben, hatte Karl insofern eine glückliche Hand, als er den englischen Gelehrten Alcuin, den er nach der Niederwerfung der Langobarden in deren Hauptstadt Pavia kennen gelernt hatte, als „Kulturminister" für das fränkische Reich gewinnen konnte.

Vorrangige Aufgabe der karolingischen Bildungsreform war es, die Kleriker in Stand zu setzen, Werke des Altertums lesen, abschreiben und exerpieren zu können. Hierzu mussten die meisten von ihnen erst einmal richtig lesen und schreiben lernen. Hilfreich war dabei, dass die Schrift, die ja bis dahin vor allem der Verwaltung diente, schon durch Einführung der sog. karolingischen Minuskel vereinheitlicht und vereinfacht war. Vorbereitet worden war der Gebrauch der Minuskel – des Kleinbuchstabens – schon zur Zeit der Merowinger.

Ferner war es für die Kleriker erforderlich, sich Kenntnisse des Lateinischen anzueignen, damit sie die Schriften der Kirchenväter sowie die liturgischen Texte überhaupt verstehen konnten.

Initiator des ganzen Unternehmens war zwar Karl der Große. Der war aber selber noch Analphabet. Er war jedoch so weitsichtig, dass er an seinem Hof eine Schule gründete und Alcuin als deren Leiter einsetzte. An diese Hofschule kamen Adepten aus dem ganzen Reich, die dann das dort Erlernte in

Klöstern und an Bischofssitzen weitergaben, was mit der Zeit zur Entfaltung der Dom- und Klosterschulen führte.

Alcuin hat zwar im Verlauf seines Lebens viele Bücher „gelehrten" Inhalts verfasst. Für den Unterricht der Kleriker galt es aber, erst einmal solche für den Elementarunterricht zu erstellen. Erstaunlich ist, in welch kurzer Zeit der bestehende Bildungsnotstand überwunden wurde. Natürlich spielte dabei die Initiative Karls die entscheidende Rolle, ebenso der Glücksfall, dass er in Alcuin jemanden gefunden hatte, der das Ganze orchestrierte. Das rasche Voranschreiten der Bildungsreform wäre aber nicht möglich gewesen, wenn damals nicht eine ausgesprochene Bereitschaft – ja geradezu eine Begierde – zum Lernen vorhanden gewesen wäre. Darin kündigte sich schon das an, was ich als Erwachen aus dem Dornröschenschlaf bezeichne. Allerdings war es nicht mehr als ein erster Augenaufschlag, dem dann während mindestens zwei Jahrhunderten eine weitere Phase des Schlafes folgte.

Die karolingische Renaissance brachte auch die Einführung der grundherrschaftlichen Wirtschaftsform auf den königlichen Domänen mit sich. Indem viele Klöster diese übernahmen, wurden deren Mönche von körperlicher Arbeit entlastet und damit frei für Schreibarbeiten und einen bescheidenen Ausbau des Schulwesens.

2. 6. 2. Das Erbe

Betrachten wir nun das, was Schule damals hätte vermitteln können. Natürlich bestand dies nur in dem, was die Spätantike – genauer gesagt das untergehende weströmische Reich – dem werdenden Abendland an Wissen vererbt hatte. Unterscheiden wir daran den theologischen und den weltlichen Bereich. Das theologische Überlieferungsgut war niedergelegt in den Schriften der Kirchenväter. Allerdings waren den Abendländern nur die lateinischen zugänglich, da kaum noch jemand griechisch verstand.

Das weltliche Wissen war untergebracht in den sog. sieben freien Künsten: Grammatik, Philosophie und Rhetorik – den „Künsten des Wortes" – sowie Geometrie, Arithmetik, Astronomie und Musik, den „Künsten der Zahl". Der Inhalt dieser „Disziplinen" war jedoch kläglich. Wohl hatten die Griechen einst das profane Wissen – aufbauend auf den Leistungen der orientalischen Völker – zu beträchtlicher Blüte gebracht. Was davon am Ende der Antike – 600 Jahre nach der Blütezeit – noch übrig blieb, war nach dem Religionshistoriker Franz Overbeck „eine leblose, von den Quellen ihres Daseins (d.h. von der Beobachtung) abgeschnittene, daher unkontrollierbare und rettungslos der allmählichen Barbarisierung verfallene Schul- und Bücherweisheit" (Vorgeschichte und Jugend der mittelalterlichen Scholastik, Darmstadt 1971, S. 10).

Diese Trümmer hatten am Ausgang der Antike einige Autoren in „Enzyklopädien" zusammengefasst. Es waren dies der Nordafrikaner Marcianus Capella (vor 439), der sein Werk nach dem Schema der sieben freien Künste einteilte, ferner der Italiener Cassiodor (477-570) sowie der Spanier Isidor von Sevilla (gest.636) die diese Einteilung übernahmen. Die Schriften dieser Autoren waren dann die Lehrbücher des frühen Mittelalters. Ihr Inhalt war allerdings weitgehend so abstrus, dass sich einem heute bei der Lektüre oft die Haare sträuben.

Auszunehmen von diesem Verdikt ist jedoch das, was man damals Philosophie genannt hat. Vom Inhalt her war es nicht viel, doch war es für die abendländische Entwicklung bedeutsam. Der größte Teil der griechischen Philosophie war ja von den Kirchenvätern in die christliche Dogmatik hinein verarbeitet worden. Was hierzu nicht passte – viel Inhaltliches von Aristoteles – war ausgeschieden. So ging denn allein die Logik – als weltanschaulich neutrales Gebilde bzw. inhaltslose Lehre des gerichteten Denkens – in die Rubrik „Philosophie" der sieben freien Künste ein. Dabei muss aber als Glücksfall für die spätere Entwicklung gewertet werden, dass diese Rubrik zwei besonders wertvolle Werke enthielt: das Organon und die Isagogä.

Das Organon (Werkzeug) umfasste sechs auf Aristoteles selber zurückgehende Schriften: die Kategorienlehre, die Lehre vom Urteil, die Lehre von den Schlüssen und vom wissenschaftlichen Beweis, ferner die Lehre von der Disputierkunst und von den Trugschlüssen sowie deren Widerlegung. Die Isagogä (Einführung) war ein von Porphyrius, dem Lieblingsschüler Plotins (um 300 nach Chr.) verfasster Kommentar zur Kategorienlehre (dem ersten der 6 Bücher des Organon).

Da das von der Antike übernommene Bildungsgut im frühen Mittelalter fast nur rezipiert, kaum jedoch verarbeitet oder weiterentwickelt wurde, beschränkte man sich bei der Ausbildung in Philosophie an den Dom- und Klosterschulen darauf, die Regeln der Logik einfach zu pauken. Dies änderte sich ab dem 11. Jahrhundert, als das erwähnte Erwachen des europäischen Geistes aus dem Jahrhunderte langen Dornröschenschlaf stattfand.

2. 6. 3. Die Scholastik

Am Nachhaltigsten und auch Folgenschwersten erwies sich dieses Erwachen im Bereich der Theologie. Hier kam nämlich das Motto „fides quaerens intellectum" auf. Dies heißt auf Deutsch: „Der Glaube bedarf der Vernunft".

Sinngemäß übersetzt: „Das Glaubensgut bedarf der (logischen) Analyse und Begründung". Was für verheerende Folgen die Umsetzung dieses Programms – auf lange Sicht – für die Theologie haben sollte, ahnte damals wohl niemand. In diesem Postulat manifestierte sich nämlich jener Impuls, der erstmals auf dieser Erde zur Entstehung einer empirischen Wissenschaft geführt hat: ein Impuls, der wohl der evolutionären Tendenz zuzuschreiben ist.

Um dies zu verstehen ist allerdings zu bedenken, was hier unter Glauben (fides) gemeint war. Theologen unterscheiden nämlich zwischen Glauben an etwas (fides, quae creditur) und dem Glauben im Sinn von Glaubensgewissheit bzw. Gottvertrauen (fides qua creditur). Analysiert und begründet werden musste natürlich nur das „Glaubensgut" bzw. die „christlichen Heilswahrheiten". Auf diese sollten nun die während Jahrhunderten nur gepaukten aristotelischen Regeln des Denkens angewendet werden, was zu jener besonderen Form von Theologie führte, die man heute Scholastik nennt.

Nun ist die Theologie nicht eine rein objektivierende – nur Sachverhalte ergründende – Wissenschaft, sondern, wie heute die Tiefenpsychologie, auch eine existenzielle, d.h. eine Wissenschaft, deren Erkenntnisse in gelebtes Leben umzusetzen sind.

Im Mittelalter bildete sich so etwas wie eine Arbeitsteilung heraus, indem die Scholastik sich an den Universitäten entfaltete, während das Bemühen, christlich zu leben, in den geistlichen Orden gepflegt wurde. Allerdings befruchteten sich die beiden Richtungen gegenseitig, indem sozusagen alle Lehrer an den theologischen Fakultäten Ordenleute waren, somit eine Schulung im geistlichen Leben durchlaufen hatten.

Begonnen hat das Suchen nach Verständnis der Glaubensinhalte damit, dass Theologen begannen, Sammlungen von Sentenzen – Aussagen der Bibel und der Kirchenväter – anzulegen, diese nach ihrem Inhalt zu ordnen und sogar zu analysieren. Die berühmteste dieser Sammlungen war die des Petrus Lombardus. Sie enthielt die Lehre von Gott, von der Schöpfung und der Erlösung und wurde in der Folge das grundlegende Unterrichtsbuch des Theologiestudiums. Sie diente während des Hoch- und Spätmittelalters als Grundlage für die Reflexion des christlichen Glaubensguts. Als Meisterleistungen dieser Reflexion entstanden die „Summen": eine Art Gesamtkunstwerke, von denen dasjenige des Thomas von Aquin wohl das bekannteste ist.

2. 6. 4. Die Entstehung der Universität

Die Universität als Institution für Lehre und Forschung" wurde weder von kirchlichen noch von weltlichen Herrschern – also nicht „von oben" – geschaffen. Zwar wurde sie von den Herrschern nachträglich approbiert und auch mit Privilegien ausgestattet. Entstanden ist sie jedoch „von unten": durch freiwilligen Zusammenschluss fortschrittlich eingestellter Lehrer und Schüler.

Erst einmal gingen einige Theologen mit Elan daran, die Logik des Aristoteles nun auch praktisch anzuwenden. Dies erforderte allerdings einen neuen Schultyp. Bis dahin war Bildung an den Dom- und Klosterschulen vermittelt worden. Dort war sie aber recht bescheiden. Sie bestand – außer dem Erlernen von Lesen und Schreiben – in der Einführung in die (recht kläglichen) „sieben freien Künste" sowie (hauptsächlich) in der Lektüre der Kirchenväter.

Domschulen befanden sich an den Bischofssitzen und dienten der Heranbildung weltlicher – nicht in einen Orden eingebundener – Kleriker. Als nun der neue Geist unter dem Motto „fides quaerens intellectum" sich regte, passten Theologen, die davon erfasst wurden, bald nicht mehr in den traditionellen Schulbetrieb. Sie machten sich deshalb selbständig und scharten wissbegierige Schüler um sich. Einer der bekanntesten unter diesen war der aufmüpfige Peter Abälard (1079-1142).

Aus dem Zusammenschluss solcher Lernvereine, die nur durch die Person des Lehrers zusammengehalten wurden, sind die Universitäten hervorgegangen. Von besonderer Bedeutung für die Zukunft war dabei zum einen, dass sie genossenschaftlich – nicht herrschaftlich – organisiert waren, zum anderen, dass sie sich von Anfang an in Fakultäten gliederten.

Tonangebend beim Prozess der Universitätsbildung waren Paris und Bologna. Gemessen an den dortigen Zuständen kann die Ausbildung der Grundstruktur der mittelalterlichen Universität im Jahre 1260 als abgeschlossen bezeichnet werden. Der Prozess war jedoch nicht so glatt verlaufen, wie ich ihn hier skizziert habe.

Die Vorstufe der Universität bildete, wie erwähnt, das Privatlehrertum, das sich vor allem im 12. Jh. entfaltete. Da aber die Lehrer sowie deren Schülerkreise gegeneinander abgeschottet und häufig miteinander zerstritten waren, kam das Bedürfnis nach einer Ordnung der sehr freien Verhältnisse auf.

Ausschlaggebend war dabei wohl der Wunsch nach geordneten und einheitlichen Studieneinrichtungen. Dabei ging es nicht nur um Vereinheitlichung der Lehre, sondern ebenso um Integration der Lernvereine in die bestehende Gesellschaft. Zwar lebten die Schüler eines Lehrers mit ihrem Haupt als für sich bestehende Genossenschaften, doch waren diese wegen der Herkunft ihrer Mitglieder aus den verschiedensten Gegenden land- bzw. stadtfremd, was oft zu Konflikten mit den Eingesessenen führte. Die Tatsache, dass es für einen großen Verband leichter war sich durchzusetzen als für viele kleine, mag mit ein Grund gewesen sein, dass Lehrer ihre Selbständigkeit aufgaben, obwohl sie dabei an Prestige einbüßten.

Die neu gebildeten Verbände, die später als Universitäten bezeichnet wurden, hatten anfänglich einen hartnäckigen Kampf nach zwei Seiten zu führen: zum einen gegen die Ansprüche des Grundherrn, dessen Einverständnis für die Errichtung einer Schule nötig war, zum anderen gegen die Kirche, die sich als für die Lehrinhalte allein zuständig erachtete. Alles in allem gelang es ihnen jedoch, sich nach beiden Seiten eine beträchtliche Unabhängigkeit zu erringen und sich mit Privilegien ausstatten zu lassen.

Dank diesen konnten die Universitäten über die Jahrhunderte hinweg ihre Autonomie bewahren. Sie waren Persönlichkeiten des öffentlichen Rechts, konnten selbständig Fragen des Lehrbetriebs, der Prüfungen, der Zulassung von Lehrern und Studenten sowie der Disziplin regeln und verfügten über eine eigene Gerichtsbarkeit.

Das genossenschaftliche Modell ging sogar in den Namen der neu geschaffenen Institution ein. Herangereift war es, wie gesagt, in den Dörfern der Grundherrschaften sowie in den nach Unabhängigkeit strebenden Städten. Nun nannte man im lateinisch sprechenden Mittelalter Genossenschaften universitates. Bürgergenossenschaften hießen universitates civium. Analog wurden die Lehrer-Schüler- Genossenschaften universitates magistrorum et scholarum genannt, was dann unter dem Ausdruck „Universität" in den allgemeinen Sprachgebrauch eingegangen ist.

Charakteristisch für die europäische Universität war aber nicht nur ihre genossenschaftliche Gesamtstruktur, sondern auch ihre Unterteilung in Fakultäten. Diese waren – ebenfalls genossenschaftlich organisierte – Gruppen, zu denen sich Lehrer des gleichen Fachgebiets zusammenschlossen. An ihrer Spitze stand jeweils ein Dekan. Gegeneinander grenzten sie sich insofern ab, als sie eigene Versammlungen abhielten, eigene Statuten hatten und sich von anderen Fakultäten nicht dreinreden ließen.

An der Universität von Paris, der ersten und lange Zeit bedeutendsten, gab es vier Fakultäten. Dabei galten die theologische, juristische und medizinische als obere, während die Artisten-Fakultät, welche die sieben freien Künste – artes liberales genannt – umfasste, lange Zeit nur als Vorstufe für das eigentliche Universitätsstudium galt. Der Universität als Ganzem standen ein Rektor sowie ein Kanzler vor.

Mit der Fakultätsbildung vollzog die mittelalterliche Universität eine entscheidende Weichenstellung. Durch sie wurde dem Anspruch der Theologie, alleinige Wissenschaft zu sein, ein Riegel vorgeschoben. Voll ausgewirkt hat sich dies erst später, beim Aufkommen empirisch arbeitender Disziplinen. Die Jurisprudenz konnte im Mittelalter noch als Hilfswissenschaft der Theologie gelten, fand doch gerade zu jener Zeit die Juridisierung der Kirche statt, was eine große Nachfrage nach juristisch gebildeten Klerikern nach sich zog.

Als aber später empirische Disziplinen aufkamen, diente die Artistenfakultät mit ihren verschiedenen Abteilungen gleichsam als Regal, in dem die neuen Forschungseinrichtungen untergebracht werden konnten, ohne dass dabei die Struktur der Universität grundlegend verändert werden musste.

Nun war das Erwachen des abendländischen Geistes im Kern ein Erwachen der Neugier. Diese wurde geradezu zu einem Charakteristikum Europas. Es war die Sehnsucht nach Neuem, bisher Unbekanntem. Um diese zu befriedigen und zu beflügeln war die Universität als Institution geradezu ideal. Zwar musste der Schüler sich erst einmal den Wissensstand seiner Zeit aneignen, doch zwangen ihn die Bedingungen für die Erreichung eines akademischen Grades dazu, etwas Neues zu erarbeiten. So war die Universität ihrem Wesen nach ein Gefäß, das Lehre und Forschung vereinte. Ein Gefäß zudem, das die Forschung zusammenhielt, d.h. vor Verzettelung bewahrte. Dazu kam, dass die Wände dieses Gefäßes in einem gewissen Sinn durchlässig waren: dass von der Universität zum einen Anregungen an die Umgebung ausgingen zum anderen Wissensinhalte, die außerhalb erarbeitet wurden, in sie eindringen konnten. Dies wirkte sich vor allem in späteren Jahrhunderten aus, als naturwissenschaftliche Forschung vorwiegend außerhalb der Universitäten stattfand, dann aber in diese aufgenommen und dort in das schon vorhandene Wissen integriert wurde. Die Institution Universität blieb während der ganzen Neuzeit sozusagen das Rückgrat des gesamten Bildungssystems.

Im Bereich der mittelalterlichen Theologie konnte allerdings von eigentlicher Forschung nicht die Rede sein. Warf man das Problem der Forschung überhaupt auf, stand für den Gelehrten von vornherein fest, zu welchem Ergebnis sein Forschen führen sollte: zur Bestätigung der christlichen Dogmen. Etwas anderes hätte (und hat) der Orthodoxie bewahrende Apparat der Kirche unterdrückt.

Einen unschätzbaren Dienst erwies die Kurie jedoch der Wissenschaft durch die 1233 erfolgte Verkündigung der „facultas hic et ubique docendi", d.h. der Ausdehnung der einmal erworbenen Lehrbefähigung auf die ganze christliche Welt. Damit war die mittelalterliche Universität in das Gesamtsystem europäischer Bildungspolitik hineingestellt bzw. mit diesem vernetzt.

Allerdings war Wissenschaft im Mittelalter – zumindest nördlich der Alpen – noch gleichbedeutend mit Theologie und kanonischem Recht. Philosophie galt als deren Dienerin und hatte sich dem theologischen Denken unterzuordnen. Da nun Theologie später von den empirischen Wissenschaften – einem neuartigen Typus von Wissenschaft – abgelöst bzw. überwunden worden ist, scheint mir hier der Ort zu sein, sich über die erkenntnistheoretischen Grundlagen der Theologie Rechenschaft zu geben. Dies ist nämlich die Voraussetzung dafür, das grundlegend Neue, das die empirische Forschung brachte, zu erfassen.

2. 6. 5.   Die Theologie ging aus der archaischen Weltsicht hervor

Theologen gibt es, seit es Religionen gibt. In jeder Religion – von den Stammes- bis hinauf zu den Hochreligionen – gab es „Kundige", die sich mit dem jeweils gültigen Mythos besonders gut auskannten. Eine theologische Wissenschaft im Sinne dessen, was wir heute unter Wissenschaft verstehen, kam jedoch erst im Mittelalter auf.

Die Theologen der Väterzeit waren entweder freie Gelehrte, die nach Art der griechischen Philosophen einen Schülerkreis um sich versammelten, oder sie waren kirchliche Amtsträger wie z.B. Augustinus. Diese Kirchenväter hatten noch wenig Neigung zu Systematik. Sie beschränkten sich in der Regel auf Kommentare zum „geschriebenen Wort Gottes" sowie auf Monographien zur Verteidigung der „rechtmäßigen Lehre" gegenüber Heiden oder Häretikern.

Als Vorläufer einer wissenschaftlichen Theologie können die erwähnten Sentenzensammlungen gesehen werden. Auf den Schultern der Sentenzianer erbauten dann die „großen" Scholastiker Summen, d.h. umfassende, systematische Gedankengebäude. In diesen war jedoch Theologie noch eine ungetrennte Einheit von Dogmatik, Moral und einer naiven, gänzlich ahistorischen Exegese.

Das erkenntnistheoretische Fundament, auf dem alle Theologien aufbauten, war der archaische Offenbarungsbegriff: die Vorstellung, ein Gott habe sich den Menschen mitgeteilt. Die Annahme, metaphysische Wesen können sich dem Menschen mitteilen, war ja ein Charakteristikum der archaischen Weltsicht. Die Aufgabe der Theologen bestand dann darin, dieses „von Gott Mitgeteilte" (Offenbarte) auszulegen bzw. zu deuten. Theologie zu betreiben war (und ist) somit ihrem Wesen nach eine deutende Tätigkeit.

Die christliche Theologie baute jedoch nicht allein auf der für Archaiker typischen, nicht hinterfragten Annahme auf, Gott habe sich den Seinen mitgeteilt. Indem nämlich die erwähnten griechischen Apologeten gleich beim Zustandekommen des Christentums „bewiesen", dass die „in Jesus Christus erfolgte" Offenbarung die offenbarte Wahrheit sei, und dass alle früheren Offenbarungen „nur Mythen" gewesen seien, betonierten sie jenes solide Fundament, auf dem dann während nahezu zweitausend Jahren alles Denken christlicher Theologen aufbaute. Auch begründeten sie damit jene abwertende Bedeutung des Ausdrucks „Mythos", die diesem heute bei Theologen zukommt, und es diesen so schwer macht einzusehen, dass auch das christliche „Glaubensgut" ein Mythos ist.

Wie indiskutabel und über jeden Zweifel erhaben das von den griechischen Kirchenvätern betonierte Fundament für christliche Theologen über all die Jahrhunderte war, zeigt sich darin, dass die Dogmatiker bis zum 19. Jh. keinen eigentlichen Offenbarungstraktat geschaffen haben, während sie alle übrigen theologischen Themen ungezählte Male in gesonderten Traktaten abhandelten. Zwar gründeten katholische Theologen im 20. Jh. die Disziplin „Fundamentaltheologie", welche beansprucht, das (erkenntnistheoretische) Fundament der Theologie darzustellen. In den umfangreichen fundamentaltheologischen Werken wird jedoch nur beschrieben, wann, wo und wie Gott sich offenbart hat. Die Frage jedoch, wie man heute – im Licht der Entdeckungen der Tiefenpsychologie – den Offenbarungsvorgang versteht, wird konsequent ausgeblendet.

Nun unterschied die traditionelle Dogmatik zwischen natürlicher und übernatürlicher Offenbarung. Als natürliche galt jenes Wissen über Gott, zu dem der Mensch gelangen kann, wenn er „mit dem Licht seiner Vernunft" über das Woher der sichtbaren Welt nachdenkt. Es ist der Weg, den die Vorsokratiker beschritten haben. Das Wissen über Gott, das durch diese „natürliche Offenbarung" (die ja keine eigentliche Offenbarung ist) gewonnen wurde, galt jedoch als unvollständiges Wissen, das noch der Ergänzung durch die übernatürliche Offenbarung bedurfte.

Diese galt – entsprechend dem Muster archaischen Weltverstehens – als Sprechen Gottes zu den Menschen. Man gab zwar zu, dass Gott schon in vorchristlicher Zeit zu den Heiden und vor allem zu den jüdischen Propheten gesprochen habe. Diese Offenbarung galt aber als vorläufige, zum Teil verzerrte und auf jeden Fall unvollständige. Es wurde gelehrt, die eigentliche und vollständige übernatürliche Offenbarung sei erst durch Jesus, den Mensch gewordenen Logos erfolgt. Man nahm ferner an, der übernatürliche Offenbarungsvorgang sei mit dem Tode der Apostel zum Abschluss gekommen, und es erfolge keine neue Offenbarung mehr bis zur Wiederkunft Christi „am Ende der Zeiten". Das übernatürlich Offenbarte sei in der Bibel festgehalten. Aus den von der Kirche als kanonisch anerkannten biblischen Schriften – und nur aus diesen – könne das gesamte dem Menschen geschenkte Wissen über Gott geschöpft werden. Zuständig für dieses Schöpfen seien die Theologen, allerdings unter der Einschränkung, dass das kirchliche Lehramt gegen die Ergebnisse ihres „Forschens" nichts einzuwenden habe.

Von den Texten, welche de facto als übernatürliche Offenbarung betrachtet und für die dogmatische Beweisführung benützt wurden, war jedoch die Bibel nur ein Teil, und zwar ein verschwindend kleiner, obwohl die offizielle Theorie lehrte, die Bibel enthalte die gesamte Offenbarung. Zur Auctoritas – so nannte man im Mittelalter die Gesamtheit der Offenbarungstexte – zählte die Theologie neben der Bibel auch die Schriften der Kirchenväter, allen voran die des Augustinus, ferner Texte der Liturgie, die Glaubensbekenntnisse und außerdem die kirchlichen Lehrentscheidungen, seien diese von Konzilien oder von Päpsten erlassen.

Man bezeichnete diese nichtbiblischen Texte als Überlieferung. Dass man sie als vollwertige übernatürliche Offenbarung behandelte, rechtfertigte man dadurch, dass man sagte, sie enthalte nur Aussagen, die „im Keime" schon in der Bibel enthalten seien. Weil der Heilige Geist sowohl die Autoren wie auch die „Überwacher" der Überlieferung inspiriert habe, sei Gewähr gegeben, dass diese die biblischen Keime in der richtigen Weise entfaltet haben. Dieser wohl unbewusste „fromme Selbstbetrug", der von der heutigen Warte aus leicht zu durchschauen ist, hatte allerdings eine wichtige Funktion: nur so nämlich war die noch notwendige Weiterentwicklung des Bewusstseins unter archaischer Weltsicht bis zur Etablierung des Begriffs „rein geistiges jenseitiges Wesen" möglich.

2. 6. 6. Die Dogmatik

Tatsächlich ist die Evolution des Bewusstseins während des ersten christlichen Jahrtausends weiter gegangen. Sie schritt voran auf dem metaphysischen Zweig, indem Theologen Klarheit über das Wesen Gottes zu erlangen suchten. Dabei sorgte die kirchliche Organisation dafür, dass der Prozess systematisch voranschritt und dass das jeweils Erreichte in Form von Dogmen festgehalten wurde.

Wie zu Beginn darüber nachgedacht wurde, inwiefern Jesus der Sohn Gottes gewesen sei, haben wir gesehen. Als nächstes wurde das Problem bearbeitet, ob der Sohn dem Vater wesensgleich sei. Ferner wurde „erkannt", dass Jesus wahrer Mensch und wahrer Gott zugleich gewesen war. Darauf trat der Heilige Geist ins Blickfeld der Theologen. Dabei entwickelte sich die Vater-Sohn- Dualität zum trinitarischen Gottesbild: zur paradoxen Vorstellung eines einen Gottes in drei Personen. Bald stellte sich die sog. Frage nach der innertrinitarischen Ökonomie: die Frage, ob der Heilige Geist aus dem Vater allein hervorgehe oder aus dem Vater und dem Sohn zugleich. In der Beantwortung dieser Frage zweigte sich die Christenheit ein weiteres Mal auf. Die byzantinische Kirche beharrte auf der Ansicht, er gehe aus dem Vater allein hervor. Die römische schloss sich dem Beschluss des Konzils von Toledo an, er gehe aus dem Vater und dem Sohne zugleich (ex patre filioque) hervor. Die byzantinische Kirche sowie deren Nachfolgerin, die russische, bezeichneten sich fortan als orthodoxe, d.h. rechtgläubige, während die römische seither die Meinung vertritt, diese hange einem Irrglauben an.

Das gesamte im Lauf der Jahrhunderte erarbeitete dogmatische Gebäude ist knapp zusammengefasst im Credo, dem Glaubensbekenntnis, das in jeder Messe rezitiert wird. Nach kirchlicher Theorie entstand es unter Einwirkung des Heiligen Geistes. Als nun im l2.Jh. das Postulat aufkam, dieses „Glaubensgut" müsse mit dem Licht des menschlichen Verstandes (des Intellekts) durchleuchtet werden, kam erstmals eine theologische Wissenschaft im eigentlichen Sinn zustande. Sie ging unter dem Namen Scholastik in den Sprachgebrauch ein.

2. 6. 7.   In der Theologie kommt gerichtetes Denken auf

Im Rahmen der Scholastik entstand eine neue, weiterführende Art des Denkens, die sich allerdings vorläufig noch innerhalb der archaischen Weltsicht bewegte. Es war das gerichtete Denken im Unterschied zu dem bis dahin üblichen kreisenden.

Liest man nämlich Schriften der Kirchenväter, stellt man fest, dass diese ein Thema sozusagen meditativ-assoziierend abhandelten, indem sie es umkreisten: indem sie rund um das Thema herum Zitate aus der Bibel oder der „Überlieferung" aneinanderreihten. Sehr schön ist dies z.B. an dem berühmten Traktat des Augustinus über die Trinität zu sehen.

Als dann das Motto „fides quaerens intellectum" aufkam, begannen Theologen, die aristotelische Logik nicht mehr wie bisher einfach zu pauken, sondern auf das Glaubensgut anzuwenden.

Das Erlernen der sieben freien Künste wurde nun zum Propädeutikum für das eigentliche Theologiestudium. Dabei trat das Fach „Philosophie" in den Vordergrund, mussten sich doch die angehenden Studenten die aristotelischen Regeln des gerichteten Denkens erst einmal aneignen.

Für den theologischen Schulbetrieb, d.h. für die Anwendung der Logik wurde in Gestalt der Disputatio eine effiziente Methode entwickelt. Bei diesem formalisierten Zwiegespräch stellte ein Partner eine These auf und bemühte sich, diese durch logische Argumentation – also nicht wie bisher durch Zitate – zu beweisen. Aufgabe des anderen Partners war es dann, dies – ebenfalls durch logische Argumentation – anzufechten, ev. Fehler bei den Schlussfolgerungen aufzuzeigen. So artete das Bemühen, das Glaubensgut zu verstehen, in Zweikämpfe aus, bei denen derjenige siegte, der die Regeln der Logik besser beherrschte.

Welche Brisanz dieses Vorgehen für die Glaubensinhalte in sich trug, zeigte sich schon früh bei der Klärung der Frage, auf welche Weise Christus in den vom Priester „gewandelten" Substanzen anwesend sei. So argumentierte z.B. Berengar von Tours (990-1088), es sei unlogisch zu behaupten, Brot und Wein werden in den Leib und das Blut Christi gewandelt, wenn sie nach der Wandlung noch gleich aussehen wie vorher. In der Sprache der Scholastik: es sei nicht logisch, eine Wandlung der Substanz bei gleich bleibenden Akzidenzien anzunehmen.

Das konnte die Kirche natürlich nicht dulden. In ihrem Orthodoxie bewahrenden Apparat – dem „Lehramt" – besaß sie jedoch ein Mittel, solche „Irrlehrer" in die Schranken zu weisen. So wurde denn Berengar auch gezwungen, seine These zu widerrufen.

Immerhin wurden die frühen Universitäten dank der Einführung der Dialektik, wie man damals die Logik nannte, zu Exerzierplätzen, auf denen sich der abendländische Mensch das gerichtete Denken antrainierte. Damit schufen die Scholastiker eine unabdingbare Voraussetzung für die spätere Entfaltung der empirischen Wissenschaften. Eine zweite, ebenfalls unabdingbare, ergab sich aus der Durchführung des sog. Universalienstreits.

2. 6. 8.   Der Beginn des Universalienstreits

Als Universalien bezeichnete man im Mittelalter die Allgemeinbegriffe (Abstrakta). Beim Universalienstreit ging es um die Klärung der Frage nach deren Existenzweise, also um die Frage, ob Begriffe für sich allein existieren können oder nicht. Wie früher ausgeführt, hat Plato diese Frage bejaht, während Aristoteles sie verneint hat. Zur Zeit der griechischen Klassik wurde de Lösung des Problems allerdings hinfällig, da bei der Sokratischen Wende die bis dahin geübte Grundlagenphilosophie von der Lebensphilosophie abgelöst wurde. Als es dann beim Zustandekommen des Christentums um die philosophische Untermauerung des christlichen Mythos ging, wurde die Auffassung Platons bevorzugt, da sie ja der für die archaische Weltsicht typischen, konkretistischen Auffassung des Mythos entsprach. So ist denn die christliche Dogmatik geradezu vom Platonismus imprägniert.

Während die Antike die Frage nach der Existenzweise der Allgemeinbegriffe der Zukunft überlassen hatte, wurde sie zur Zeit der Scholastik hoch aktuell. Die Evolution des Bewusstseins drohte ja damals an einem Plafond anzustoßen und erst die Lösung der Universalienfrage gab ihr den Weg für das weitere Voranschreiten frei. Die Auseinandersetzung dauerte gut zwei Jahrhunderte und ging unter dem Namen „Universalienstreit" in die Geschichte ein.

Allerdings nahmen die Scholastiker das Universalienproblem nicht bewusst in Angriff. Völlig unvorbereitet wurden sie auf das Problem gestoßen, als Roscellin (1056-1120) eine Abhandlung über das Trinitätsdogma schrieb.

Roscellin vertrat einen schroffen, auf die Dauer unhaltbaren Nominalismus. Er war der Ansicht, die Allgemeinbegriffe seien Flatus vocis, d.h. leere Worte, an denen nichts weiter Existenz habe als der Hauch der Stimme, mit der sie ausgesprochen wurden. In Wirklichkeit existierten nach ihm nur Einzeldinge. Als Roscellin mit dieser Auffassung an das Dogma der Trinität heranging, waren denn auch die Konsequenzen für die kirchliche Lehre verheerend. „Gott" sei nur ein Wort, sagte er. Was wirklich existiere seien die drei Personen Vater, Sohn und Heiliger Geist, also drei Gottheiten. Die Kirche reagierte denn auch prompt auf diese „Irrlehre" und zwang Roscellin zum Widerruf.

Nach den erschreckenden Ergebnissen der Roscellinschen Dialektik hätten vielleicht die zahlreichen Gegner der aristotelischen Methode die Oberhand gewonnen, wenn nicht Anselm von Canterbury (1033-1109) einen Weg gezeigt hätte, wie man die Dialektik in der Theologie verwenden konnte, ohne dadurch das „Glaubensgut" zu gefährden. Er lehrte, es gebe eine orthodoxe und eine häretische Dialektik. Orthodox sei ein Dialektiker dann, wenn er sich zur realistischen Auffassung der Universalien bekenne, zum Häretiker werde er jedoch, wenn er dem Nominalismus anhänge (!)

Anselms Argumentation ging von fragwürdigen Prämissen aus. Ihr Ziel bestand darin, das Herkömmliche zu verteidigen. Dies war damals wohl richtig, war doch die Zeit für das bildsprachliche Verständnis des Mythos noch lange nicht gekommen. Erst heute, da wir die Mythen als bildsprachlichen Ausdruck der im unbewussten Bereich der Psyche befindlichen Führungsinstanz (des „Selbst") verstehen, können wir gleichartige mythische Gestalten unter einem Sammelbegriff (Universale) wie z.B. „Weltenschöpfer" „menschennaher Gott", „verschlingende Mutter", „gute Mutter", „Held", „Psychopompos" usw. zusammenfassen. Auch können wir nun die unanschaulichen – meist psychischen – Sachverhalte, die durch diese „Universalien" veranschaulicht werden, ergründen.

Bis zur Entdeckung des Unbewussten aber musste die Theologie am konkretistischen Verständnis des Mythos – und damit am Begriffsrealismus – festhalten. Im Nachhinein kann nämlich gesehen werden, dass nur auf diese Weise der reiche, dem abendländischen Seelenhintergrund entstammende Gehalt der christlichen Bilderwelt über das entmythisierende Zeitalter des ideologischen Positivismus hinweg gerettet werden konnte. Auf diese Weise konnten die Kirchen das Seelenleben der meisten Abendländer weiterhin nähren, waren diese doch bis zur Entdeckung des arteigenen Unbewussten in den Belangen, die für das individuelle Schicksal wichtig sind, auf das archaische Verständnis des innerlich Wahrgenommenen angewiesen.

Auf jeden Fall war seinerzeit durch die Arbeit von Anselm die weitere Anwendung der Logik gesichert, allerdings nur bei realistischer (Platonischer) Auffassung der Abstrakta.

2. 6. 9. Die Hochscholastik

Um 1200 trat ein Ereignis ein, das in der Theologie einen Entwicklungsschritt herbeiführte. Es war das Bekanntwerden von Schriften des Aristoteles über Poesie, Ethik, Staatskunde, Physik und Metaphysik. Durch die Rezeption dieser Schriften wurde die bisherige sog. Vorscholastik zur Hochscholastik.

Nach Europa gekommen waren diese aristotelischen Schriften zu einem großen Teil vom spanischen Kalifat her. Allerdings hatten sie damals schon ein wechselvolles Schicksal hinter sich. Als nämlich im Verlauf des 7. Jh. die muslimischen Krieger die Byzantiner aus der Levante verdrängt hatten, übernahmen sie nicht nur die dort vorhandene Verwaltungsstruktur, sondern auch die Kultur einschließlich des antiken – ihnen fremden – Schrifttums. Dieses lag allerdings zum einen in unvollkommener syrischer Übersetzung vor; so auch die dem Aristoteles zugeschriebenen Schriften. Zum anderen hatten diese schon vor der Übersetzung ins Syrische nicht mehr ihre ursprüngliche Form, waren sie doch im Sinne des – von gnostischem Gedankengut durchtränkten – Neuplatonismus überarbeitet worden. Dazu kam, dass damals unter den Texten, die dem Aristoteles zugeschrieben wurden, viele neuplatonischen Ursprungs waren.

Seit dem 9. Jh. bemühten sich dann islamische Gelehrte, die ihnen vorliegenden Gedanken des Aristoteles in den Islam einzuarbeiten. Heute wird dies von Muslimen häufig als Aufklärung hochgespielt. Dabei wird die Tatsache verdrängt, dass diese „Aufklärer", die sog. Mutaziliten, damals auf heftigen

Widerstand der orthodoxen Ulemas gestoßen und danach – auf deren Druck hin – im orientalischen Kalifat verboten worden sind. Der Islam behielt fortan seine „reine" Form, indem er sich ausschließlich auf den – nach seiner Lehre im Himmel verfassten – Koran abstützte.

Abseits vom Mainstream begannen allerdings muslimische Denker das dem Aristoteles zugeschriebene Schrifttum zu kommentieren. Dies geschah vor allem im spanischen Kalifat, das sich schon früh vom orientalischen abgesetzt hatte und in mancher Hinsicht eigene Wege ging.

Seit dem 12. Jh. begannen auch Christen, die im zurückeroberten Toledo inmitten von Arabern und Juden lebten, vom aristotelischen Schrifttum Notiz zu nehmen. Allerdings fanden sie es – auch wenn es ins Lateinische übersetzt war – in vorwiegend islamischer Auslegung vor. Es galt nun, den „wahren" Aristoteles herauszuschälen. Dazu hatten ihnen allerdings gewisse Muslime schon wertvolle Vorarbeit geleistet. Der bekannteste unter ihnen ist Averrhoes (gest.1198).

Als das so bearbeitete „Gesamtwerk" des Aristoteles um 1200 in den italienischen und französischen Schulen auftauchte, bewirkte es den oben erwähnten Umschwung in der Scholastik. Dieser erfolgte aber nicht nur wegen der aristotelischen Schriften. Mit den Bettelorden – insbesondere den Dominikanern – waren auch neue, besonders qualifizierte Akteure auf den Plan getreten. Da Dominikus die Katharer vor allem durch Diskussionen bekämpfte, legte er großen Wert auf die Ausbildung seiner Leute. So eroberten denn die Dominikaner, nachdem die Katharer ausgerottet waren, in kurzer Zeit die Lehrstühle der Universitäten. Als besonders gehorsame Diener der Päpste lenkten sie das Studium des Aristotelismus in die Bahn, die den Interessen der Kirche entsprach. Die heißesten Kämpfe um diese Synthese von katholischer Theologie und „heidnischer" Philosophie spielten sich zwischen 1230 und 1260 in Paris ab.

Der Dominikaner, der den Strom „arabischer" Wissenschaft in seiner vollen Breite zur Kenntnis genommen hat, war Albert der Große (1193-1280). Besonderes Augenmerk schenkte er der „Physik" des Aristoteles. Alberts Schüler Thomas von Aquin (1227-1274) bemühte sich dann, den Aristotelismus in die Theologie zu integrieren, besser gesagt, für die Theologie zu vereinnahmen. Für die Staatskunde fiel das nicht allzu schwer, fußte die Kirche als Organisation doch im Gedankengut der Antike. Thomas' Versuch, auch die Naturkunde des Aristoteles zu integrieren, muss jedoch als misslungen bezeichnet werden. Auf dem Gebiet der Naturkunde fehlten dem Mittelalter einfach die Voraussetzungen dazu. So war denn das, was bei diesem

Integrationsversuch zustande kam, ein von der Erfahrung losgerissenes System leerer, weitgehend unverstandener Abstraktionen. Aber der Versuch des Thomas zeigt doch, dass sich das Interesse an der „diesseitigen Welt" zu regen begann.

2. 6. 10. Empirisches Denken kündigt sich an

Neben dem Bemühen um die Rezeption des Aristoteles dauerte der Konflikt um die Universalien weiter an. Obwohl der Nominalismus durch Anselm an die Wand gedrängt war, flackerte er unterschwellig weiter. Überzeugt davon, dass auch der Nominalismus seine Berechtigung habe, bemühten sich fortan kritische Geister, diesen immer präziser zu formulieren.

Der Mann, dem jene Formulierung des nominalistischen Standpunktes gelang, die auch heute noch gültig ist, war Johannes von Salisbury (um 1117-1180), ein Schüler von Abälard. Er sagte, die Universalien seien Begriffe, die in bequemer Weise die gemeinsamen Eigenschaften der konkreten Einzeldinge vereinen. So selbstverständlich uns diese Definition heute erscheint, so bahnbrechend war sie zu jener Zeit. Der Fortschritt gegenüber Roscellin bestand darin, dass die Universalien in den Dingen verankert wurden. So waren sie mehr als leere Worte. Sie waren eine Aussage über etwas, das in den Dingen steckte, und das vom menschlichen Verstand durch Abstraktion aus der Vielfalt der Erscheinungen herausgeholt werden konnte. Auf der anderen Seite wurde durch die Definition des Johannes die Annahme hinfällig, die Universalien seien geistige Gebilde, die unabhängig vom Bewusstsein und von den Einzeldingen existieren.

Die Verankerung der Universalien in den Einzeldingen regte einerseits zu Empirie an. Wollte man gültige Aussagen über die Außenwelt machen, durfte man fortan nicht mehr einfach vom Allgemeinen zum Besonderen deduzieren. Auch durfte man nicht mehr aus den Schriften beweisen, wie sie sich verhielten. Man musste die konkrete Wirklichkeit beobachten und das Allgemeine durch Induktion aus dem Beobachteten ableiten.

Indem man ferner von der Vorstellung loskam, die Universalien seien selbständig existierende Geist-Dinge, die unveränderlich und ewig irgendwo über dem sichtbaren Sein schwebten, wurde das Denken wie nie zuvor beweglich. Nun konnten die Verallgemeinerungen, die man induktiv gewonnen hatte, als vorläufige Formulierungen betrachtet werden. Als Denkmodelle verstanden besaßen sie insofern heuristischen Wert, als sie dem gezielten Beobachten den Weg wiesen. Ergaben sich jedoch neue Beobachtungen, die mit dem zur Zeit gültigen Denkmodell nicht mehr vereinbar waren, konnte dieses wie ein zu klein gewordenes Schneckenhaus verlassen und durch ein passenderes ersetzt werden.

Auf diese Weise verlor das Welterleben seinen statischen Charakter. Das Denken war nicht mehr ein bloßes Kreisen um unveränderliche Wahrheiten. Es wurde zu einem Vorwärtsschreiten in immer neue, bisher unbekannte Gefilde. So war die Bahn frei für ein immer klareres Erfassen der Außenwelt sowie ein immer weiteres Vordringen hinter die Fassade des Augenscheins.

Johannes von Salisbury lebte im 12. Jh. Im 13. Jh. erreichte die Scholastik ihren Höhepunkt und die Nominalisten mussten noch schweigen. Im 14. Jh. jedoch begann die Scholastik zu verblühen und die bekannten Haarspaltereien und Abstrusitäten nahmen überhand. Aus der Tatsache, dass dabei auch die Frage erörtert wurde, wie viele Engel auf einer Nadelspitze Platz haben, kann geschlossen werden, dass die Entmaterialisierung der Jenseitigen sich dem Grenzwert des „rein geistigen Wesens" nun auf infinitesimale Distanz genähert hatte.

Damit drohte die Evolution des Bewusstseins vor dem Hintergrund der archaischen Weltsicht – genau gesagt bei konkretistischem Verständnis des Geistigen – an einem Plafond anzustoßen. Allerdings nahmen die Theologen dies nicht bewusst wahr, denn sonst hätten sie sich bemühen müssen, vom konkretistischen Verständnis des Geistigen abzulassen. Damit hätten sie aber auch vom Glauben an die „christlichen Heilswahrheiten" ablassen, und so über ihren Schatten springen müssen, was sie nicht taten. So kam es denn, dass die empirischen Wissenschaften, durch deren Ergebnisse die archaische Weltsicht schließlich überwunden wurde, sich neben der Theologie – von dieser lange Zeit nicht ernst genommen – entfaltet haben.

Bevor jedoch empirische Wissenschaften sich überhaupt entfalten konnten, musste noch der Universalienstreit zu Ende geführt werden. Das Zu-Ende-Führen bestand darin, dass die Fronten geklärt wurden: dass sowohl der platonischen wie der aristotelischen Auffassung ihr Gebiet zugewiesen wurde.

Duns Scotus (1266-1308) hatte der nominalistischen Auffassung der Universalien schon den Weg geebnet. Sein Schüler Wilhelm von Occam (1289-1349) verhalf dieser dann auf breiter Front zum Durchbruch, ließ aber auch der realistischen Auffassung Raum. Auch wies er den verschiedenen Denkweisen ihr Gebiet zu. Er lehrte, die Logik eigne sich nicht zur Erkenntnis des Übernatürlichen. Für dieses sei die Heilige Schrift zuständig sowie das kirchliche Lehramt. Die Logik sei eine Methode zur Verarbeitung der Sinneswahrnehmung, und hierfür komme nur der nominalistische Standpunkt in Frage.

Damit hatte Occam – wohl ohne sich dessen bewusst zu sein – eine Weichenstellung vorgenommen, die bis ans Ende des 19. Jh. dem Denken die Bahn wies. Sie erlaubte zum einen den Theologen, auf ihrem archaischen Geleise weiterzufahren. Zum anderen aber gab sie den (später kommenden) sich um Empirie bemühenden Wissenschaftlern freie Bahn für die Erforschung dessen, was der archaische Mensch als Natur bezeichnet und der Übernatur gegenübergestellt hatte.

Für das Voranschreiten der Bewusstseins-Mutation wirkte sich diese Weichenstellung insofern günstig aus, als die Theologie bald darauf – infolge der Reformation – für einige Jahrhunderte mit sich selber beschäftigt war, sodass sie das Heranreifen empirischen Forschens kaum beachtete.

2. 6. 11. Die Reformation

Eingeleitet wurde die Reformation von Luther. Zwingli und Calvin haben sie dann – unter Setzung je verschiedener Akzente – weiter ausgebreitet.

Zwei revolutionäre Neuerungen hat Luther eingebracht. Die erste ist formuliert unter dem Motto ‚Sola scriptura‘ (die Schrift allein). Die zweite war seine Lehre von der Rechtfertigung, Unter „Schrift verstand Luther die Bibel. Mit dem Postulat „die Bibel allein“ lehnte er das ab, was die Kirche unter Überlieferung verstand und als übernatürliche Offenbarung auffasste. Indem Luther zudem die Bibel ins Deutsche übersetzte, machte er sie auch den Laien zugänglich, was damals neu etwas Neues war.

Die Kirche hätte mit dieser Neuerung wohl leben können. Mit seiner Lehre von der Rechtfertigung aber traf Luther sie ins Mark. Er brachte ihr eine Wunde bei, die bis heute noch nicht verheilt ist und die auch nicht heilen kann, so lange die katholische Kirche auf dem archaischen Verständnis des Ritus beharrt.

Unter Rechtfertigung (des sündigen Menschen vor Gott) verstehen Theologen das Erschließen des Zugangs zum Himmel für den einzelnen Menschen. Luther lehrte, dies geschehe durch den Glauben allein (sola fide). Damit lehnte er nicht nur die kirchliche Lehre ab, der Zugang zum Himmel könne durch gute Werke verdient werden, sondern auch dessen Erschließung durch den Empfang der Sakramente.

Unter Sakramenten versteht die katholische Kirche gewisse besonders wichtige Riten. Es war ja eine schöpferische Leistung der mittelalterlichen Theologie, die vielen priesterlichen Bewirkungen, die – aufgrund des Glaubens an die durch die Weihe verliehene potestas sacra – nach und nach entstanden waren, in ein Begriffssystem einzuordnen. Dabei kamen die Theologen zur Unterscheidung zwischen Sakramenten und Sakramentalien. Als Sakramente (sakramentale Riten) anerkannten sie die Taufe, die Firmung, die Beichte, die Eucharistie, die Ehe, die Krankenölung und – als Voraussetzung für deren wirksamen Vollzug – die Priesterweihe. Theologen lehrten (entgegen der historischen Wirklichkeit!), die Sakramente seien von Christus selber eingesetzt worden. Bei dieser Zurückführung der wichtigsten Riten auf den „geistigen Ahn" ihrer Religion folgten sie einem weit verbreiteten Denkmuster der archaischen Weltsicht.

Dieses ganze System warf Luther mit seiner Lehre von der Rechtfertigung durch den Glauben allein de facto über den Haufen. Indem er die Priesterweihe fallen ließ, zerstörte er nicht nur die Voraussetzung für alles sakramentale Tun, sondern auch das Fundament, auf dem die Klerikerkirche ruht.

Wahrscheinlich war sich Luther dieser Konsequenzen gar nicht bewusst. Seine Auffassung von der Rechtfertigung war ja das Ergebnis einer krisenhaften Auseinandersetzung in der Sorge um sein eigenes Seelenheil. Aber indem er die Priesterweihe abschaffte, entzog er einer ganzen Armee professioneller Heilsvermittler die Begründung ihrer Existenz. Die Gemeindeleiter der aus Luthers Rebellion hervorgegangenen evangelischen Kirchen werden zwar ebenso wie die Leiter einer katholischen Kirchgemeinde Pfarrer genannt. Aber sie sind nicht mehr sakrale Personen, sondern – nach katholischer Terminologie – Laien. Sie „ „können" nicht mehr akausal die „Heiligmachende Gnade" übertragen und damit den Zugang zum Himmel erschließen. Ihre Aufgabe besteht nur noch darin, die christliche Lehre zu verkünden und ihre „Pfarrkinder" zu einer christlichen Lebensweise zu führen. Aus dem Priester ist durch die Reformation ein Prediger geworden.

Für die katholische Kirche hat dann das Konzil von Trient (1545-1563) den Sakramentalismus wieder auf Vordermann gebracht und zum Glaubensgut erklärt. Außerdem hat sie den gültigen Vollzug der sakramentalen Riten im Kirchenrecht festgeschrieben.

Unter dem Blickwinkel der Bewusstseinsevolution betrachtet war die Reformation ein erster Anlauf zur Überwindung der archaischen Weltsicht. Dieser muss jedoch als gescheiterter Versuch bezeichnet werden, weil Luther – ebenso wie die andren Reformatoren – den archaischen Offenbarungsbegriff beibehalten hat.

Allerdings erwies sich das Scheitern des reformatorischen Versuchs als sehr folgenreich. Es war nämlich für die weitere Evolution des Bewusstseins fruchtbar, dass evangelische Theologen nicht mehr das Damoklesschwert des Orthodoxie bewahrenden Apparates im Nacken hatten: jener päpstliche

Organisation, die man früher als Inquisition bezeichnete, und die sich heute Glaubenskongregation nennt. So konnte sich denn im evangelischen Raum das Denken der Theologen ungestraft entfalten.

Dies hatte Folgen, als zur Zeit der Aufklärung aus der traditionellen, noch weitgehend mythischen Historiographie eine empirisch fundierte historische Wissenschaft geworden war. Da begannen evangelische Theologen der Frage nachzugehen, wie die Bibel entstanden sei. Die dabei zustande gekommene sog. historisch-kritische Bibelforschung ergab schließlich, dass die „Heilige Schrift" nicht Gottes Wort ist, sondern dass sie von Menschen hergestellt wurde, Es ergab sich zudem, dass die biblischen Schriften, von denen übrigens nur ein kleiner Teil von der Kirche als „kanonisch" erklärt wurde, nicht als historische Berichte zu verstehen sind, sondern als Propagandaschriften einer um ihr Ansehen kämpfenden jungen Religion. Im zwanzigsten Jh. schließlich kam der ev. Theologe Rudolf Bultmann zum Schluss, das gesamte christliche „Glaubensgut" sei ein Mythos. Allerdings wussten Theologen mit dem Mythos nicht auf zeitgemäße Weise umzugehen, galt ihnen doch seit den griechischen Apologeten der Mythos als etwas Minderwertiges.

Unterdessen war aber das Unbewusste entdeckt, und im Zug seiner Erforschung der Mythos rehabilitiert worden. Nachdem C. G. Jung den Nachweis erbracht hatte, dass Mythen nicht wörtlich (konkretistisch) zu verstehen sind, sondern bildsprachlich, und es ihm außerdem gelungen war, den Code der Sprache des Unbewussten zu entschlüsseln, konnte nun erkannt werden, dass Mythen ebenso wie Träume und Visionen Gestaltungen des Unbewussten sind. Auch war nun die Möglichkeit gegeben, den Bedeutungsgehalt des in einem Mythos Erzählten zu verstehen. Dies ließ erkennen, dass Mythen wahr sind; zwar nicht physisch wahr, wie man bei archaischer Weltsicht glaubte, sondern psychisch wahr. Das heißt, dass sie, in einer Bildersprache veranschaulichte wahre Aussagen über psychische, d.h. an sich unanschauliche – unserem bewussten Erkennen nicht direkt zugängliche – Sachverhalte und Gesetzmäßigkeiten, enthalten.

Die Universität verlor vorübergehend an Bedeutung. Dies deshalb, weil das Bemühen um die grundlegend neue Art des Forschens – die empirische – sich während längerer Zeit außerhalb der Universitäten abspielte. Während nämlich an den Universitäten die Theologen – mit dem Blick gen Himmel – gerichtetes Denken trainierten und sich mit der Existenzweise der Allgemeinbegriffe herumschlugen, hatte sich der geographische wie der kulturelle Horizont der Europäer beträchtlich erweitert.

In die geographische Breite erweiterte er sich mit dem Aufkommen jenes Expansionismus, der bis ins 20. Jh. andauern sollte. Bis zum Ende des Mittelalters geschah dies durch die Kreuzzüge, die Reconquista, die Erkundung der Westküste Afrikas und der Umschiffung des Kaps der guten Hoffnung sowie schließlich durch die Entdeckung Amerikas. In die kulturelle bzw. historische Tiefe wurde der Horizont erweitert durch die Renaissance und – in deren Rahmen – durch die humanistische Bewegung.

2. 7.　Horizonterweiterung

2. 7. 1.　Die Kreuzzüge

Jene militärischen Unternehmungen, für die Leibniz den Ausdruck „Kreuzzüge" eingeführt hat, waren Kriege des erstarkten Papsttums. Sie begannen auf dem Höhepunkt des Investiturstreits und zogen sich über zwei Jahrhunderte hin. Der Anlass dazu ergab sich, als eine Gesandtschaft des byzantinischen Kaisers an Papst Urban II. (1088-1099) gelangte mit der Bitte, ihm Söldner für den Kampf gegen die Seldschuken in Kleinasien zu senden. Dies war an sich nichts Außergewöhnliches, kämpften doch fränkische Ritter seit langem im byzantinischen Heer. Für Urban war es jedoch die Gelegenheit, sich einen schon lange gehegten Wunsch zu erfüllen: die Befreiung der „heiligen Stätten" in Palästina. So hielt er denn 1095 auf dem Konzil von Clermont, an dem eigentlich Fragen der Kirchenreform zu verhandeln waren, eine fulminante Rede, in der er zum Kampf gegen die „mohammedanischen Heiden" aufrief. Seine Worte fielen auf fruchtbaren Boden, und zwar nicht nur bei Klerikern, sondern – wegen der damaligen politisch-wirtschaftlichen Situation – auch bei Laien.

Die fränkische Adelshierarchie war ja das Ergebnis eines langen Kampfes um Macht. Und da in der feudalen Gesellschaft Macht auf der Verfügung über Land beruhte, ging es bei jenen Kämpfen um Boden und die darauf lebenden Bauern. Trotz Lehenssystem, Vasallitätsgelübden und Familia-Bindung fanden in vielen Gebieten ständig Fehden statt, unter denen auch Klöster – als Großgrundbesitzer – zu leiden hatten. Um diesen unerträglichen Zuständen entgegenzuwirken, hatte schon Papst Gregor VII. (1073-1085) zur Intensivierung des sog. Gottesfriedens aufgerufen. Dies beinhaltete auch bewaffneten Kampf gegen Friedensbrecher. Indem Gregor hierfür den Begriff des Miles sancti Petri (Soldat des hl. Petrus) einführte, leitete er die Militarisierung der Papstkirche ein. Damit trug er zwar zur Verchristlichung des rohen Rittertums bei, schuf aber gleichzeitig dem Papsttum ein militärisches Potential, das sich bereitwillig für dessen Zwecke instrumentalisieren ließ. So auch für den Kampf um die „heiligen Stätten".

Dazu kam, dass zu jener Zeit viele Adelige infolge der germanischen Art des Erbens in Not geraten waren. Wegen des Prinzips der Primogenitur – der alleinigen Erbberechtigung des ältesten Sohnes – mussten die Nachgeborenen ihr Auskommen anderswo suchen, sei es als Kleriker oder Mönche oder indem sie als Ritter Kriegsdienste leisteten.

Vor diesem Hintergrund ist es verständlich, dass der Aufruf Urbans II. in Clermont auch innerhalb der adeligen Schicht auf große Resonanz stieß. Der Kreuzzug stellte für viele eine verlockende Möglichkeit dar, diesem sozialen Dilemma zu entkommen und im fernen Orient zu Wohlstand und Unabhängigkeit zu gelangen.

Anderthalb Jahre nach dem Aufruf zu Clermont hatte sich – in verschiedenen Zügen anmarschiert – ein mächtiges Heer am Bosporus versammelt. Man schätzt, dass es die Stärke von 50-60 000 Menschen hatte: ca. 7000 Ritter und 20 000 Fußsoldaten. Dazu für jeden Ritter 2 Knappen, ferner Kleriker und Frauen. Der Bestand an Pferden und Maultieren wird auf 50 000 geschätzt. Mit Hilfe des byzantinischen Kaisers Alexios setzten die Kreuzfahrer über den Bosporus und eroberten als Erstes Nikaia, die Hauptstadt der Rumseldschuken.

Als sie damit Kaiser Alexios ihren Dienst getan hatten, zogen sie durch Anatolien und über das Taurusgebirge hinunter nach Tarsus. Sie eroberten Antiochia und schließlich – 1099 – Jerusalem.

Dass den Kreuzfahrern ein solcher Erfolg beschieden war, lag daran, dass das einst so mächtige Kalifat der Abbasiden zu jener Zeit militärisch und politisch geschwächt war. Schon kurz nach ihrer Machtübernahme hatten die Abbasiden gegen Aufstandsbewegungen zu kämpfen gehabt. Ein Gebiet nach dem anderen machte sich selbständig. Im Jahre 969 vermochten die Fatimiden sogar Ägypten in ein selbständiges Kalifat zu verwandeln. Die Macht des in Bagdad residierenden Kalifen war nun so geschwächt, dass ihm praktisch nur noch die Würde eines religiösen Oberhauptes blieb.

Palästina, das ja schon in hellenistischer Zeit der Zankapfel zwischen Ägypten und Syrien gewesen war, geriet unter diesen Umständen wieder in das Spannungsfeld rivalisierender lokaler Machthaber. Um die Wende zum 11. Jh. gelangte es schließlich in den Einflussbereich Ägyptens bzw. der dortigen Fatimiden.

Die Kreuzfahrer haben nach der Einnahme von Jerusalem noch einige Küstenstädte erobert. Diese waren fortan ihre wichtigste ökonomische Basis. Zudem machte deren Besitz es ihnen möglich, sowohl den Nachschub als auch die Pilgerströme nun über das Meer zu leiten. Vier Staaten haben die Kreuzfahrer in Palästina errichtet: das Königreich Jerusalem, das Fürstentum Antiochia und die Grafschaften Edessa und Tripolis. Sie organisierten diese Gebiete nach dem Muster des fränkischen Lehenssystems und der Adel lebte wie dort von den Erträgen der Grundherrschaften. Diese waren in jenen fruchtbaren Gebieten sehr reich und vielfältig. Außer Getreide – insbesondere Weizen – gab es dort Zitrusfrüchte, Äpfel, Oliven, Quitten, Datteln, Reis und andere Agrarprodukte, ebenso Anlagen für deren Weiterverarbeitung. Als Ausgangsstoffe für Textilien gab es Baumwolle und Seidenraupenzucht.

Zur Sicherung der eroberten Gebiete trug bei, dass Hugo von Payens 1120 in Jerusalem den Orden der Templer als ersten Ritterorden gründete. Diesem folgten der Orden der Johanniter und schließlich der Deutsche Orden. Deren Angehörige waren zwar Ritter, legten jedoch die Mönchsgelübde ab. Sie unterstellten sich direkt dem Papst und waren sozusagen dessen stehendes Heer. Ihre ökonomische Basis hatten die Ritterorden in Europa, wo ihnen von vielen Seiten Land geschenkt wurde und wo sie auch ihren Nachwuchs rekrutierten. Sie bildeten eine Art Staat im Staate, errichteten mächtige Burgen, und waren ein wesentlicher Faktor für die Verteidigung der Kreuzfahrerstaaten.

Im Byzantinischen Reich brach nach dem Tod Kaiser Manuels (1143-80) die Macht der Kommenen-Dynastie zusammen. Dies führte bei Europäern zur Meinung, die christliche Position im nahen Osten könne nur gehalten werden, wenn am Bosporus eine von europäischen Mächten und dem Papst abgestützte Macht deren Versorgung absichere. Die Venezianer, die schon lange in Handelskonkurrenz mit dem Byzantinischen Reich standen und dort viele Privilegien genossen, machten sich diese Stimmung zunutze. Es gelang ihnen, den vierten Kreuzzug, dessen ursprüngliches Ziel Ägypten war, nach Konstantinopel umzuleiten. Im Jahre 1204 eroberten die Kreuzfahrer die Stadt und errichteten ein Lateinisches Kaiserreich mit den ihm formal unterstellten Lehensstaaten Thessalonike, Athen und Achaia (Peloponnes). Die Byzantiner vermochten sich jedoch in Kleinasien zu halten und dort wieder zu erstarken. 1261 gelang es ihnen, die Lateiner aus Konstantinopel und den dazugehörigen Ländern zu vertreiben.

Unterdessen waren die Kreuzfahrer in Palästina in die Defensive geraten. 1187 eroberte Sultan Saladin Jerusalem zurück. Neue Hauptstadt der Kreuzfahrer wurde nun Akkon. 1250 gelangten in Ägypten die Mameluken an die Macht. Diese schlugen vorerst eine Vorhut der Mongolen, dann vertrieben sie die Kreuzfahrer definitiv aus Palästina. 1187 fiel – als deren letzter Stützpunkt – Akkon.

Die Johanniter zogen nach dem Fall von Akkon zunächst nach Cypern, eroberten 1306 Rhodos und errichteten – nachdem die unterdessen an die Macht gelangten Osmanen sie von dort vertrieben hatten – in Malta einen eigenen Staat. Der Deutsche Orden machte sich nach dem Ende der Orientkreuzzüge daran, den noch heidnischen Osteeraum Europas zu christianisieren. Er errichtete auch dort einen Ordensstaat. Der Orden der Templer, der als besonders reich galt, wurde 1307 von dem schwer verschuldeten französischen König Philipp IV. in einer Nacht-und-Nebel-Aktion überfallen und – im Einverständnis mit dem von ihm abhängigen Papst – nach einem sehr fragwürdigen Gerichtsverfahren aufgehoben und seines Besitzes beraubt.

Den Abendländern haben die Kreuzzüge in mancher Hinsicht den Horizont erweitert, lebten sie doch während zwei Jahrhunderten in einem Land mit beträchtlich höherer Kultur. Diese war erblüht auf dem Humus, der sich dort durch die Hochkulturen Mesopotamiens, des alten Ägypten, der hellenistischen Staaten sowie der römischen Provinzen angereichert hatte.

2. 7. 2. Die Reconquista

Unter der Reconquista versteht man die Rückeroberung, Konsolidierung und Befestigung der unter arabischer Herrschaft stehenden Gebiete der iberischen Halbinsel. Sie begann schon im 8. Jh. doch erreichte sie ihren Höhepunkt erst im 11-13. Ihr Ende fand sie 1492. Es war das Jahr, in dem Kolumbus Amerika entdeckte.

Wie die Kreuzzüge wurde auch die Reconquista im Zeichen des „heiligen" Krieges geführt. Auch hier erhielten die Krieger von den Päpsten geistliche „Gaben", vor allem in Gestalt des Ablasses. Auch hier entstanden Ritterorden. Es waren die von Alcantara, Calatrava und Santiago. Alle drei wurden im 12. Jh. gegründet.

Nach dem Untergang des westgotischen Reiches durch den Einfall der muslimischen Berber waren im Norden Spaniens einige christliche Feudalstaaten verblieben. Aus diesen entwickelten sich im Laufe der Zeit drei Königreiche: Kastilien, Aragon, und Portugal. Von ihnen aus wurde der Krieg gegen die Muslime mit wechselndem Erfolg geführt. Rückschläge stellten sich vor allem ein, als die südlichen Emirate Unterstützung durch Berberstämme erbaten, und diese dann das Ruder selber in die Hand nahmen. Die christlichen Kämpfer ihrerseits erhielten namhafte Unterstützung durch „freie" Ritter, vor allem aus Frankreich. Die eroberten Gebiete wurden mit Bauern besiedelt und durch Burgen gesichert. 1085, also schon vor dem Beginn des ersten Kreuzzugs, wurde Toledo, die frühere Hauptstadt des Westgotenreiches, erobert. Zwischen 1236 und 1265 fielen der Reihe nach Cordoba, Valencia, Sevilla und Cadiz. Damit erreichte Kastilien Zugang zur spanischen Südküste. Das Emirat Granada hielt sich allerdings noch zwei Jahrhunderte lang und erreichte in dieser Zeit eine hohe kulturelle Blüte. Durch dessen Eroberung 1492 kam die Reconquista zum Abschluss.

Auch die Reconquista brachte dem Abendland kulturellen Gewinn. Erinnert sei nur an den Kontakt mit den dem Aristoteles zugeschriebenen Schriften.

2. 7. 3.   Die Erschließung der Weltmeere

Bis dahin war der Gesichtskreis der europäischen Völker auf die Länder rings ums Mittelmeer beschränkt gewesen. Den Zugang zum Atlantik und damit zu „fernen Gestaden" haben dann die Portugiesen und Spanier erschlossen. Die Initiative ging vom portugiesischen Prinzen Heinrich dem Seefahrer aus. Dieser hatte sich zum Ziel gesetzt, die Westküste Afrikas zu erforschen und über den südlichsten bisher erreichten Punkt vorzustoßen. Hierzu errichtete er um 1435 an der südwestlichen Spitze Portugals eine nautische Station. Dort veränderte er den Schiffbau so, dass der raue Atlantik befahren werden konnte. Ausgehend von der von den Arabern benützten Dhau konstruierte er die Caravelle, die vor allem durch ihre hohen Seitenwände schweren Wellen trotzen konnte. Der Reihe nach sandte Heinrich Expeditionen entlang der afrikanischen Küste aus und ließ deren Beobachtungen sorgfältig auswerten; auch neue nautische Methoden ließ er erproben sowie Karten vom Verlauf der Küste, der Strömungen und Winde erstellen. Zudem gelang es seinen Leuten, gegen den Wind zu segeln.

Nach dem Ende der Reconquista waren die Portugiesen so weit, dass Vasco da Gama – 1498 – die südliche Spitze Afrikas umsegeln und bis nach Indien vorstoßen konnte. Damit war den Europäern der ostasiatische Raum erschlossen. Waren bis dahin ausschließlich asiatische Handelsschiffe – entlang der so genannten maritimen Seidenstraße – von Osten nach Westen gesegelt, erwuchs ihnen nun in Gestalt der europäischen Seefahrt eine Gegenbewegung von Westen nach Osten. Auch quer über den Atlantik fuhren nun europäische Schiffe, hatte doch schon sechs Jahre vor der Umrundung des Südkaps Kolumbus, von den spanischen Königen finanziert, Amerika entdeckt.

Als die Reconquista zu Ende ging, wurden viele Krieger arbeitslos. Diese konnten nun die Handelsleute begleiten, um die neu erschlossenen Gegenden für Europa zu erschließen. Kriegerisch geschah dies vorerst in Mittel- und Südamerika, wo die Kolonisten ins Landesinnere vorstießen und die Reiche der Azteken und Inka sowie die Reste der Königtümer der Maya eroberten. In der asiatischen Welt beschränkten sich die Europäer – zumindest während längerer Zeit – auf Häfen und bemühten sich, Handelskontakte anzuknüpfen. Besonders erfolgreich waren sie dabei nach der Gründung der ostindischen Kompanien, vor allem durch die der Niederlande und die Englands.

Mit der Zeit gingen aber auch diese auf Eroberungen aus. Allerdings wurde die eigentliche Kolonisierung später von staatlichen Instanzen vorangetrieben.

2. 7. 4.   Renaissance und Humanismus

Im Zug ihrer Expansion in die geographische Breite lernten die Europäer, wie erwähnt, nicht nur fremde Länder, sondern auch fremde, vielfach höher entwickele – Kulturen kennen. Während dieser Zeit reifte in Italien jene geistige Bewegung heran, welche unter dem Namen Renaissance in die Geschichte eingegangen ist. In ihr manifestierte sich – nach der fruchtbaren, aber noch auf die jenseitige Welt ausgerichteten Inkubationsphase der Scholastik – eine zweite Welle des Erwachens europäischen Geistes. Es war jener geistige Aufbruch, aus dem sich schließlich jener fundamentale Wandel des Welt- und Menschenbildes ergab, den ich als Mutation des Bewusstseins bezeichne.

Während die Theologen, nachdem sie für die Mutation wertvolle Grundlagen erarbeitet hatten, durch die Reformation auf sich selbst zurückverwiesen wurden, reifte in aller Stille jene neue Art des Forschens heran, aus der schließlich die empirischen Wissenschaften hervorgegangen sind. Mit diesen entstand ein völlig neuer Typus von Wissenschaft. Durch ihre von der Theologie grundlegend verschiedene Art des Forschens konnten jene Erkenntnisse erarbeitet werden, durch welche die archaische Weltsicht de facto überwunden worden ist.

Entdeckt wurden die meisten neuen Fakten zwar außerhalb der Universität, die noch lange von der Theologie dominiert war. Dank ihrer genialen Institutionalisierung von Lehre und Forschung erwies sich diese jedoch – im Lauf der Zeit mehr und mehr – als eine Art Flussbett, in das alle außerhalb von ihr entstandenen Bäche des Wissens einmünden konnten, um dort zusammengehalten, integriert und tradiert zu werden.

Die Renaissance kann als künstlerische, wissenschaftliche und philosophische Strömung bezeichnet werden. Getragen wurde sie hauptsächlich von einem frühen Stadtbürgertum. Ein solches war zuerst in Oberitalien aufgekommen, weil sich dort die Städte nicht wie nördlich der Alpen aus einer konsolidierten feudalen Umwelt herauslösen mussten. Im nördlichen Teil Italiens war nämlich nach dem Untergang des Reichs der Langobarden – anders als im südlichen Normannenreich und im Kirchenstaat – nie ein potenter Feudalstaat zustande gekommen. Auch war dort der in der Umgebung der Städte angesiedelte Adel schon früh dem Einfluss der Städte erlegen. Er hatte sich mit der Oberschicht des Handels- und Manufakturbürgertums verbunden und war sogar mancherorts zu deren Repräsentanten geworden. So kamen zur Zeit der Renaissance die Träger des Bildungsbürgertums meistens aus der Oberschicht, während die Künstler den Handwerkerfamilien entstammten.

Charakteristisch für die Renaissance war deren Hinwendung zum Diesseits sowohl im Denken wie im Lebensgefühl. Der Einzelne begann der Kirche, seinem Stand und der Natur freier gegenüberzutreten. Die bildende Kunst fing an, den menschlichen Körper und das individuelle Gesicht darzustellen. Es kam die Neigung auf, den Staat als natürliches, nicht von Gott geschaffenes Gebilde zu betrachten. Man bekam Sinn für die Eigengesetzlichkeit der Politik sowie die irdischen Kräfte, die in der Geschichte wirkten.

Die Gelehrten der Renaissance verstanden sich vor allem noch als Erneuerer der Kultur des griechisch-römischen Altertums. Sie versprachen sich davon eine Erneuerung ihrer Gegenwart. Biographie und historische Erzählungen wurden gepflegt und es gab schon Ansätze zu Geschichtsschreibung. Handschriften griechischer und römischer Autoren wurden gesammelt. Man bemühte sich um Reinigung und Erklärung der Texte, woraus die ersten Ansätze zu Philologie entstanden. Auch bemühte man sich um Wiederherstellung des klassischen Lateins und förderte das Erlernen des Griechischen und Hebräischen. Zur Wiederbelebung der Antike gehörte auch die Förderung der römischen Jurisprudenz. Sie stützte sich vor allem auf die Kenntnis der Gesetzessammlung des Kaisers Justinian. In Padua wurden auch naturkundliche Schriften des Aristoteles gepflegt. Da in Italien damals klarere Vorstellungen über die Natur bestanden als seinerzeit bei den Scholastikern, ließ dies nun den Sinn für Empirie und induktives Denken erwachen. So sprossen denn zu jener Zeit in Italien die Keime dessen hervor, was später zu den empirischen Wissenschaften heranwuchs.

Die eigentliche – antikisierende – Bildungsbewegung innerhalb der Renaissance ist unter dem Namen Humanismus in die Geschichte eingegangen. Den Einwohnern von Italien lag das Antikisieren schon deshalb nahe, weil ihr Land einst Mittelpunkt der antiken Welt gewesen war. Zudem war die Scholastik dort nie richtig heimisch geworden, und auch die Kirche hatte – zumindest im nördlichen Teil – nie jene dominierende Stellung erlangt wie nördlich der Alpen. Dazu kam die Nähe Italiens zum byzantinischen Reich, das ja die antike Kultur bewahrt hatte. Begünstigt wurde deren Übernahme durch die Tatsache, dass die Handelsmächte Venedig und Genua zu Byzanz enge Beziehungen geschaffen hatten. Auch waren von dort viele Flüchtlinge nach Italien gekommen – schon unter dem Lateinischen Kaiserreich, dann vor allem nach der Eroberung von Byzanz durch die Osmanen im Jahre 1456.

Von Italien breitete sich die humanistische Bewegung über ganz Europa aus, wobei sie in den Niederlanden eine erste Blüte erlebte. Daneben kam – mit einiger Verzögerung – die naturwissenschaftliche Forschung auf. Etabliert haben sich die empirischen Wissenschaften neben der Theologie und wurden von dieser lange Zeit als etwas Minderwertiges betrachtet. Allerdings fand empirische Forschung anfänglich, wie schon gesagt, vor allem außerhalb der Universitäten statt. Durch das Aufkommen einer säkularen Forschung außerhalb der Universitäten und außerhalb der Reichweite der Inquisition konnte dann die – 1338 im Reichsgesetz licet iuris grundgelegte – Loslösung des Staates von der Bevormundung durch die Kirche mehr und mehr Gestalt annehmen.

2. 8.   Mediale Revolution durch Erfindung des Buchdrucks

Ein weiterer historischer Faktor bildete sich dank der Erfindung des Buchdrucks aus. Dieser war – wegen seiner Folgewirkungen – für die Mutation des Bewusstseins von besonderer Bedeutung. Gelungen ist die Erfindung des Buchdruckes dem Mainzer Patriziersohn und Feinmechaniker Johannes Gutenberg um 1450. Sie brachte gegenüber dem schon seit einiger Zeit geübten Druck mit geschnitzten Holzplatten mehrere technische Innovationen. Erstens bestanden Gutenbergs Druckvorlagen aus Metall, nützten sich somit weniger ab als die hölzernen Tafeln. Zweitens verwendete Gutenberg nicht mehr ganze Platten, sondern gegossene, normierte Einzelbuchstaben, welche wahlweise kombinierbar waren und immer wieder in anderer Anordnung verwendet werden konnten. Er erfand auch gleich den Gieß-Apparat zu deren Herstellung. Drittens handelte es sich – da die Lettern hervorragten – um das sog. Hochdruckverfahren. Bei diesem musste die Druckfarbe nicht mehr wie bei Holzschnitten in einem zeitaufwendigen Abreibverfahren in die Vertiefungen eingebracht werden.

Gutenbergs Erfindung ermöglichte jedoch nicht nur die beschleunigte Herstellung eines Buches. Sie eröffnete auch die Möglichkeit, mittels einer einmal gesetzten und montierten Vorlage in großer Schnelligkeit eine Vielzahl identischer Exemplare zu produzieren. Sie erschloss den Weg zur Massenproduktion.

Förderlich für diese war, dass unterdessen das Pergament vom Papier abgelöst worden war. Zum einen war dieses billiger als Pergament, zum anderen konnte es gleich massenhaft hergestellt werden. Der Herstellung von Pergament dienten nämlich Felle von Ziegen, Schafen und Kälbern, wobei jedes einzelne sorgfältig vom anhaftenden Fett und Bindegewebe gesäubert, mehrmals gebadet, aufgespannt und zurechtgeschnitten werden musste.

Erfunden wurde die Herstellung von Papier von den Chinesen. Es löste dort andere vegetabile Schreibmaterialien wie Bambus, Holz, Seide ab. Wegen der wenig entwickelten spezifischen Tierzucht hatte man sich – als Ausgangsmaterial für die Papierproduktion – von Anfang an auf Lumpen, Fischernetze usw. verlegt. Druckverfahren wurden in China schon früh erfunden, doch kam man dort – wegen der Symbolschrift – über den Tafeldruck nicht hinaus.

Schon im 8. Jh. gelangte Papier über die Seidenstraße nach Samarkand. Ende des Jahrhunderts fand dessen Herstellung auch in Bagdad statt. Druckverfahren konnten sich im islamischen Raum jedoch bis ins 18. Jh. nicht entfalten wegen des Widerstands der Ulemas. Diese betrachteten sowohl den

Koran als auch die Schrift als etwas direkt von Gott Geschenktes, an dem der Mensch nichts ändern durfte.

Von den Arabern haben die Europäer die Herstellung von Papier übernommen. Als technische Innovation führten sie dabei die wassergetriebene Papiermühle ein. Diese war eine Weiterentwicklung der Getreidemühle und damit ein weiteres Glied in der Entwicklung der europäischen Maschinentechnologie.

Der Buchdruck hat sich rasch ausgebreitet. Außerhalb von Mainz wurde er wahrscheinlich durch Gesellen aus Gutenbergs Werkstatt eingeführt. Offenbar traf Gutenbergs Erfindung auf eine Marktlücke. Zwischen 1450 und 1500 entstanden in Europa über 200 Druckorte.

Unter den Bevölkerungsgruppen, die großen Bedarf an Gedrucktem hatten, war zu jener Zeit die Kirche wohl die bedeutendste. Massenproduktion erforderten vor allem die Ablassbriefe, ebenso – als Reaktion auf diese – die rasch sich ausbreitenden Schriften Luthers. Bedarf nach Gedrucktem bestand jedoch nicht nur bei der Kirche als Organisation, sondern auch beim Kirchenvolk. Im späten Mittelalter kam nämlich – vor allem nach den Pestepidemien – Angst vor plötzlichem Tod und Sturz in die Hölle auf. Folge davon war eine große Sehnsucht nach Heilsgewissheit, was eine Flut von religiösem Schrifttum auslöste: von erbaulich-meditativen Texten, Gebets- und Psalmenbüchern bis zu religiös angereicherten Kalendern. Den größten Bekanntheitsgrad und die größte Langzeitwirkung unter dieser Literatur hatte die „Nachfolge Christi" des Thomas von Kempen. Auch die Bibel wurde gedruckt. Als Folge dieser Druckerzeugnisse kam die Gewohnheit des stillen Lesens auf.

Eine zweite Gruppe, die den Buchdruck förderte, waren die Humanisten. Diese bemühten sich erstmals um die Herausgabe antiker Autoren. Hierzu entwickelten sie die Schrift von der karolingischen Minuskel zur Antiqua, wobei römische Inschriften als Vorbild dienten. Da nun antike Texte in vielen identischen Exemplaren vorlagen, wurde die wissenschaftliche Diskussion weit über den persönlichen Kontakt hinaus erweitert. Dies eröffnete die Möglichkeit, Texte in gemeinsamer Arbeit von späteren Zusätzen und Fehlern zu reinigen. Auch ließen sich so nicht nur antike Texte, sondern auch Schriften der Humanisten schnell und weit unter die Leute bringen. Daraus entstand mit der Zeit – außerhalb von Kirche und Theologie – eine europaweite säkulare Gelehrtengemeinschaft.

Ein weiterer Bedarf an Gedrucktem erwuchs aus den Universitäten. Dabei spielte das Aufkommen der Rechtswissenschaft eine große Rolle. Dies wiederum wirkte sich auf das sich damals formierende Staatswesen aus, in dem Juristen mehr und mehr an Bedeutung gewannen.

Alles in allem und jenseits aller Partikularinteressen hatte das Aufkommen des Buchdrucks etwas zur Folge, das in seiner großen Bedeutung kaum je beachtet wird. Es war der Übergang von der Kultur des Hörens zur Kultur des Lesens. Auch dies ist für das Abendland charakteristisch, stand doch bis dahin in allen Kulturen – vielleicht mit Ausnahme der chinesischen – das gesprochene Wort bei der Vermittlung von Information an erster Stelle. Nun ist aber die Kapazität des Gedächtnisses für Gehörtes beschränkt, auch wenn das Gedächtnis noch so sehr geschult wird. Nicht beschränkt ist es für Lesbares insofern, als Bücher immer wieder hervorgeholt und gelesen werden können. Der Übergang zur Kultur des Lesens ist somit ebenfalls jenen Faktoren zuzuzählen, die die Evolution des Bewusstseins förderten und damit den zu jener Zeit fälligen Wandel des Welt- und Menschenbildes.

2. 9.   Die Wende

Wir befinden uns hier an einem entscheidenden Wendepunkt der Bewusst-seins-Evolution. Es ist die Wende der Blickrichtung weg von der Übernatur und hin zur Natur. Weshalb diese Wende zu Beginn der Neuzeit einsetzte, kann erst heute gesehen werden: erst nachdem das neue Welt- und Menschen-bild zustande gekommen ist. Nachdem es noch möglich geworden war, die Evolution des Bewusstseins zu erforschen, wurde auch erkennbar, dass diese Wende einsetzen musste, weil die Bewusstseins-Evolution vor dem Hinter-grund der archaischen Weltsicht an einem Plafond anstieß.

Wie ist das gemeint? Bedenken wir, dass die Evolution bis dahin fast aus-schließlich auf dem metaphysischen Zweig vorangeschritten war. Es geschah durch Auseinandersetzung mit den Vorstellungen jenseitiger Wesen. Dabei können wir drei Hauptstränge der Entwicklung ausmachen: das Hochschie-ben des Himmels, die Reduktion der metaphysischen Populationen und – als folgenreichsten – die Entmaterialisierung der jenseitigen Wesen. Auf diesem dritten Strang entstand das Begriffspaar Materie und Geist. Dies war einer der wichtigsten Erträge der Bewusstseins-Evolution bei archaischer Weltsicht. Allerdings war die Vorstellung des Materiellen erst rudimentär, während in derjenigen des Geistigen sich schon ein beträchtliches Evolutionsniveau des Bewusstseins ausdrückte.

Allerdings war die Entwicklungsmöglichkeit der Auffassung des Geistigen bei archaischer Weltsicht beschränkt. Die Beschränkung lag in deren Konkre-tismus: darin, dass man annahm, das Geistige könne für sich allein existieren. So strebte denn die Evolution des Geist-Begriffs einem Grenzwert zu: dem Begriff des rein geistigen Wesens. Ebenso wie bei einer konvergierenden Zah-lenreihe konnte dieser Grenzwert nie erreicht werden, auch wenn der Abstand zwischen dem letzten Glied der Entwicklung und dem Grenzwert infinitesi-mal geworden war.

Dieser Zustand stellte sich ein, als die Philosophie der Scholastik zum Ergebnis kam, Gott sei reiner Geist. Das konnte man zwar sagen, zu Ende denken konnte man es jedoch nicht. Ein jenseitiges Wesen, das machtvoll in den Naturprozess eingreift und dem Menschen seinen Willen kundgibt, kann nämlich nicht völlig frei vom Materiellen sein. Ganz ohne Stoff – selbst ohne einen noch so feinen „Äther" – geht es einfach nicht.

Die Evolution drohte deshalb an einem Plafond anzustoßen. Damit sie weiter voranschreiten konnte, musste ein grundlegend neue Auffassung des Geistigen gefunden werden: eine Auffassung, die nicht mehr konkretistisch war. Bis die Voraussetzungen für eine solche erarbeitet waren, dauerte es allerdings ca. 500 Jahre. Dabei ging es um das objektiv Geistige, d.h. um jenes Geistige, das schon da war, bevor Bewusstsein – das subjektiv Geistige – in die Existenz trat.

Bewusst angestrebt wurde die neue Vorstellung des Geistigen allerdings nicht. Zum einen hatten die Theologen gar nicht erkannt, dass es so nicht mehr weiter ging. Zum anderen hatten die Wissenschaftler der Neuzeit gar nicht im Sinn, eine neue Auffassung des Geistigen zu erarbeiten. Ihr Streben ging einzig und allein dahin, die Natur zu erforschen. Als es dann nach Jahrhunderten wissenschaftlichen Forschens darum ging, die unterdessen aufgekommene materialistische Auffassung des Naturgeschehens zu überwinden, und sich die Notwendigkeit ergab, den Begriff des Geistigen wieder einzuführen, lagen alle jene Forschungsergebnisse vor, die man dazu benötigte. Das konsequente Bestreben um empirisch-wissenschaftliche Erforschung der Natur hatte sie einfach hervorgebracht.

2. 10.   Empirische Wissenschaft entsteht

2. 10. 1.   Eine völlig neue Art des Forschens

Möglich wurde die Erarbeitung einer nicht mehr konkretistischen Vorstellung des Geistigen durch das Zustandekommen der empirischen Wissenschaft. Diese unterscheidet sich durch ihre Vorgehensweise fundamental von der Theologie, welche, wie gesagt, als hermeneutische (deutende) Wissenschaft bezeichnet werden kann. Zwar gibt es unter den empirischen Kulturwissenschaften auch Disziplinen, die hermeneutische Arbeit leisten. Diese stützen sich jedoch auf Dokumente, die mittels historisch-kritischer Methode – also empirisch – geprüft sind. Zudem gehen sie davon aus, dass diese einen natürlichen Ursprung haben, während die Theologie annimmt, die Texte, die sie deutet, seien von Gott – auf übernatürliche Weise – offenbart worden. Diese Annahme entsprach, wie gesagt, der archaischen Weltsicht, aus der die Theologie ja hervorgegangen ist.

Die zur Zeit der Scholastik notwendig gewordene Änderung der Blickrichtung hin zur Natur manifestierte sich schon im Zug von Renaissance und Humanismus. Blickte man dort aber anfänglich noch vorwiegend auf die Antike, galt das Interesse bald einmal der Zukunft. Nun wurde der Begriff „das Neue" zum Begriff für immer weiteres Voranschreiten in der Kenntnis der Natur.

Wenn man sagt, das Interesse habe nun mehr der Natur gegolten, sollte man sich aber bewusst sein, dass das, was der archaische Mensch als Natur von der Übernatur unterschied, zwei verschiedene Bereiche umfasste: zum einen das, was man heute Natur nennt, zum anderen die Werke und Taten der Menschen, d.h. die Kultur.

Nun hat man sich zwar schon während der archaischen Phase der Bewusstseins-Evolution bemüht, diese Bereiche zu ergründen. Da aber damals die kognitiven Mittel zu deren empirisch-wissenschaftlicher Erforschung noch fehlten, ergossen sich Fantasien (Gestaltungen des Unbewussten) in das Wissensvakuum hinein. Dabei entstanden – dies sei kurz wiederholt – mythische „Theorien" bzw. erklärende Mythen: zum einen Natur erklärende wie z. B. die ungezählten Schöpfungsmythen, von denen ja der jüdische nur der bekannteste ist. Neben diesen mythischen Kosmogonien entstanden auch mythische Kosmologien, Anatomien, Physiologien, Pharmakologien usw. Beim Fragen nach dem Werden der Kultur entstanden geschichtserklärende Mythen wie z.B. das biblische Alte Testament und die christliche „Heilsgeschichte". Diese mythischen „Theorien" wurden im Verlauf der Neuzeit durch empirisch-wissenschaftlich fundierte abgelöst.

Wenn ich sage, damals hätten die kognitiven Mittel zur empirisch-wissenschaftlichen Erforschung von Natur und Geschichte gefehlt, ist das nicht in dem Sinne zu verstehen, dass einfach die dazu nötigen Methoden fehlten. Die mythischen Theorien ergaben sich aus den für die archaische Weitsicht charakteristischen sog. Vorverbindungen des Denkens. Während wir Heutigen z.B. bei Veränderungen in der Natur reflexartig nach den Ursachen fragen, fragte der archaische Mensch ebenso reflexartig, welche jenseitige Macht oder welches jenseitige Wesen diese bewirkt habe. Und während wir wissen, dass sich aus gleichen Ursachen gleiche Wirkungen ergeben und dass zwischen Ursache und Wirkung eine Energieübertragung erfolgt, „wusste" der archaische Mensch, dass die Einwirkungen jenseitiger Mächte durch deren bloßes Wollen zustande kamen. Verstehen wir somit das Naturgeschehen – aufgrund unserer Vorverbindungen des Denkens – kausal, verstand es der archaische Mensch aufgrund der seinigen akausal. Zwar ist der Begriff „Akausalität" durch die Quantenphysik wieder in den naturwissenschaftlichen Sprachgebrauch hineingekommen, doch versteht man darunter etwas völlig anderes als es bei archaischer Weltsicht der Fall war.

Das zu Beginn der Neuzeit das akausale Naturverständnis nicht mehr so verbreitet war, wie man es im 19. Jh. noch bei sog. Naturvölkern angetroffen hat, zeigt sich daran, dass bei uns schon der Begriff „Wunder" aufgekommen war. Zwar galt ein Wunder nun als etwas Außergewöhnliches. Dass sich aber Wunder ereignen konnten, und dass „Jenseitige" sie bewirkten, wurde nicht bezweifelt.

Kommen wir wieder auf die Empirie zurück. Natürlich kann alles Voranschreiten in der Beherrschung der Natur als Folge von Empirie bezeichnet werden. Das griechische Wort Empeiria bedeutet ja einfach Erfahrung. Auf Erfahrung beruhte schon die Handhabung des Feuers; ebenso die Herstellung von steinernen und metallenen Werkzeugen, der Bau von Häusern und Schiffen, die Pflanzenheilkunde sowie die gesamte Landwirtschaft. Dabei ging es jedoch nicht um jene Art von Empirie, die im Verlauf der Neuzeit in Europa aufgekommen ist: nicht um wissenschaftlich-empirische Forschung. Die früheren Errungenschaften kamen nach dem Prinzip von Versuch und Irrtum zustande. Die dabei unternommenen Versuche waren nicht Experimente im heutigen, naturwissenschaftlichen Sinne: nicht gezielte Versuchsanordnungen mit dem Ziel, eine Hypothese zu prüfen. Sie könnten als Rumprobieren bezeichnet werden. Die Genese der Erfindungen, die dabei gemacht wurden, war so wie sie noch bei manchen Erfindungen neuerer Zeit war, z.B. bei der Büroklammer. Das Wissen, das bei diesem Vorgehen gewonnen wurde und heute noch gewonnen wird, war und ist nicht Wissen im Sinne neuzeitlicher Naturwissenschaft. Es ist als Know-how zu bezeichnen. Auch die so viel gerühmte und hochgespielte Himmelsbeobachtung der Steinzeitmenschen, der Ägypter, der Maya usw. war nicht Astronomie im heutigen Sinne. Sie diente, wie früher schon gesagt, nicht der Befriedigung wissenschaftlicher Neugier, sondern der Bestimmung der Termine für den Vollzug der Riten im Verlauf des „Kirchenjahres".

Voraussetzung für das Aufkommen echter Naturwissenschaft war ein Mentalitätswandel: das Bestreben, die Natur in allen ihren Erscheinungsformen gezielt zu befragen, um herauszufinden, wie sie strukturiert ist und funktioniert. Deshalb war die wissenschaftliche Empirie der Neuzeit etwas kategorial Neues, zudem etwas für Europa Charakteristisches. So brachte sie denn auch etwas hervor, das bis dahin noch keine Kultur besessen hatte. Es war die Möglichkeit, Schritt für Schritt hinter die Fassade des Augenscheins vorzudringen: räumlich bis hinab in den atomaren Bereich und hinaus in die Weiten des Kosmos; zeitlich bis zurück in die Anfänge der Menschheit, sogar des Universums.

Gelungen ist dies dem abendländischen Menschen dadurch, dass er sich ein effizientes geistiges Instrumentarium in Form von Forschungsmethoden erarbeitet hat. Für die Erforschung der Kultur war dies die strikte Anwendung der Quellenkritik. Das Instrumentarium für die Erforschung der Natur kam dadurch zustande, dass mehrere im Zug der Bewusstseins-Evolution erworbene Fähigkeiten zu einem Ganzen integriert wurden.

Dabei baute man auf dem auf, was die Scholastik gebracht hatte: auf dem Erwerb des logischen Denkens und der Klärung der Universalienfrage, d.h. auf der aristotelischen Auffassung von der Seinsweise der Begriffe. Dann galt es erst einmal, das gezielte Beobachten zu erlernen und die beobachteten Phänomene – wenn möglich – quantitativ zu erfassen. Dies bedeutete exakt zu zählen, zu messen und zu wiegen, was zur Erfindung verschiedenartigster Instrumente geführt hat. Wegleitend für dieses Beobachten war das Prinzip der Kausalanalyse, allerdings auf eine neue Weise. Nach Ursachen hatten ja schon die Vorsokratiker gefragt, nachdem sie programmatisch erklärt hatten, sie wollen nicht mehr von den Göttergeschichten ausgehen, sondern von „den Dingen, die da sind". Indem sie aber sogleich nach der ersten Ursache fragten, drifteten sie in natürliche Theologie ab. Um diese Fehlentwicklung zu vermeiden, fragte man bei der neuzeitlichen Kausalanalyse konsequent nach den nächsten – den beobachteten Phänomenen unmittelbar zugrunde liegenden – Ursachen. Dadurch wurde es möglich, diesmal Schritt um Schritt hinter die Fassade des Augenscheins vorzudringen.

Neu war auch die vermehrte Tendenz zum Ordnen. Dies führte dazu, dass man zur Ordnung der Ergebnisse von Kausalanalyse mehr und mehr die Mathematik heranzog. Dabei konnte man auf dem aufbauen, was die hellenistischen Forscher – vor allem die der Schule von Alexandrien – erarbeitet hatten. Allerdings haben die Alexandriner Mathematik noch sozusagen in der Luft betrieben. Nun aber ging man von der Überzeugung aus, dass die Natur mathematisch formulierbaren Gesetzmäßigkeiten folgt, und bemühte sich nachzuweisen, dass dies tatsächlich der Fall war.

Das bevorzugte Mittel für diesen Nachweis war das Experiment, welches zur Kontrolle für Hypothesen diente. In der Regel lag der Hypothese die Annahme einer mathematisch fassbaren Gesetzmäßigkeit, der die Natur folgte, zugrunde. Bis aber der hieb- und stichfeste Nachweis erbracht war, dass dies stimmte, war oft ein langer Weg mit vielen Rückschlägen und Misserfolgen zurückzulegen. Viel Geisteskraft musste zum einen auf das Finden der geeigneten Methode aufgewendet werden, zum anderen auf die Herstellung der zur Durchführung des Experiments nötigen Instrumente. In der Regel hatte dies den Erfahrungsaustausch vieler Gelehrter, die am gleichen Problem arbeiteten, zur Voraussetzung. Bei diesem Bemühen wurde auch die Mathematik weiterentwickelt. Einen besonders großen Fortschritt brachte dabei das Finden der Infinitesimalrechnung, woran Leibnitz und Newton ein besonderes Verdienst zukam.

Durch all dies wurde es möglich, nicht nur einzelne Naturvorgänge zu erfassen, sondern immer umfassendere, empirisch fundierte (nicht mehr mythische!) Theorien zu formulieren. Ebenfalls neu am empirisch-wissenschaftlichen Methodenbündel war auch die grundsätzliche Anwendung des methodischen Zweifels: die Bereitschaft, eine Theorie durch eine differenziertere bzw. umfassendere zu ersetzen, sobald Beobachtungen gemacht wurden, die mit der herkömmlichen Theorie nicht mehr vereinbar sind.

Eine umfassendere Theorie brachte aber nicht nur wieder alle beobachteten Phänomene unter ein Dach. Sie warf auch neue Fragen auf und führte so zu neuen Forschungszielen. Dies wiederum führte zu neuen Hypothesen, und man konnte daran gehen, diese im Experiment zu überprüfen. Die Einführung des methodischen Zweifels hatte also nicht nur zur Folge, dass das weitere Voranschreiten der Forschung nicht durch etablierte Theorien behindert wurde. Indem er neue Fragen aufwarf und zu neuen Hypothesen führte, zwang der methodische Zweifel auch zur Erarbeitung neuartiger Experimente und – in diesem Rahmen – zur Erfindung neuer Instrumente. So hatte er im vollen Sinn des Wortes eine heuristische (vom griechischen heurisko, ausfindig machen) Funktion.

Zustande gekommen ist dieses geistige Instrumentarium zur Erforschung von Natur und Kultur in einem lang dauernden Suchprozess. Ausgereift waren sowohl die historisch-kritische Methode als auch das naturwissenschaftliche Methodenbündel erst im 18. Jahrhundert. Durch deren konsequente Anwendung wurde nun aus Historiographie historische Wissenschaft und aus Naturkunde Naturwissenschaft.

Im Laufe der Zeit wurden durch diese Art des Forschens jene Fakten erarbeitet, durch deren Reflexion das archaische Selbst- und Weltverständnis überwunden worden ist.

2. 10. 2. Der spontane Eindruck der Wahrnehmung trügt

Ein Erkenntnisgewinn, den empirisch-wissenschaftliches Forschen neben der Faktenkenntnis brachte, und der große Folgen für unser Weltverständnis hatte, war die Einsicht, dass der spontane Eindruck unserer Wahrnehmung trügt. Um dies in seinem vollen Ausmaß zu erfassen, muss man allerdings den Ausdruck Wahrnehmung unter die Lupe nehmen. Wenn man heute von Wahrnehmung spricht, wird darunter meistens nur das verstanden, was uns die Sinne vermitteln. Der archaische Mensch unterschied jedoch zwischen einem Sehen mit den Augen des Leibes und einem Sehen mit den Augen der Seele. Was er unter Sehen mit den Augen des Leibes verstand, nennen wir heute Sinneswahrnehmung. Was er Sehen mit den Augen der Seele nannte – Träume, Visionen, Inspirationen – nennen wir seit der Entdeckung des arteigenen Unbewussten innere Wahrnehmung. Entsprechend der heutigen Modellvorstellung der Psyche fließt diese vom Selbst, dem Führungszentrum der gesamten Psyche, zum Ich, dem Zentrum des Bewusstseins.

Diese beiden Arten von Wahrnehmung, die ja strukturell voneinander verschieden sind, wurden im Verlauf der Neuzeit nacheinander – in zwei aufeinander folgenden Phasen empirischen Forschens – ins Auge gefasst. Bis zu Beginn des 20. Jh. galt nur das als wissenschaftlich erwiesen, was mit den Sinnen wahrnehmbar ist. Man nennt dies methodischen Positivismus. Im Rückblick lässt sich erkennen, dass die anfängliche Beschränkung des Forschers auf das sinnlich Wahrnehmbare eine Notwendigkeit war. Nur so nämlich konnte sich der abendländische Mensch den vorher so ausgiebig geübten „Wissensgewinn" durch Fantasieren, der zu den mythischen Theorien geführt hatte, abgewöhnen.

Auf dem soliden Fundament, das durch positivistisch-empirisches Forschen gewonnen wurde, konnte sich dann – seit der Mitte des 19. Jh. – eine empirische Psychologie entwickeln. Diese war zu Beginn – entsprechend dem Menschenbild der Aufklärung, in dem die „Vernunft" (das Bewusstsein) als das einzig Geistige im Menschen galt – reine Bewusstseinspsychologie. Nachdem aber das arteigene, im „Selbst" zentrierte Unbewusste sowie dessen Wechselwirkung mit dem Bewusstsein entdeckt war, trat auch das ins Gesichtsfeld der Forschung, was der archaische Mensch als Sehen mit den Augen der Seele bezeichnet hatte. Das hatte dann besonders umwälzende Folgen für die Weltsicht. Es zeigte sich nämlich, dass auch bei dieser Art von Wahrnehmung der spontane Eindruck trügt. Die Folgen dieser Einsicht sollen später besprochen werden.

2. 10. 3. Objektivierende und existenzielle Einstellung

Um zu erkennen, was empirische Forschung dem Menschen bringen kann, welcher Bereich des Lebens jedoch durch sie ausgeschlossen wird, müssen wir uns über das Begriffspaar objektivierende und existenzielle Einstellung Klarheit verschaffen. Der Mensch muss nämlich – auf Grund seiner psychischen Struktur – alternierend zwei verschiedene Haltungen einnehmen. Zum einen muss er sich zu erkennen bemühen, wie die Dinge dieser Welt beschaffen sind und funktionieren. Diese Haltung nenne ich die objektivierende. Zum anderen muss er sich aber auch zu erkennen bemühen, welche Handlung im gegebenen Moment die richtige ist. Diese Haltung nenne ich die existenzielle. Bei objektivierender Haltung geht es somit um das Wahre, bei existenzieller um das Richtige; anders gesagt: bei objektivierender um das Sein, bei existenzieller um das Sollen. Beide Haltungen gehören zu einem ausgewogenen Menschsein, aber auf einmal kann man nur die eine oder die andere einnehmen.

Aus professioneller objektivierender Haltung gingen die Wissenschaften hervor, aus professioneller existenzieller hingegen die Schulen der Spiritualität. Das Ergebnis wissenschaftlichen Forschens ist Sachwissen, das Ergebnis spiritueller Schulung ist individuelle Bewusstheit. Beim Erwerb von Sachwissen kann jede Generation auf dem weiterbauen, was frühere erarbeitet haben. Der Fortschritt ist somit ein wesentliches Element der Wissenschaft. Bei spiritueller Schulung ist dies nicht der Fall. Da muss jeder Mensch von vorne anfangen, muss die gleichen Fehler und Erfahrungen machen wie andere Menschen vor ihm.

Schulen der Spiritualität entwickelten sich innerhalb von Religionen. Im Christentum waren es die Mönchs- und Nonnenorden, im Islam die Sufigemeinschaften und im Hinduismus die Yogaschulen. Der Buddhismus war ursprünglich gar keine Religion, sondern eine Schule der Spiritualität. Eine solche war in China der Daoismus.

Religionen gingen aus der archaischen Weltsicht hervor. Dabei erhob jede den Anspruch, ihr Mythos (Theologen nannten es Glaubensgut) sei wahr. Die Religionswissenschaft hingegen, die nach der Überwindung der archaischen Weltsicht zustande kam, betrachtet Religionen wertfrei. Sie sieht in ihnen historisch gewachsene soziokulturelle Gebilde mit je verschiedenen Vorstellungen über eine jenseitige Welt und die Beziehung der jenseitigen Wesen zum Menschen.

Wichtig ist heute, zwischen Religion und Religiosität zu unterscheiden. Dabei kommt die Unterscheidung zwischen objektivierender und existenzieller Haltung ins Spiel. Unter Religiosität versteht man nämlich eine bestimmte existenzielle Haltung. Der Ausdruck kommt vom lateinischen Wort religere, was soviel bedeutet wie sorgfältig beachten Die Römer verstanden unter einem Homo religiosus einen Menschen, der bei seinen Entscheidungen auch den Willen der Numina – der unsichtbaren Mächte – beachtete. Während man aber bei archaischer Weltsicht glaubte, die Numina seien konkrete geistige Wesen, die sich außerhalb des Menschen befinden, weiß man seit der Entdeckung des arteigenen Unbewussten, dass es sich dabei immer schon um psychische Mächte gehandelt hat. Es sei aber darauf hingewiesen, dass man nun Psyche nicht mehr als etwas auffasst, das für sich allein existieren kann, sondern als psychischen Aspekt des Menschen im Unterschied zu dessen körperlichem Aspekt. Dass man sich bei archaischer Weltsicht die psychischen Mächte außen vorstellte, beruhte auf dem – völlig unbewusst ablaufenden – Vorgang der Projektion. Deren Entdeckung im Rahmen der Tiefenpsychologie war übrigens ein wesentlicher Faktor beim Übersteigen der archaischen Weltsicht. Ich werde später darauf zurückkommen.

2. 10. 4. Die anorganische Welt wird erforscht

Ein erstes Ziel abendländischer Forschung war es, das System der Planetenbahnen zu erfassen. Beobachtet wurden diese ja schon in der Steinzeit. Allerdings glaubte man auf niedrigen Stufen der Bewusstseins-Evolution noch, die Sonne sei ein Gott, der am Himmel dahin schreite oder den Himmel auf einem Schiff befahre. Aus dem Glauben, dass auch die Planeten Götter seien, und dass diese den Charakter und das Schicksal der „unter ihrer Herrschaft" geborenen Menschen bestimmen, ging die Astrologie hervor.

Auf einer relativ hohen Evolutionsstufe des Bewusstseins – im sog. abrahamitischen Monotheismus – nahm man zwar an, Gott befinde sich „hoch über dem Sternenzelt", doch glaubte man immer noch, er habe die Gestirne erschaffen und ihre Bahnen festgelegt. So haben sich denn schon spätantike Astronomen bemüht, die vielen, sich zum Teil widersprechenden Beobachtungen über diese Bahnen unter einen Hut zu bringen mit dem Ziel, den Plan Gottes zu erfassen. Allerdings verwendeten sie dabei ausschließlich die Mathematik. Denken in Kategorien dessen, was zur Physik geführt hat, war damals noch für die „irdischen Dinge" reserviert.

Auch die frühen Astronomen der Neuzeit glaubten noch, Gott habe die Gestirne erschaffen. Sie drangen jedoch tiefer in den „Plan Gottes" vor als die antiken. Die bedeutendsten unter ihnen waren Kopernikus, Brahe, Kepler, Galilei und Newton.

Nikolaus Kopernikus (1479-1543) kannte die Werke der antiken Astronomen. Bei deren Studium hatte er jedoch festgestellt, dass ihre Erklärung der sichtbaren Phänomene nicht stimmen konnte. Beim Bemühen, eine stimmige Lösung zu finden, tat er einen entscheidenden Schritt, indem er Mathematik und Physik kombinierte, also die Physik auch auf die „Dinge am Himmel" anwandte.

Das System der Himmelsmechanik, das er auf diese Weise im Verlauf von 30 Jahren erarbeitete, lässt sich mit fünf Sätzen umschreiben. Erstens: es gibt nicht nur einen Mittelpunkt aller himmlischen Kreisbahnen. Zweitens: Alle Planeten umkreisen die Sonne. Drittens: Der Mittelpunkt dieser Kreisbahnen liegt in Sonnennähe. Viertens: Die Erde dreht sich um ihre eigene Achse, während das Firmament unbeweglich ist. Fünftens: Die Entfernung der Erde vom Firmament ist unendlich viel größer als die Entfernung der Erde von der Sonne. Damit hatte er zum einen das bisherige System umgekrempelt, zum anderen die Vorstellung von den Ausmaßen des Kosmos beträchtlich erweitert.

Wenn man heute von der kopernikanischen Wende spricht, verstehen darunter wohl die meisten diese Umkrempelung, ev. noch die Erweiterung. Das Werk des Kopernikus bedeutete jedoch in einem viel tieferen und folgenschwereren Sinn eine Wende. Kopernikus hatte nämlich de facto nachgewiesen, dass der spontane Eindruck unserer Sinneswahrnehmung trügt. Die Sinne vermitteln uns ja den Eindruck, die Erde stehe still und die Sonne sowie die Planeten kreisen um sie. Kopernikus" Forschung ergab jedoch, dass die Erde um die Sonne kreist. Die Folgen der Entdeckung, dass die Sinneswahrnehmung trügt, für unser Weltverstehen hat Kopernikus wohl noch nicht erfasst. Kepler hat zwar dann darauf hingewiesen, doch hat erst Kant die erkenntnistheoretischen Konsequenzen in vollem Umfang herausgearbeitet. Er tat dies im Rahmen seiner Überlegungen über die Leistungsfähigkeit der Vernunft: dessen, was man heute Bewusstsein nennt. Kant wies darauf hin, dass wir zwischen Welt und Weltbild unterscheiden müssen: zwischen dem, was uns die Sinne über die Welt vermitteln und dem, was diese „in Wirklichkeit" ist. Gleichzeitig sagte er aber auch, es sei dem Menschen nicht möglich, das „Ding an sich", d.h. das, was die Dinge „in Wirklichkeit" sind, zu erkennen.

Das Modell des Kopernikus wurde von den Gelehrten lange Zeit kaum beachtet. Sowohl katholischen wie protestantischen schien es nicht vorstellbar, dass Gott, der doch die Welt für den Menschen geschaffen hatte, die Erde nicht in deren Mittelpunkt gestellt hat.

Erst Johannes Kepler (1571-1630) bestätigte und verteidigte das Modell des Kopernikus. Er wies auch darauf hin, dass nicht nur dessen Heliozentrismus einen Erkenntnisfortschritt bedeutete, sondern auch der Hinweis auf die nicht wahrnehmbaren Veränderungen des Fixsternhimmels. Ebenso, dass dies eine enorme Erweiterung unserer Vorstellung von den Dimensionen der Welt zur Folge habe.

Kepler verifizierte aber nicht nur das Werk des Kopernikus. Er führte es auch weiter und vollzog damit den nächsten großen Schritt auf dem langen Weg von der Naturkunde zur Naturwissenschaft. Kopernikus hatte nämlich – wie alle seine Vorgänger – noch angenommen, die Planetenbahnen seien kreisförmig. Der Kreis galt ja als Symbol der Vollkommenheit und man dachte, Gott könne nur Vollkommenes geschaffen haben. Kepler wies nun nach, dass die Bahnen der Planeten elliptisch sind und dass in einem ihrer Brennpunkte die Sonne steht; ferner, dass die Verbindungslinie Sonne-Planet – obwohl ihre Länge sich stetig ändert – in gleichen Zeitabschnitten gleiche Flächen überdeckt; schließlich fand er heraus, dass die Quadrate der Umlaufzeiten der Planeten der dritten Potenz ihrer mittleren Abstände von der Sonne entsprechen.

Gegenüber Kopernikus hatte Kepler allerdings den Vorteil, dass er sich auf die umfangreichen und exakten Planetenbeobachtungen des Dänen Tycho Brahe stützen konnte. Brahe verfügte zwar noch nicht über ein Fernrohr. Er verwendete nur die bis dahin üblichen Beobachtungsinstrumente. Er hatte jedoch deren Leistungsfähigkeit verbessert, indem er sie vergrößerte, sie fest auf ihrer Unterlage montierte und an ihnen noch verfeinerte Skalen anbrachte.

Ein Fernrohr stand hingegen Galileo Galilei (1546-1601), der ein Zeitgenosse von Kepler war, zur Verfügung. Es war allerdings noch ein einfaches Gerät. Als Objektiv hatte es nur eine Sammellinse und als Okular eine Zerstreuungslinse. Trotzdem eröffnete es eine Anschauung der Himmelskörper, wie sie früheren Astronomen nicht möglich gewesen war. Dank des Fernrohrs gelang es Galilei, die Sonnenflecken und die Rotation der Sonne zu entdecken sowie auch die Struktur der Mondoberfläche, die Jupitermonde und die Venusphasen.

Galilei war aber in erster Linie Physiker. Sein Interesse galt vor allem der Mechanik: der Art und Weise, wie sich feste Körper unter dem Einfluss gegebener Kräfte bewegen. Galilei zog gleichsam die Himmelsmechanik auf die Erde herab.

Sein Beitrag zur naturwissenschaftlichen Forschungsmethode bestand vor allem in der Einführung des planmäßig vorbereiteten Experiments zur Überprüfung theoretischer Überlegungen. So führte er Fallversuche durch und experimentierte mit dem Pendel. Dabei entdeckte er die Trägheit d. h die Eigenschaft der Körper, in ihrem Bewegungszustand – Ruhe oder geradlinig gleichförmiger Bewegung – zu verharren, sofern nicht äußere Kräfte auf sie einwirken.

2. 10. 5. Die Gelehrtenrepublik

Kopernikus, Kepler und Galilei sind als herausragende Gestalten in die frühe Geschichte der Naturwissenschaft eingegangen. Es soll aber nicht vergessen werden, dass damals eine große Zahl von Gelehrten in ganz Europa sich mit den gleichen Fragen wie diese „Heroen" befassten und ihre Erkenntnisse miteinander austauschten.

Durch Renaissance, Humanismus und die beginnende Erforschung der Natur war das Bedürfnis nach profaner Bildung gewaltig angewachsen. Dem kam eine neuartige Organisation des Bildungswesens entgegen. So fand z. B. eine Aufwertung der artes liberales – der früheren „sieben freien Künste" – statt. Diese waren fortan nicht mehr nur ein Grundstudium für den Besuch der (immer noch von Theologen dominierten) Universität. Sie konnten mit dem Grad eines Magister artium abgeschlossen werden.

Zudem pflegten die Gelehrten ausgedehnten Kontakt miteinander. Dabei entwickelten sich eigentliche Netzwerke für gelehrte Diskussionen. Erleichtert wurde dies dadurch, dass fast gleichzeitig mit der Erfindung des Buchdrucks die Familie Turn und Taxis ein Postsystem mit Reitern und Kutschen einrichtete. Zuerst beruhten die Kontakte der Gelehrten auf persönlicher Korrespondenz, doch wurden sie bald durch Druckerzeugnisse erweitert und verdichtet. All das geschah noch außerhalb der Universität, doch floss es, wie erwähnt, später in diese ein.

Wegen des Buchdrucks und den durch diesen ausgelösten Ausbau einer Infrastruktur wie Verlags- und Distributionswesen war die Möglichkeit zum Erwerb von Wissen gewaltig gestiegen. So kamen seit Beginn des 16. Jh. gelehrte Zeitschriften auf. Auch gelangten die Disputationen, die nach wie vor an den Universitäten abgehalten wurden, – als Dissertationen gedruckt – in den Buchhandel.

Um 1700 herum entstanden gelehrte Sozietäten wie z.B. die Royal Society und die Académie française. Sie entstanden auf Initiative des englischen sowie des französischen Königs. Sie wurden von diesen gefördert und finanziell unterstützt. Diese Sozietäten bildeten gleichsam Knotenpunkte innerhalb des gelehrten Netzwerks und boten jenen empirischen Forschern, die von den Kirchen angefeindet und drangsaliert wurden, einen geschützten Raum. Zeitschriften, welche die Sozietäten herausgaben, genossen besonderes Ansehen und gaben Anregungen für weiteres Forschen. Mehr und mehr wurden Bibliographien angelegt, was wiederum zum Ausbau von Bibliotheken führte.

Ausgebaut wurde dieses Kommunikationssystem aus Korrespondenzen, Dissertationen und Zeitschriften vor allem in den Jahren zwischen 1660 und 1730, also nach Beendigung des dreißig jährigen Krieges. Eine Folge davon war die Verschriftlichung der Wissenschaft. In den Sprachgebrauch eingegangen ist das über ganz Europa ausgebreitete gelehrte Netzwerk unter dem Namen Gelehrtenrepublik. Das Bildungsideal war damals noch der Universalgelehrte. Diesen Status zu erreichen war zu jener Zeit noch möglich, weil sich profilierte wissenschaftliche Disziplinen erst später herausgebildet haben.

2. 10. 6. Gelehrte und Handwerker

Auch das Verhältnis zwischen Gelehrten- und Handwerkerstand hat sich seit Beginn der Neuzeit verändert. Dadurch wurde sozusagen der Grundstein für die später erfolgte industriell-technische Revolution gelegt. Hatte im Mittelalter zwischen Gelehrten und Handwerkern kaum eine Beziehung bestanden, traten sie nun notwendigerweise miteinander in Kontakt. So mussten z.B. schon die Humanisten für die Herausgabe ihrer Werke eng mit den Buchdruckern zusammenarbeiten; ebenso später die Naturforscher bei der Vorbereitung und Durchführung ihrer Experimente sowie bei der Herstellung von

Instrumenten. Anderseits bildeten sich aus dem Handwerkerstand Eliten heraus. Zum einen geschah dies im Rahmen der Erstellung von Befestigungs- und Wasserbauten sowie im Gießereiwesen. Dabei kamen Handwerker über ihre Arbeitgeber mit Gelehrten in Kontakt, vor allem mit Mathematikern. Aus diesen Kontakten entstand der Keim zum Ingenieurberuf, der mit der Zeit zu einem akademischen Fach wurde. Parallel dazu entwickelte sich aus dem Baumeister der Architekt, dessen Ausbildung ebenfalls in die Universität Eingang fand.

Zum anderen führten Erfindungen wie die der Räderuhr, der Brille und des Mikroskops zur Entwicklung der Feinmechanik. Weiter vorangetrieben wurde diese im 17. und 18. Jh. durch den zunehmenden Bedarf an wissenschaftlichen Instrumenten. Dabei kam es zwischen Gelehrten und Handwerkern oft zu einer eigentlichen Symbiose. Gefördert wurde auch die Entwicklung der „groben" Mechanik, z.B. durch die Einführung der Turmuhr im 16. Jh. sowie durch die Weiterentwicklung der Mühlentechnik.

Im Rahmen der Entwicklung des Handwerks entstand auch eine technologische Literatur. Während sich aber die Kommunikation zwischen Gelehrten weiterhin über Gedrucktes vollzog, stand bei der Zusammenarbeit von Gelehrten und Handwerkern der persönliche Kontakt im Vordergrund.

Die Ergebnisse der Arbeit im Dienst der Erforschung der Natur, die damals zu einem großen Teil den mechanischen Kräften galt, hat dann der Engländer Isaak Newton (1643-1727) unter ein theoretisches Dach gebracht, indem er die Gravitation entdeckte. Schon Kopernikus und Kepler hatten die Ansicht vertreten, die Planeten werden durch eine von der Sonne ausgehende Kraft auf ihren Bahnen gehalten. Näheres über diese Kraft konnten sie jedoch nicht aussagen. Newton wies dann nach, dass alle Körper – die am Himmel wie die auf der Erde – sich gegenseitig anziehen. Die Kraft, durch die dies geschieht, nannte er Gravitation. Auch wies er nach, dass deren Stärke umgekehrt proportional ist zum Abstandsquadrat der sich anziehenden Körper.

Mit Newtons Gravitationstheorie war das zustande gekommen, was der Naturwissenschaftshistoriker Thomas Kuhn als Paradigma bezeichne hat: eine Theorie, die auf einem breiten Gebiet der Naturwissenschaft – hier der Mechanik – alle gemachten Beobachtungen und Teilerklärungen unter ein einziges Dach brachte. An der Wirkungsgeschichte der Newtonschen Gravitationstheorie kann auch die heuristische Funktion eines Paradigmas beobachtet werden. Sie regte zu ungezählten neuen Fragestellungen an und diese wiederum zu neuen Experimenten. Sie hatte Bestand, bis Einstein auf den Plan trat, den Horizont der Physiker beträchtlich erweiterte und vor allem ein tieferes Verständnis der Gravitation erschloss.

2. 10. 7. Weiterschreiten der Forschung

Zu der Zeit, als Newton durch seine Gravitationstheorie die bisherige Mechanik krönte, hatte auch die Chemie wissenschaftliche Züge angenommen.

Mit der Wandelbarkeit der Stoffe hatten sich zwar schon seit der Antike die Alchemisten befasst. Durch Schmelzen, Sieden, Einkochen, Sublimieren und Filtrieren usw. hatten sie brauchbare Methoden im Umgang mit der Materie entwickelt. Ihre Theorien über deren Wesen waren jedoch noch weitgehend mythisch. Vor allem gingen sie davon aus, dass es vier „Elemente" gebe: Feuer, Erde, Wasser und Luft.

Erste wissenschaftliche Züge nahm die Chemie durch die Arbeiten von Boyle (1627-1691) an, als dieser den Zusammenhang zwischen Druck und Volumen eines idealen Gases bei gleichbleibender Temperatur entdeckte. Als weitere Pioniere folgten Cavendish (171-1810), der den Wasserstoff entdeckte. Priestley (1733-1804) entdeckte den Ammoniak und den Chlorwasserstoff. Humphry gelang kurz vor der französischen Revolution die Isolierung des Sauerstoffs. Trotz dieser Endeckung gelang es ihm aber nicht, die Phlogistontheorie zu überwinden, die ein Jahrhundert lang das Verständnis des Feuers blockiert hatte. Aufbauend auf den Arbeiten von Humphry klärte dann Lavoisier (1743-1793) das Wesen des Verbrennungsvorgangs auf. Auch entwickelte er quantitative Methoden zur chemischen Analyse, sodass er eine Liste von dreißig Elementen hinterlassen konnte. Dalton (1766-1844) entdeckte das Gesetz der konstanten Proportionen und begründete die chemische Atomistik. Proust (1755-1850) wies den Unterschied zwischen Mischungen und chemischen Verbindungen nach. Auf dem Werk dieser Pioniere stehend gelang es späteren Chemikern, die restlichen der 94 natürlichen Elemente nachzuweisen. Schließlich erkannte der Russe Mendelejew (1834-1907) deren „Verwandtschaften" und ordnete sie zum periodischen System. Die Kraft, welche die Elemente in chemischen Verbindungen zusammenhält, konnte jedoch noch nicht verstanden werden.

Ein beträchtlicher Schritt auf das Verständnis der Naturkräfte hin erfolgte mit der Erforschung der Elektrizität in der ersten Hälfte des 18. Jh. Bekannt waren elektrische Phänomene – z.B. Knistern nach Reibung – schon seit der Antike. In der frühen Neuzeit wurden sie jedoch noch nicht als Gegenstand der Naturforschung wahrgenommen. Als im 18. Jh. das Interesse an ihnen zunahm, erregten sie solches zuerst nur als künstlich herstellbare Phänomene und dienten zu Demonstrationen vor einem breiten Publikum. Erst als Benjamin Franklin (1706-1796) den Blitzableiter erfunden hatte, erkannte man, dass Elektrizität eine Naturkraft ist. Von da an wurde sie als kohärentes Forschungsgebiet wahrgenommen. Neue Instrumente und Nachweismethoden wurden gefunden. Die entscheidende Entdeckung über die Natur der Elektrizität gelang dann Michael Faraday (1791-1867), der damals noch Laborgehilfe der Royal Society war. In einem genial angelegten Experiment wies er nach, dass Magnetismus und Elektrizität zusammengehören. Er schuf den Begriff des elektromagnetischen Feldes und legte mit seinem Experiment zugleich das Fundament für die spätere Erfindung des Elektromotors. Der Mathematiker James Clerk Maxwell (1831-1889) griff dann die – längere Zeit kaum beachteten – Beobachtungen und Gedanken Faradays auf. Er fundierte sie wissenschaftlich und schuf so die theoretischen Grundlagen der modernen Elektrodynamik.

In diesem Rahmen wurde die elektromagnetische Strahlung entdeckt und damit die Natur des Lichts. Handhaben konnte man das Licht zwar schon lange, und der dänische Astronom Olaf Römer (1644-1710) hatte sogar dessen Geschwindigkeit nachgewiesen. Nach der Entdeckung, dass das Sonnenlicht beim Durchgang durch ein Prisma in Farben zerlegt wurde, glaubte man vorerst, die Farben entstünden durch das Prisma. Isaac Newton gelang es dann, durch technisch sehr anspruchsvolle Versuche nachzuweisen, dass die Farben schon im Sonnenlicht enthalten sind, und dass sie durch das Prisma nur aussortiert werden.

Der Nachweis der elektromagnetischen Natur der Strahlung brachte aber nicht nur Einblick in die Natur der Farben. Es wurde auch erkannt, dass das, was wir als Licht wahrnehmen, nur ein kleiner Ausschnitt aus der breiten Skala der elektromagnetischen Strahlung ist: dass sich „oberhalb" des Lichts noch die infrarote Strahlung befindet, die wir als Wärme wahrnehmen, und „unterhalb" des Lichts die ultraviolette, die Röntgen- und schließlich die Gammastrahlung. Ferner zeigte sich, dass mit der Zunahme der Frequenz die Intensität der Strahlung zunimmt.

Als Naturkräfte waren nun die Gravitation sowie die thermische, chemische und elektromagnetische Kraft bekannt. Noch um die Mitte des 19. Jh. galt die Physik als die Lehre von diesen Kräften, da man deren inneren Zusammenhang noch nicht kannte. In der zweiten

Hälfte des Jahrhunderts wurde dann – als Oberbegriff für all diese Kräfte – der Begriff „Energie" erarbeitet. Dabei wurden die bekannten Kräfte als unterschiedliche Formen der Energie erkannt und man lernte, sie aus der einen Form in eine andere umzuwandeln. Schließlich führte die Entdeckung Max Plancks noch zu einer differenzierteren Auffassung der elektromagnetischen Strahlung. Hatte man sich diese bis dahin als etwas kontinuierlich dahin Fließendes vorgestellt, wies Max Planck nach, dass sie gequantelt – gleichsam in kleine Pakete „abgepackt" – ist.

Noch aber bestand neben dem Begriff „Energie" der Begriff „Masse". Dieser war – in mehreren Schritten – abstrahiert worden aus den Beobachtungen über das Verhalten fester Körper. Man glaubte jedoch, die beiden Oberbegriffe Energie und Masse hätten nichts miteinander zu tun. Am Beginn des 20. Jh. wies dann Albert Einstein nach, dass das, was man Masse nennt, aus Energie besteht. Das heißt, dass feste Körper zwar aus Energie bestehen, dass die Energie in diesen jedoch in ungeheuer verdichtetem Zustand so eingeschlossen ist dass sie von sich aus nicht entweichen kann. Die bahnbrechend neue Einsicht war, dass Masse in freie Energie umgewandelt werden kann und freie Energie in Masse. Energie war damit als die Kraft erkannt, welche die ganze anorganische Natur durchzieht und in Gang hält. Das Energie-Paradigma war geboren. Man war nun der Überzeugung, der gesamte Naturprozess lasse sich mit Hilfe des Begriffs „Energie" erklären.

2. 11. Die erste Aufklärung

Nun hatte schon im 18. Jh. eine Phase der Besinnung über die damals vorliegenden Ergebnisse empirischer Naturforschung eingesetzt. Gewöhnlich wird diese Geschichtsepoche als die Aufklärung bezeichnet. Dabei ist jedoch zu beachten, dass die Mutation des Bewusstseins in zwei Schritten verlaufen ist, und dass bei jedem Schritt eine Reflexion über das bis dahin Erreichte stattgefunden hat. Dazu gehörte jeweils auch die Frage, was für Konsequenzen die bisher gemachten Entdeckungen für die Weltsicht haben. Da die Konsequenzen der beiden Schritte sehr unterschiedlich waren und zu zwei unterschiedlichen Welt- und Menschenbildern führten, scheint es mir gerechtfertigt, zwischen einer ersten und einer zweiten Aufklärung zu unterscheiden.

Bis zum Beginn des 18. Jh. war nur der anorganische Bereich der Natur erforscht worden Eine eigentliche Wissenschaft vom Lebendigen war bis dahin noch nicht zustande gekommen. Bezüglich Pflanzen und Tieren befand man sich noch im Stadium des Sammelns.

Die Erforschung des Anorganischen hatte ergeben, dass die Naturvorgänge von exakten, mathematisch fassbaren Gesetzen geregelt sind. Damit wurde die Vorstellung vom willkürlichen Eingreifen übernatürlicher Mächte in den Naturprozess hinfällig. Die Naturauffassung, die sich aus der damaligen Kenntnis des Naturprozesses ergab, war die mechanistisch-deterministische. Sie blieb maßgebend bis weit ins 20. Jh. hinein. In dessen zweiter Hälfte wurde sie dann von der systemischen Auffassung der raumzeitlichen Gebilde abgelöst.

Bedeutsam für die erste Aufklärung war auch, dass der methodische Positivismus vom ideologischen abgelöst wurde. Bedeutet methodischer Positivismus, dass nur das als wissenschaftlich erwiesen gelten darf, was mit den Sinnen nachweisbar ist, so vertritt der ideologische Positivismus die Meinung, was mit den Sinnen nicht nachweisbar sei, existiere nicht. Damit fiel die gesamte Vorstellung eines Jenseits dahin. Und da man sich die jenseitige Welt als aus Geist bestehend vorgestellt hatte, blieb nur das aus Materie bestehende Diesseits übrig. Deshalb wird die Naturauffassung, die sich daraus ergab, als Materialismus bezeichnet.

Naturwissenschaftler haben die Konsequenzen, die ihre eigene Arbeit für die bis dahin gültige Art des Weltverstehens hatte, kaum je durchdacht. Ihr Ziel war es einzig und allein, immer weiter hinter die Fassade des Augenscheins vorzudringen. Die Konsequenzen für die Weltsicht durchdacht haben im 18. Jh. jedoch die, welche unter der Bezeichnung Philosophen der Aufklärung in die Geschichte eingegangen sind. Es waren Leute wie d"Alembert,

Voltaire, Didérot usw. Wegen ihnen wird bis heute das 18. Jh. als Zeitalter der Aufklärung bezeichnet. Derjenige unter den „Aufklärungsphilosophen", der am konsequentesten dachte, war Paul von Holbach (1723-1789). In seinem Buch „Le système de la nature" vertrat er als Erster eine strikt materialistische Sicht.

Während des ganzen 19. Jh. wurde die materialistische Weltsicht durch die Naturforschung noch untermauert. Diese hatte sich in Spezialgebiete aufgefächert, die Untersuchungsmethoden perfektioniert und beim Vordringen hinter die Fassade des Augenscheins am Ende des 19.Jh. schließlich die atomare Dimension erreicht.

Gleichzeitig kam durch Einsteins Entdeckung der Äquivalenz von Masse und Energie das sog. Energieparadigma zustande, welches die Meinung implizierte, der gesamte Naturprozess könne mittels des Energiebegriffs erklärt werden. Das Energieparadigma hatte den sog. ontologischen Reduktionismus zur Folge: die Überzeugung auch der menschliche Geist lasse sich mit der Zeit auf die Gesetze der Physik und Chemie zurückführen. Bei materialistischer Sicht war das logisch, nahm man doch an, der Geist sei Ausfluss der Materie.

Von heutiger Warte aus ist der wissenschaftliche Materialismus als eliminatorischer Materialismus zu bezeichnen, weil er dadurch zustande kam, dass aus der überlieferten Weltsicht der Begriff des Geistigen eliminiert wurde. Es ist aber zu beachten, dass es nur die archaisch-konkretistische Auffassung des Geistigen war, die eliminiert wurde. Dies bedeutete nicht die Negation des Geistigen überhaupt. Das konnte man allerdings damals noch nicht erkennen. Dass der Begriff des Geistigen – Gegenbegriff zum Materiellen – zu einer vollständigen Weltsicht gehört, zeigte sich, erst im 20. Jh., als das Gefühl aufkam, der Materialismus sei nicht länger haltbar. Im Zug der damit aufkommenden zweiten Aufklärung konnte dann wie gesagt, die schon im Mittelalter fällig gewordene nicht mehr konkretistische Auffassung des Geistigen gefunden werden. Es sei hier noch einmal daran erinnert, dass es sich bei diesem Geistigen um das objektiv Geistige handelt: um jenes Geistige, das schon vorhanden war, als Bewusstsein – das subjektiv Geistige bzw. der Menschengeist – in die Existenz trat.

Der wissenschaftliche Materialismus war somit eine Weltsicht des Übergangs. Er war jedoch umumgehbar, da die Mutation des Bewusstseins nach jener Naturgesetzlichkeit psychischen Wandels verlaufen ist, die – in der Sprache des Unbewussten – seit jeher durch das Mythologem vom Tod und der Wiederauferstehung eines Gottes veranschaulicht worden ist. Ich werde später darauf eingehen.

Es ist noch darauf hinzuweisen, dass der Materialismus seiner Natur nach atheistisch war. Das hatte schwerwiegende Folgen für die Auffassung von der Quelle ethischer Normen. Da im Materialismus das Vorhandensein einer dem Ich überlegenen Instanz dahinfiel, deren „Willen" der Mensch bei seinen Entscheidungen berücksichtigen (lateinisch religere) sollte, war er prinzipiell areligiös. Er vertrat eine vom menschlichen Willen allein bestimmte, als subjektivistisch zu bezeichnende Ethik.

Im Unterschied dazu sind die ethischen Normen sowohl im archaischen als auch im neuen, durch die Mutation des Bewusstseins zustande gekommenen Menschenbild in der objektiven Wirklichkeit verankert. Beim archaischen waren sie es – wie man glaubte – im Willen der Götter bzw. Gottes, beim neuen Menschenbild sind sie verankert im Selbst, der im Unbewussten befindlichen Führungsinstanz der Psyche.

Nun hat der interkulturelle Vergleich ergeben, dass alle bekannten Ethiken als Varianten eines einheitlichen Grundmusters gesehen werden können. Zu diesem gehören u.a. die Normen, nicht zu morden, den Sexualtrieb nicht unkontrolliert auszuleben, nicht zu lügen und nicht zu stehlen. Im Licht der Humanethologie betrachtet kann man sagen, sie seien Ausdruck des Ethogramms der Spezies Homo sapiens. Gespeichert sind diese Normen im unbewussten Bereich der Psyche.

Gemäß der von der Tiefenpsychologie erarbeiteten Modellvorstellung der Psyche ergeben sich reife ethische Entscheidungen durch Optimierung der Strebungen des Unbewussten (des Selbst) mit denen des Bewusstseins (des Ich). Da das Ich – in der Sprache der Kybernetik ausgedrückt – ans Selbst rückgekoppelt ist, ist Gewähr gegeben, dass Entscheidungen nicht zu sehr außerhalb der durch das Ethogramm gegebenen Grenzen gefällt werden. Dies setzt allerdings voraus, dass man sich um Optimierung bemüht.

Da im positivistischen Menschenbild das Ich als alleinige geistige Instanz gilt und somit die Rückkoppelung ans Selbst wegfällt, ist bei der daraus sich ergebenden Ethik der Willkür Tür und Tor geöffnet. In jüngster Zeit hat sich bei uns infolge der Verdampfung des Christentums die positivistische Weltsicht und mit ihr die subjektvistische Ethik immer weiter ausgebreitet. Sie erwies sich als willkürliches System, in dem als oberste, das Handeln bestimmende Werte z. B. Macht, Gelderwerb, Konsum, oder einfach Fun gelten. Das ist denn auch der Grund für den erschreckenden Werte- und Sittenzerfall, der sich vor unseren Augen abspielt.

2. 11. 1. Erfindungen

Mit dem Voranschreiten der Naturforschung entwickelte sich auch die Technik: die Anwendung der Ergebnisse der Naturforschung auf die Bedürfnisse des Menschen. Dies war für Europa ebenso charakteristisch wie das von Neugier getriebene immer weitere Vordringen hinter die Fassade des Augenscheins.

Werfen wir nur kurz einen Blick auf jene Erfindungen, die zum einen die Möglichkeit eröffneten, die Muskelkraft zu ersetzen, zum anderen es möglich machten, Nachrichten mit Lichtgeschwindigkeit über weite Distanzen zu transportieren und Denkaufgaben durch Maschinen erledigen zu lassen.

Schon früh wurde die Muskelkraft ersetzt durch die Nutzung fließender Gewässer. Bekanntestes Beispiel ist das senkrecht stehende Wasserrad, das zuerst bei der Mühle eingesetzt wurde, dann aber viele andere Anwendungen fand.

Das eigentliche technologische Zeitalter wurde eröffnet durch die Erfindung der Dampfmaschine. Dieser folgte die des Verbrennungs- und schließlich des Elektromotors. Die Folge war eine Ausweitung des Montanwesens, der industriellen Herstellungsverfahren für Stoffe und Maschinen. Dies wiederum führte – dank der Erfindung der schienengeleiteten Eisenbahn, des Autos und des Flugzeugs – zu einer Revolutionierung des Transport- und Verkehrswesens. Die Nachrichtenübermittlung mit Lichtgeschwindigkeit wurde ermöglicht durch die Erfindung von Telegraph und Telefon, dann von Funk, Radio und Fernsehen. Schließlich machte es die Erfindung der elektronischen Datenverarbeitung möglich, Denkaufgaben zu exteriorisieren.

All dies führte zu jener technischen Revolution, welche das Leben der Menschen in weitaus größerem Ausmaß verändert hat als seinerzeit die Erfindung von Landwirtschaft und Viehzucht. Möglich war sie jedoch nur, weil ihr die empirisch-wissenschaftliche Erforschung der Natur vorausgegangen war.

Während jedoch bei der neolithischen Revolution, wie eingangs gesagt, die archaische Weltsicht in ihrer Grundstruktur unverändert blieb, führte die naturwissenschaftlich-technische zu einem völlig neuen Welt- und Menschenbild. Während aber der erste Schritt der Bewusstseins-Mutation sich sozusagen in der Öffentlichkeit vollzog, entwickelte sich der zweite, der zum endgültigen Durchbruch und damit zur Überwindung der archaischen Weltsicht führte, gleichsam untergründig und wurde bisher vom allgemeinen Bewusstsein noch kaum wahrgenommen. Um zu erkennen, wie dieser zweite Schritt vor sich gegangen ist, müssen wir noch betrachten, wie die empirisch-wissenschaftliche Erforschung des Lebendigen geschah. Vorerst aber noch ein Blick auf die Kulturwissenschaft.

2. 11. 2. Erforschung der Kultur

Neben den Naturwissenschaften entwickelten sich – wenn auch nicht so spektakulär – die Geistes- bzw. Kulturwissenschaften. Ihr Forschungsmaterial waren zum überwiegenden Teil Dokumente: neben Urkunden, historischen Berichten und literarischen Zeugnissen auch Denkmäler und bildende Kunst. Dabei richtete sich der Blick der Forscher vor allem auf deren Geschichte. Wegleitend war, wie erwähnt, die kritische Prüfung der Quellen, wobei ebenso strenge Methoden ausgearbeitet wurden wie in den Naturwissenschaften. Zudem wurden die Quellen in einen Zusammenhang mit ihrer Epoche und Umgebung gestellt. Da viele der herbeigeschafften Quellen nicht ohne weiteres verstehbar waren, wurde sehr viel Mühe aufgewendet, deren Sinn zu erschließen. Bei vielen Schriften musste – ebenfalls in mühevoller Arbeit – zuerst deren Code geknackt werden.

So kristallisierte sich im Verlauf der Jahrhunderte ein umfangreiches historisches Wissen heraus. Zuerst ging es vorwiegend um die Geschichte des Abendlandes und der antiken Klassik. Im Zug der Entdeckung und Kolonisierung fremder Länder trat auch deren Geschichte ins Blickfeld. Indem sich die Archäologie mehr und mehr entfaltete und auch von naturwissenschaftlichen Methoden Gebrauch machte, wurde die Achse der Zeit über jenen Zeitraum hinaus, den die Erforschung der literarischen und bildnerischen Quellen erschlossen hatte, immer weiter vorangetrieben. Heute reicht sie bis in jene Zeit, in der die ersten menschenähnlichen Wesen erschienen.

Als Spezialgebiet der Kulturwissenschaften – gleichsam als Schwestergebiet der historischen – sei hier die klassische Ethnologie erwähnt. Diese stützte sich, da sie meistens „geschichtslose" Völker erforschte, auf direktes Beobachten. Besonders folgenreich für die Erforschung der Mutation des Bewusstseins war, dass die Ethnographen sich nicht nur auf die materielle Kultur jener Ethnien beschränkten, sondern auch deren Denkweise erforschten: die Art und Weise, wie sie die Welt, sich selbst sowie ihre Befindlichkeit in der Welt auffassten. Fruchtreich war – neben der Arbeit der ethnologisch interessierten Forschungsreisenden und Kaufleute – die der Missionare. Diese lebten ja während Jahren mit den betreffenden Völkern zusammen und beherrschten in der Regel auch deren Sprache. In reichem Ausmaß berichteten sie an ihre Mutterhäuser über ihre Beobachtungen beim Bemühen, die „armen Heiden" zum Christentum zu bekehren. Das Dokumentationsmaterial, das bei all dem zustande kam, war von unschätzbarem Wert, als es im 20. Jh. darum ging, die Evolution des Bewusstseins und – in diesem Rahmen – das archaische Weltbild zu erarbeiten. Von unschätzbarem Wert ist dieses Material heute deshalb, weil unterdessen sozusagen alle Ethnien irgendwie von der Globalisierung erfasst worden sind, und deshalb deren Denkweise nicht mehr in ihrer ursprünglichen Form erforscht werden kann.

Zu erwähnen ist auch – als besonders folgenschwere Leistung der Kulturwissenschaften in Hinblick auf die Mutation des Bewusstseins – die historisch-kritische Erforschung der Bibel. Indem vor allem untersucht wurde, wie die „heiligen" Schriften entstanden sind und sich dabei herausstellte, dass dies auf völlig natürliche Weise geschehen ist, löste sich der archaische Offenbarungsbegriff – das erkenntnistheoretische Fundament aller Theologien – nach und nach auf. Die „übernatürliche" Offenbarung wurde naturalisiert, als sich herausstellte, dass Visionen – die häufigste Quelle von „Glaubensgut" – Gestaltungen des Unbewussten sind. Das Zustandekommen der archaischen Weltsicht wurde nachvollziehbar, als man erkannte, dass Visionen in der Projektion perzipiert (wahrgenommen) werden, und dass man sie früher, da man den Projektionsvorgang noch nicht kannte, konkretistisch apperzipiert (ins Weltbild eingeordnet) hat.

Von großer Bedeutung war auch, dass sich innerhalb der Verhaltensforschung die evolutionäre biologische Kognitionsforschung entfaltete. Sie bemüht sich, die Evolution unbewusster kognitiver Systeme von den Bakterien über die kernhaltigen Einzeller und die mehrzelligen Lebewesen bis hinauf zum Primaten zu ergründen. Konrad Lorenz, der Begründer dieser Disziplin, nannte dies auch Naturgeschichte des Erkennens. Wegen der außerordentlichen Bedeutung ihrer Ergebnisse für die Erforschung der Bewusstseins-Evolution erwähne ich sie unter den Kulturwissenschaften. Indem sie nämlich zeigte, welche kognitive Fähigkeit beim Schritt von den tierischen Primaten zum Menschen – zum bewussten Lebewesen – fulgurierte, d.h. zu den schon hoch entwickelten kognitiven Fähigkeiten der Tiere hinzukam, ermöglichte sie nach all den philosophischen Definitionen von Bewusstsein eine nunmehr empirisch-wissenschaftlich fundierte zu erarbeiten. Damit schuf die evolutionäre biologische Kognitionsforschung die Grundlage für einen griffigen methodischen Ansatz zum Nachweis der Bewusstseins-Evolution. Wichtig war dies vor allem deshalb, weil Theologen bis heute – mit sicherem Instinkt – eine Evolution des Bewusstseins kategorisch ablehnen, selbst dann, wenn sie die Evolution der Lebewesen zugestehen.

Zu den klassischen Disziplinen der Kulturwissenschaft kamen später noch die gesellschafts- und wirtschaftswissenschaftlichen hinzu. Diese seien hier jedoch nur erwähnt.

2. 11. 3. Aufkommen des Spezialistentums

Das 19. und 20. Jh. war für die Forschung außerordentlich fruchtbar. Allerdings splitterte sich diese – insbesondere in den Naturwissenschaften – in immer engere, voneinander abgeschottete Fachgebiete auf. Aus dem Universalgelehrten der frühen Neuzeit wurde vorerst der Spezialist, dann mehr und mehr der Subspezialist.

Damit hat sich aber auch die Struktur der wissenschaftlichen Sozietäten gewandelt. Aus der Gelehrtenrepublik der frühen Neuzeit ist die Scientific Community geworden: ein weltweites, gleichsam föderales Gebilde, das aus einer Vielfalt spezifischer Fachrepubliken besteht, wobei kaum mehr in einer gewusst wird, was in der anderen vorgeht.

Dass aber die Wissenschaft als Ganzes trotz dieser Zersplitterung unaufhaltsam vorangeschritten ist, hat seinen Grund in der schon im Mittelalter erfolgten Institutionalisierung des Bildungssystems. Dabei kam – wie nun im Rückblick gesehen werden kann – der Institution „Universität" ganz besondere Bedeutung zu. Sie kann, wie schon gesagt, mit einem Flussbett verglichen werden, in das früher oder später alle außerhalb von ihm entsprungenen Bäche einmündeten. Die Universität ist dann in der Lage, die verschiedenen, getrennt forschenden Spezialisten zu interdisziplinären Gesprächen zusammen zu bringen. Dies erwies sich als besonders fruchtbar, als im späten 20. Jh. das Bemühen aufkam, ein zeitgemäßes, empirisch fundiertes Menschenbild zu erarbeiten. Die integrale Humanwissenschaft, die dazu erforderlich war, ließ sich nur durch umfassende interdisziplinäre Arbeit verwirklichen.

2. 12. Die Erforschung des Lebendigen

2. 12. 1. Von der Tier- und Pflanzenkunde zur Biologie

Zu betrachten ist noch die Erforschung des Lebendigen. Diese hatte eine lange Anlaufzeit. Zuerst musste man sich ins Bild setzen, was für Tiere und Pflanzen es überhaupt gibt. Hierzu dienten vor allem die Sammlungen an den Fürstenhöfen: deren Naturalienkabinette sowie botanische und zoologische Gärten. Bereichert wurden diese vor allem durch Exemplare, die Forschungsreisende aus den neu entdeckten Ländern nachhause brachten.

Mit der Zeit bemühte man sich um Ordnung dieser Vielfalt, die ja noch durch Berichte, Zeichnungen und Aquarelle auf fernen Ländern bereichert worden war. In diesem Rahmen entstand als Erstes die Pflanzensystematik des Schweden Carl v. Linné (1757-1778). Sie orientierte sich an den Merkmalen der Blüten.

Auf den Menschen als Lebewesen hatte sich das Interesse allerdings schon am Beginn der Neuzeit gerichtet. So bemühte sich schon Leonardo da Vinci (1452-1519) um die Erforschung der menschlichen Anatomie. Die Erfindung des Mikroskops ermöglichte es dann, die Feinstruktur der Organe zu ergründen. Parallel dazu entwickelte sich die Erforschung der physiologischen Funktionen. Ein Markstein auf diesem Weg war die Entdeckung des Blutkreislaufs durch William Harwey (1578-1657). Mehr und mehr setzte sich die Einsicht durch, dass der Mensch der Natur nicht einfach als Krone aufgesetzt wurde, sondern dass er als Lebewesen unter anderen anzusehen ist.

Eine neue Mikrodimension in der Welt des Lebendigen hat Louis Pasteur noch im 19. Jh. durch die Entdeckung der Bakterien eröffnet. Eine noch kleinere Dimension wurde erschlossen durch die Erfindung des Elektronenmikroskops, was zur Entdeckung der Viren geführt hat.

Die Grundlagen für die spätere Entwicklung der Neurobiologie legten der Spanier Ramon y Cajal und der Engländer Charles Sherrington: Cajal durch den Nachweis der zellulären Struktur des Gehirns, Sherrington durch die Erschließung der Funktion des Neurons.

Im Verlauf des 20. Jh. fügten sich dann die bis dahin getrennten Gebiete der Botanik und Zoologie zur Biologie zusammen. Diese erlebte seit den 50er Jahren eine exponentielle Entfaltung: zum einen durch die Erschließung der molekularen Dimension des Lebendigen, zum anderen durch die Verhaltensforschung.

Einen weiteren Gesichtspunkt hatte schon vor längerer Zeit die Frage nach der Entwicklung der Lebewesen in die Biologie hineingebracht. Schon im 18.

Jh. war die Idee einer Evolution aufgekommen. Diese stichhaltig nachzuweisen gelang dann bekanntlich Charles Darwin (1822-1882). Er wies aber nicht nur die Tatsache der Bioevolution nach, sondern entwarf auch die Theorie, sie werde durch Variation und Selektion in Gang gehalten. Damit ergab sich die Frage, worauf die Variation der sichtbaren Formen beruhe. Erste Hinweise brachten die Experimente von Gregor Mendel (1822-1884). Ein gewaltiger Schritt zur Lösung dieser Frage ereignete sich mit dem Nachweis der Struktur der DNA sowie des genetischen Codes. Die Frage, was die Variation sowie das beständige Voranschreiten zu immer komplexeren Strukturen bewirke, war damit allerdings noch nicht geklärt. Die Lösung ergab sich erst im Verlauf der zweiten Aufklärung: bei der Erarbeitung einer zeitgemäßen Auffassung des Begriffspaares Materie und Geist.

2. 12. 2. Erforschung der „Innerlichkeit"

Mit dem Aufkommen der Verhaltensforschung (Ethologie) im 20. Jh. hat in der Biologie eine radikale Wende der Blickrichtung stattgefunden, indem diese nicht mehr nur morphologische Strukturen und physiologische Prozesse untersuchte, sondern das, was der Basler Biologe Adolf Portmann als Innerlichkeit der Lebewesen bezeichnet hat. Portmann verstand darunter all das, was Tiere erkennen können, wie sie auf Erkanntes reagieren, was sie an angeborenem bzw. phylogenetisch erworbenem Know-how besitzen, was sie dazu lernen können usw. Um einen Vergleich mit EDV-Apparaten zu wagen, könnte man sagen, die Verhaltensforschung habe auf die Software geblickt und nicht mehr nur auf die Hardware wie Anatomie und Physiologie einschließlich der Neurobiologie.

Bei der Erforschung des Menschen war diese Änderung der Blickrichtung schon um die Mitte des 19. Jh. – also ein Jahrhundert vor dem Aufkommen der Ethologie – erfolgt. Es geschah in Gestalt der empirisch-wissenschaftlichen Psychologie. Diese hatte die bis dahin geübte philosophische und theologische Seelenkunde, die noch weitgehend mythisch und spekulativ war, abgelöst. Wissenschaftsgeschichtlich gesehen erhob sie sich auf dem soliden Fundament des Wissens, das die empirische Erforschung der anorganischen und der lebendigen Natur bis dahin ergeben hatte. Zudem vollzog sie sich vor einer neuartigen Vorstellung dessen, was man bei archaischer Weltsicht Seele genannt hatte. Man sprach nun von Psyche. Was besonders neu war: man stellte sich diese nicht mehr konkretistisch vor, also nicht mehr als etwas, das für sich allein existieren kann.

Das Menschenbild, von dem die frühe empirische Psychologie ausging, war allerdings das der Aufklärung. Bei dieser „Besinnung" war die Vorstellung der mit vielen „Vermögen" ausgestatteten Seele geschrumpft auf die Vernunft (ratio): auf das, was wir heute Bewusstsein nennen. Dabei glaubte man, dieses sei das einzige Geistige in der Welt. Wegen dieser Einschränkung des Psychischen auf das Bewusstsein kann die frühe Art wissenschaftlicher Psychologie als Bewusstseinspsychologie bezeichnet werden. Sie war aus der Physiologie – der Arbeit mit gesunden Versuchspersonen – hervorgegangen und befasste sich vor allem mit der Sinneswahrnehmung.

Am Beginn des 20. Jh. fand in der Psychologie ein Paradigmenwechsel statt. Er ergab sich daraus, dass es Sigmund Freud gelungen war, einen unbewussten – dem Bewusstsein nicht direkt zugänglichen – Bereich der Psyche nachzuweisen. Damit wandelte sich die Bewusstseinspsychologie (die heute allerdings als akademische Psychologie noch weiterlebt), zur Tiefenpsychologie. Dass die Bewusstseinspsychologen den Paradigmenwechsel nicht vollzogen haben, mag unter anderem daran liegen, dass die Entdeckung des Unbewussten im Bereich der Medizin erfolgt ist: im Rahmen des Bemühens um die Behandlung psychischer Störungen.

Lange Zeit wurde denn auch die neue Art von Psychologie nur in Gestalt der in der Pionierzeit entstandenen psychotherapeutischen Schulen wie der Psychoanalyse, der Analytischen Psychologie, der Schicksalsanalyse usw. bekannt. Aufgrund der Beobachtungen über die Wechselwirkung zwischen Bewusstsein und Unbewusstem, die in diesen Schulen bei der Therapie gemacht wurden, entstand mit der Zeit – als neuer Typus empirischer Wissenschaft von der Psyche – die Tiefenpsychologie. Sie kann umschrieben werden als jene empirische Psychologie, welche die Existenz des Unbewussten anerkennt und über Methoden verfügt, dieses zu erforschen.

Während aber Freud noch annahm, das Unbewusste entstehe im Verlauf eines individuellen Lebens durch Vergessen und Verdrängen, wies C.G. Jung nach, dass der unbewusste Bereich der Psyche angeboren bzw. phylogenetisch erworben ist, und dass er zudem viel umfangreicher und leistungsfähiger ist, als Freud angenommen hatte. Da Jung noch nicht über die heutige Terminologie verfügte, bezeichnete er dieses phylogenetisch erworbene Unbewusste, um es vom „persönlichen" Freuds zu unterscheiden, als kollektives Unbewusstes, was zu einigen Missverständnissen geführt hat.

Die Modellvorstellung der Psyche, die sich aus den Entdeckungen der Poniere ergab, ist seither durch natur- und kulturwissenschaftliche Disziplinen untermauert worden. Sie lässt sich wie folgt umschreiben: Die menschliche

Psyche ist ein unbewusst-bewusstes kognitives System, bei dem der Anteil des Unbewussten den des Bewusstseins bei weitem übersteigt. Das Unbewusste ist artspezifisch, d.h. in seiner Grundstruktur im Genom kodiert. Es ist – ebenso wie die unbewussten kognitiven Systeme aller Lebewesen – zentriert, d.h. zu Informationsverarbeitung und -bewertung fähig. Es besitzt phylogenetisch erworbenes Wissen, das es durch individuelles Lernen erweitern und modifizieren kann. Die Psyche ist spontanaktiv wie alles Lebendige und funktioniert wie ein sich selbst regulierendes System. Die Führungszentrale der gesamten Psyche – einschließlich des Bewusstseins – liegt im unbewussten Bereich. C .G. Jung, deren Entdecker, bezeichnete sie als Selbst (ebenfalls ein nicht glücklich gewählter Ausdruck). Das Ich – die zentrale Instanz des Bewusstseins – erweist sich bei dieser Sicht als Subzentrum.

Dadurch wurde das Ich, das seit der ersten Aufklärung als Zentrum der Psyche gegolten hatte, zu einem Subzentrum degradiert. Sein Verhältnis zum Selbst kann nun mit demjenigen eines Filialleiters zur Hauptgeschäftsleitung verglichen werden. Sigmund Freud erkannte mit sicherem Instinkt, welche Bedeutung diese Schwerpunktverlagerung in der Vorstellung der Psyche für das positivistische Selbstverständnis hatte. Er bezeichnete die Degradierung des Ich als dritte Kränkung, welche der abendländische Mensch erleiden musste, nach denjenigen, welche ihm Kopernikus und Darwin zugefügt hatten.

Hatte die dritte Kränkung die Positivisten getroffen, traf die vierte, die bald folgte, die Archaiker. Zum einen hatte Jung den Nachweis erbracht, dass Visionen – ebenso wie Träume – Gestaltungen des Unbewussten sind, dass sie somit psychische Sachverhalte veranschaulichen. Außerdem hatte sich, wie schon gesagt, ergeben, dass bei der Vision der spontane Eindruck trügt: dass Visionäre nur deswegen überzeugt sind, konkrete Personen geschaut zu haben, weil man den Projektionsvorgang bis zur Entdeckung des Unbewussten nicht kannte. Die Entdeckung der Projektion war eine der grundlegenden Leistungen der Tiefenpsychologie.

Da nun die Religionswissenschaft noch nachgewiesen hatte, dass das „Glaubensgut" der Religionen auf Visionen zurückgeführt werden kann, – falls die Quellenlage es erlaubt – ergab sich, dass alle „Gotteserscheinungen", von denen die Religionsgeschichte berichtet, als Selbstveranschaulichungen des Selbst aufzufassen sind. Damit war die Vorstellung des menschennahen Gottes internalisiert und der archaische Offenbarungsbegriff – das erkenntnistheoretische Fundament aller Theologien – zerbröselt.

Kommen wir auf die Modellvorstellung der Psyche zurück. Es ist noch darauf hinzuweisen, dass der Mensch als unbewusstes Lebewesen geboren wird, und dass das Bewusstsein erst im Verlauf des zweiten Lebensjahres aus dem Unbewussten hervorkeimt; ferner, dass es sich während des ganzen Lebens nach einem artspezifischen Programm entwickelt. Die Umsetzung dieses Programms in gelebtes Leben – der sog. Individuationsprozess – wird vom Selbst initiiert und geleitet. Dabei lässt dieses dem sich entfaltenden Ich korrigierende, Ziel gebende, Sinn stiftende und erleuchtende Botschaften zukommen. Diese sind in einer Bildersprache kodiert und erreichen das Ich über den inneren Wahrnehmungskanal – je nach Bewusstseinszustand – als Wachfantasien, Einfälle (Intuitionen) Träume oder (seltener) Visionen. Da diese Botschaften semantisch und syntaktisch gestaltet sind, bezeichnet man sie als Gestaltungen des Unbewussten. Dabei zeigt sich, dass das Selbst in zweierlei Hinsicht Sprache bildende Funktion hat. Zum einen ordnet es Bilder, die ihm von der Sinneswahrnehmung her bekannt sind, zu strukturierten Texten, zum anderen komponiert es aus bekannten Bild-Elementen Gestalten, die in der Außenwelt nicht existieren: z.B. Bilder von Dämonen.

Die Sprache des Unbewussten ist somit eine Bildersprache. Da die Psyche unanschaulich, der Mensch hingegen als „Augenwesen" auf Anschauliches angewiesen ist, muss das Selbst den Inhalt seiner Botschaften ans Ich veranschaulichen. Es kann aber den gleichen Sachverhalt durch verschiedene Bilder ausdrücken, Diese sind dann als synonyme Ausdrücke der Sprache des Unbewussten aufzufassen. Bei archaischer Weltsicht mit ihrem konkretistischen Verständnis der Gestaltungen des Unbewussten konnte man das noch nicht erkennen. Daher die vielen Religionsstreitigkeiten.

Das Selbst reguliert aber nicht nur jene „Seite" des Lebewesens Mensch, die man seit der Aufklärung Psyche nennt, sondern auch die körperlichen Funktionen auf allen Stufen der innersomatischen Hierarchie: der Zellen, der Organe, der Organsysteme sowie des Organismus. Durch die Einfügung der Modellvorstellung der Psyche, welche die Pioniere der Tiefenpsychologie erarbeitet haben, in das heutige Wissen über das Lebendige, wurde der Begriff „das Unbewusste" auf zweierlei Weise erweitert. Zum einen wurde er – wie eben gezeigt – räumlich auf den ganzen Organismus erweitert. Zum anderen erweiterte ihn die Verhaltensforschung zeitlich: der Evolutionsachse entlang rückwärts. Das heißt: sie hat erwiesen, dass jedem Tier – sogar jedem Bakterium – ein unbewusstes kognitives System zugeschrieben werden muss. Und da alle diese Systeme zentriert d. h. ganzheitlich reguliert sind, ist auch jedem Lebewesen ein „Selbst" zuzusprechen. Auf der Ebene der Einzeller ist dies natürlich ein noch relativ einfaches Selbst. Die evolutionäre biologische Kognitionsforschung hat auch aufgezeigt, wie die kognitiven Systeme der unbewussten Lebewesen im Zug der Evolution Schritt für Schritt komplexer geworden sind. Das bedeutet, dass das menschliche Unbewusste als bisher komplexeste Ausformung eines Systems anzusehen ist, das in die Existenz trat, als auf unserem Planeten Leben erschien.

Den empirischen Wissenschaften ist durch die Entdeckung des Unbewussten ein Forschungsgebiet erschlossen worden, zu dem sie bis dahin keinen Zugang hatten. Möglich geworden ist dies, weil der positivistische Empiriebegriff – der bisher allein gültige Begriff des Wahrnehmbaren – erweitert worden war. Er war de facto erweitert worden, als Freud den Nachweis erbrachte, dass Träume nicht, wie man bislang angenommen hatte, vom Bewusstsein bzw. vom Ich produziert werden, sondern dass das Ich sie als fertige Gebilde wahrnimmt. Da der unbewusste Bereich der Psyche per definitionem zum Nicht Ich – der objektiven Wirklichkeit – gehört, war nun erwiesen, dass aus diesem auch Information ins Bewusstsein gelangt, die nicht über die sinnlichen Wahrnehmungskanäle fließt. Mit dieser Erweiterung des Empiriebegriffs war der ideologische Positivismus – und damit der wissenschaftliche Materialismus – de facto überwunden. Bis das erkannt wurde, vergingen allerdings noch einige Jahrzehnte.

Mit der Tiefenpsychologie ist aber nicht einfach ein neuer Zweig aus dem Baum der traditionellen empirischen Wissenschaften hervor gewachsen. Mit ihr entstand – entsprechend dem erweiterten Empiriebegriff – ein neuer Typus empirischer Wissenschaft.

Kommen wir auf die Gestaltungen des Unbewussten zurück. Diese müssen, damit wir deren Inhalt erfassen können, gedeutet – von der Bildersprache in unsere Begriffssprache übersetzt – werden. Aus diesem Grund ist die Tiefenpsychologie zum einen Natur-, zum anderen Geisteswissenschaft. Als Geisteswissenschaft ist sie eine hermeneutische. Als solche rückt sie – was die Methode betrifft – scheinbar in die Nähe der Theologie. Allerdings versteht sie die zu deutenden „Texte" grundlegend anders als die Theologie: nicht als Worte Gottes, sondern als Botschaften des Selbst.

Mit der Überwindung des ideologischen Positivismus war der Weg frei zur Wiederentdeckung dessen, was der archaische Mensch als Sehen mit den Augen der Seele bezeichnet hat. Allerdings ging deren Wiederentdeckung Hand in Hand mit einer Drehung der Vorstellung des Geschauten um 180 Grad. Glaubte man bei archaischer Weltsicht, wie gesagt, man nehme bei einem großen Traum oder einer Vision ein Geschehen wahr, das sich außen abspielt, weiß man jetzt, dass es sich um einen innerpsychischen Prozess handelt: nicht um ein Herabströmen vom Himmel, sondern um einen Informationsfluss vom Selbst zum Ich.

Voraussetzung für diese Erkenntnis war die schon erwähnte Entdeckung der Projektion. Mit diesem Ausdruck wird die Tatsache benannt, dass etwas innerlich Wahrgenommenes – eine Gestaltung des Unbewussten – dem Bewusstsein bzw. Ich so erscheint, als handle es sich um ein in der Außenwelt sich abspielendes Geschehen. Auf niedrigen Stufen der Bewusstseins-Evolution geschah dies sogar bei Wachfantasien. Heute kommt es – zumindest in seiner „großen" Form – nur noch bei Visionen vor.

Die Entdeckung der Projektion führte somit zur Erkenntnis, dass nicht nur bei der Sinneswahrnehmung der spontane Eindruck trügt, sondern auch – bzw. noch viel mehr – bei der inneren Wahrnehmung. Allerdings handelt es sich um zwei verschiedene Arten von Täuschung. Bei der Sinneswahrnehmung musste man sich nur bewusst werden, dass unsere Sinnesorgane in ihrem Leistungsvermögen beschränkt sind: dass wir z.B. nur die mittleren Dimensionen wahrnehmen können. Dies änderte jedoch nichts an der Tatsache, dass es sich beim sinnlich Wahrgenommenen um ein Geschehen in der Außenwelt handelt. Nicht so bei dem, was man an innerlich Wahrnehmbaren in der Projektion perzipiert und deshalb konkretistisch – als konkrete Personen und tatsächliches Geschehen – apperzipiert (aufgefasst) hatte. Da musste man einsehen, dass sich das Geschaute nicht in der Außenwelt abspielt, sondern dass es sich dabei um bildhafte Veranschaulichungen an sich unanschaulicher psychischer Sachverhalte handelt: um einen innerpsychischen Informationsstrom, der dem Ich vom Selbst her zufließt.

Wenn ich so ausführlich darauf eingehe, dann deshalb, weil die Entdeckung der Projektion uns verstehen lässt, wie einst die archaische Weltsicht zustande gekommen ist. Auf niedrigen Stufen der Bewusstseins-Evolution wurden sozusagen alle Träume konkretistisch aufgefasst. Wenn z.B. einer von seinem verstorbenen Vater träumte, nahm er – aufgrund des spontanen Eindrucks – an, der Vater habe ihn im Schlaf besucht. Er lebe somit weiter, wenn auch an einem Ort, den man normalerweise nicht wahrnehmen könne. Das Gleiche geschah, wenn das Selbst sich selber veranschaulichte: ein Ereignis, das jeweils von numinosem Erleben begleitet ist. In archaischer Zeit wurde dies, wie gesagt, als Gotteserlebnis aufgefasst.

Wie man heute bei der Begleitung von Individuationsprozessen feststellen kann, veranschaulicht sich nämlich das Selbst jeweils durch jene Bilder, welche Religionswissenschaftler aus der ganzen Welt als Gottesbilder zusammengetragen haben. Bei konkretistischem Verständnis der Gestaltungen des Unbewussten nahm man natürlich an, es handle sich um verschiedene Gottheiten. Die tiefenpsychologische Forschung hat jedoch erkennen lassen, dass die verschiedenen Gottesbilder als Synonyme der Sprache des Unbewussten zu verstehen sind.

Mit der Einsicht in das Täuschende des spontanen Eindrucks der Gestaltungen des Unbewussten war die archaische Weltsicht de facto von der Bewusstseins-Evolution überstiegen worden. Man kann sagen, die jenseitige Welt des archaischen Menschen sei bei der Mutation des Bewusstseins in die Psyche des Menschen hineingeklappt und dabei entkonkretisiert worden. Die Übernatur war nun naturalisiert. Damit war den Religionen – den aus der archaischen Weltsicht hervorgegangenen soziokulturellen Gebilden – der Boden weggezogen. Wegen der weit verbreiteten Neophobie kann sich die Anerkennung dieser Tatsache allerdings nur sehr langsam ausbreiten.

Trotz des Zerfalls des soziokulturellen Gebildes „Religion" besteht jedoch weiterhin die Notwendigkeit, sich um religiöse Haltung zu bemühen. Sie gehört, wie die Erforschung des Individuationsprozesses erwiesen hat, zum artspezifischen Entwicklungsprogramm des Menschen. Der Ausdruck Religiosität kommt ja vom lateinischen religere, was „beachten" bedeutet. Die Römer verstanden unter religiöser Haltung, wie schon gesagt, die Bereitschaft, bei wichtigen Entscheidungen die Weisungen der Numina – der unsichtbaren Mächte – zu beachten. Zwar glaubten sie als Archaiker, diese befänden sich außen, doch ging es schon damals um – de facto innerlich wahrgenommene – Weisungen des Selbst.

Übrigens ist durch die Entdeckung des Unbewussten und der inneren Wahrnehmung nicht nur der wissenschaftlichen Forschung ein bisher verschlossenes Gebiet zugänglich geworden. Es wurde dabei dem von der Aufklärung geprägten Menschen wiederum die religiöse Dimension erschlossen. Die positivistische Weltsicht war ja prinzipiell areligiös. Im positivistischen Menschenbild, das die Psyche mit dem Bewusstsein gleichsetzte, und keine diesem überlegene Macht kannte – weder im Himmel noch im unbewussten Bereich der Psyche – war religiöse existenzielle Einstellung nicht vorstellbar. Während aber bei archaischer Weltsicht Religiosität immer Religiosität mit Religion war, entspricht der heutigen Bewusstseinsebene Religiosität ohne Religion. Auch wurde damit die Ethik wiederum objektiv fundiert, da das Selbst, dem die ethischen Normen ja als phylogenetisch erworbenes Ethogramm von Homo sapiens entspringen, der objektiven Wirklichkeit zuzuordnen ist.

2. 13.   Aufklärung im 20. Jh. und Durchbruch

Im 20. Jh. musste noch einmal eine Besinnung einsetzen, weil seit der ersten Aufklärung grundlegend neue Fakten erarbeitet worden waren. Zum einen wusste man nun viel mehr über die unbelebte Materie, war man doch bis ins Innere des Atoms vorgedrungen und hatte auf dem Gebiet der Chemie gewaltige Fortschritte gemacht. Zum anderen war – als grundlegend Neues – ein tiefgründiges Wissen über das Lebendige dazugekommen, insbesondere über das, was Portmann Innerlichkeit genannt hat. Mit der Besinnung über die Konsequenzen dieser neuen Fakten vollzogen sich der zweite Schritt der Mutation des Bewusstseins und damit der Durchbruch zu einem grundlegend neuen Welt- und Menschenbild.

Allerdings setzte die Besinnung erst in der zweiten Hälfte des 20. Jh. ein. In dessen erster Hälfte wurde ja die Aufmerksamkeit der europäischen Völker völlig in Anspruch genommen durch jenes gewaltige und grauenhafte Geschehen, das der Historiker Dan Diner als neuen dreißigjährigen Krieg bezeichnet hat: den ersten Weltkrieg, die Zwischenkriegszeit mit der Weltwirtschaftskrise und dem Aufkommen von Diktaturen, welche dann die Katastrophe des zweiten Weltkriegs ausgelöst haben.

Danach nahmen vorerst die Umwälzungen, die diese Ereignisse mit sich brachten, die Aufmerksamkeit in Anspruch. So wurden die alten Herrschaftsstrukturen Europas zerschlagen: das russische Zarenregime, die habsburgische Donaumonarchie und das deutsche Kaiserreich. Beseitigt wurde auch das Osmanische Sultanat. Dann fielen die Königtümer in Spanien (vorübergehend), auf dem Balkan und schließlich in Italien dahin.

Abgelöst wurden die alten Herrschaftssysteme durch Demokratien, wobei das Demokrat-Sein von den bisherigen Untertanen erst noch erlernt werden musste. Dort, wo die Könige und Königinnen ihre Throne noch hatten retten können, entstanden konstitutionelle Monarchien, in denen der Monarch zwar noch Aufgaben der Repräsentation hat, die Macht jedoch ebenfalls beim Volke liegt.

Nicht nur die Herrschaftssysteme sind bei diesem dreißigjährigen Krieg untergegangen, sondern auch – von der Öffentlichkeit weniger bemerkt – das, was man als christlich-abendländische Kultur bezeichnet hat. Was diese ablöste bzw. an deren Stelle trat, kann nicht mit einem Wort benannt werden. Auch trat es nicht sogleich als Ganzes in Erscheinung, sondern langsam, in mehreren Strängen und Wellen.

Als erste Welle kam eine neue Kunst, die sich bewusst von der traditionellen abwandte. In der Malerei war es die Gruppe des „blauen Reiters", die

Fauves, die Kubisten usw. bis zum Action painting und zu Pop Art. In der Plastik nahm das Neue z.B. in Brancusis und Moores Werk Gestalt an; in Architektur und Dingen des Alltags wiesen die Künstler des Bauhauses neue Wege. In der Literatur setzten sich die Dadaisten mit ihren Blödeleien von allem Bisherigen ab, und Männer wie James Joyce und Gottfried Benn usw. wiesen einer neuen Art von Literatur den Weg.

Auch das Bildungssystem verlagerte seinen Schwerpunkt, indem das naturwissenschaftlich-technisch orientierte Gymnasium an die Stelle des humanistischen, auf Klassik und Antike ausgerichteten, trat.

Die Frauenbewegung kam auf, und es ereignete sich die sog. sexuelle Revolution. Besonders lautstark manifestierte sich der Protest gegen das Überlieferte in der Studenten- bzw. Jugendrevolte, welche viele verkrustete Strukturen und überholte Haltungen niederriss, aber auch den Verfall des Wertesystems vorantrieb.

Mit viel Publizität verbunden war das Zweite Vatikanische Konzil. Auch in diesem äußerte sich Überdruss an Überholtem. Allerdings waren die Traditionalisten noch so stark, dass nicht mehr als ein paar sozusagen kosmetische Korrekturen zu Stande kamen. Was an wirklichen Neuerungen sich in theologischer Formulierung niederschlug, wurde nachträglich bei der Umformulierung in die Sprache des Kirchenrechts von den traditionalistisch besetzten Kommissionen wieder abgeschwächt. Aber auch die „Fortschrittlichen" unter den Konzilsvätern hatten nicht erkannt, dass das Weltbild, auf dem die katholische Kirche ruht, schon am Zerbröseln war: dass vor allem das Weihepriestertum und mit ihm der gesamte Sakramentalismus hätte abgeschafft werden sollen.

Mehr und mehr wurde zudem der öffentliche Raum von jenem Menschentyp beherrscht, dessen Aufkommen der Spanier Ortega y Gasset in seinem Buch „Der Aufstand der Massen" beschrieben hat.

Der besinnlichere Teil der Bevölkerung empfand jedoch je länger desto mehr ein Unbehagen sowohl im archaischen wie im positivistischen Weltbild und beklagte zudem den fortschreitenden Werte- und Sittenzerfall.

In dieser geschichtlichen Situation setzte die zweite Aufklärung ein. Wie bei der ersten stützte man sich wiederum auf die bis dahin erzielten Ergebnisse der Wissenschaft. Während sich aber die erste Aufklärung im 18. Jh. sozusagen im öffentlichen Raum – vorwiegend in Salons und Foyers – ereignet hatte, vollzog sich die zweite, die ca. 1970 so richtig einsetzte, in kleinen interdisziplinären Arbeitskreisen, die von der Öffentlichkeit kaum bemerkt wurden.

In aller Stille, abseits vom Medienrummel, bildeten sich Arbeitsgruppen, die aus Vertretern aller an der Universität angesiedelten Disziplinen bestanden. Diese setzten sich zum Ziel, in transdisziplinärem Gespräch ein neues, dem gegenwärtigen Wissensstand entsprechendes, empirisch fundiertes Welt- und Menschenbild zu erarbeiten.

Die Arbeitsgruppe, an der ich teilnehmen konnte, war die 1970 gegründete, in Zürich domizilierte Stiftung für Humanwissenschaftliche Grundlagenforschung (SHG). Entscheidend für deren Erfolg war, dass der Stifter Mark A. Jaeger festgelegt hatte, es müssen auch die Entdeckungen der Psychologie des 20. Jh. berücksichtigt werden. Worin diese bestanden – insbesondere durch welche grundlegenden Entdeckungen C.G. Jung das Modell Freuds erweitert hatte – musste allerdings erst noch herausgearbeitet und zu einer kohärenten Theorie aufgearbeitet werden. Dies deshalb, weil Jung, der ja auch die Bildersprache des Unbewussten entziffert hatte, sich vor allem der Hermeneutik gewidmet hat, und ihm Aussagen über seine Bahn brechenden Entdeckungen sozusagen unter der Hand in den Text eingeflossen sind. Zur Aufarbeitung der tiefenpsychologischen Theorie gehörte auch, ihre Modellvorstellung der Psyche in das unterdessen gewonnene Wissen über Lebewesen einzuarbeiten.

Wie fruchtbar dies für die Erreichung des gesetzten Zieles war, ergab sich schon bald bei der Konfrontation mit den Theologen, die ja auch in der Arbeitsgruppe saßen. Es zeigte sich nämlich, dass Theologen und Tiefenpsychologen in Bezug auf den Begriff „Offenbarung" – bzw. über die Herkunft dessen, was sie als Offenbartes bezeichnen – grundverschiedene Auffassungen hatten. In der Tiefenpsychologie werden ja die Gestaltungen des Unbewussten ebenfalls als Offenbartes bezeichnet, da man sie nicht willentlich herbeiholen kann. Allerdings bezeichnet man sie als Offenbartes bei grundlegend anderem Verständnis des Offenbarungsvorgangs. Damit flackerte der schon seit Jahrzehnten schwelende, bisher nie gründlich angegangene Konflikt zwischen Tiefenpsychologie und Theologie wieder auf.

Der „erlösende Einfall" bestand nun darin, dass man den Konflikt auf die Achse der Zeit brachte, d.h. dass man ihn unter dem Blickwinkel der Bewusstseins-Evolution ins Auge fasste. Da nämlich die Theologie ihre Blütezeit im Mittelalter hatte, die Tiefenpsychologie hingegen im 20. Jh. entstanden war, lag die Vermutung nahe, in diesen beiden Wissenschaften manifestieren sich zwei Phasen der Evolution des Bewusstseins. Diese Vermutung erwies sich zum einen als der Schlüssel zur Lösung des Konflikts zwischen Tiefenpsychologie und Theologie, zum anderen als Schlüssel zur Lösung des mit der ersten

Aufklärung aufgekommenen – bis dahin ebenfalls ungelösten – sog. Dilemmas zwischen Wissen und Glauben. Dieses war ja im Grunde genommen ein Dilemma zwischen positivistisch-empirischer Wissenschaft und Theologie.

Allerdings wehrten sich die Theologen vehement gegen den Begriff „Evolution des Bewusstseins". Sie erkannten nämlich sogleich, dass damit an dem Ast gesägt wurde, auf dem sie saßen. Um ihre Abwehr zu begründen, sagten sie, beim sog. Evolutionismusstreit, der in den fünfziger Jahren durchgefochten wurde, sei klar geworden, dass keine kulturelle Evolution stattgefunden habe.

Von einer kulturellen Evolution war nämlich schon lange geredet worden, und Kulturphilosophen wie Auguste Comte, Herbert Spencer, Eduard Tylor sowie – als deren Epigone – Jean Gebser hatten denn auch entsprechende Entwürfe vorgelegt. Diese Entwürfe konnten jedoch von denen, welchen die Idee einer Evolution von Kultur gegen den Strich ging, unter den Tisch geredet werden, da ihr methodischer Ansatz ungenügend war.

So galt es denn erst einmal, einen methodischen Ansatz zu finden, der greift. Hierzu war als Erstes nicht mehr von kultureller Evolution zu reden, sondern von der Evolution jenes kognitiven Systems, das den Menschen befähigt, Kultur zu schaffen: des Bewusstseins. Zweitens sollte der Ansatz nicht mehr nur kulturwissenschaftlich begründet sein, sondern sich auf das heutige Wissen über das Lebendige stützen, ist doch Bewusstsein integrierender Teil eines Lebewesens.

Da aber die Evolution, d.h. die fortschreitende Komplexitätszunahme eines Systems nur dann nachgewiesen werden kann, wenn man die grundlegenden Eigenschaften des betreffenden Systems kennt, musste erst einmal herausgearbeitet werden, was man heute unter Bewusstsein versteht. Dies lief auf die Frage hinaus, welche kognitive Fähigkeit beim Evolutionsschritt vom tierischen Primaten zum Menschen fulguriert, d.h. zu den schon hochkomplexen kognitiven Fähigkeiten der Primaten hinzugekommen sei. Hilfreich war da, dass in unserem Kreis der Primatologe Hans Kummer von der Universität Zürich mitarbeitete. Dieser wies auf das entsprechende Schlüsselexperiment hin: auf die mit Schimpansen durchgeführten Spiegelversuche. Den methodischen Ansatz, der sich aus diesem Vorgehen ergab, habe ich eingangs geschildert.

Als es aber dann darum ging, diesen auf das ethnographische und kulturhistorische Material anzuwenden, zeigte sich, wie auch schon erwähnt, dass die Menschen früherer Kulturen sich selbst, die Welt und ihre Befindlichkeit in ihr völlig anders aufgefasst haben als wir. Als daraufhin der Nachweis gelang, dass allen früheren Kulturen das sog. archaische Muster des Weltverstehens zugrunde lag, und dass auch das Denken der christlichen Theologie diesem Muster folgt, fielen die Theologen als ernstzunehmende Partner bei unseren Gesprächen aus den Rängen. Ihr Denken wurde nun sogar so zum Gegenstand ethnologischer Forschung, wie es früher dasjenige z.B. der Indianer und Eskimos gewesen war.

Auch konnte nun gesehen werden, dass sich im Verlauf der Neuzeit ein fundamentaler Wandel der Weltsicht ereignet hatte, und man konnte sich daran machen zu untersuchen, wie dieser Prozess vor sich gegangen ist. Erst als dies vollbracht war, konnte man an die Frage herangehen, welch neues Welt- und Menschenbild durch die Bewusstseins-Mutation erschlossen worden sei.

Das neue Menschenbild habe ich – wenigstens in seinen Grundzügen – schon skizziert bei der Darstellung der heutigen Vorstellung von der Struktur der Psyche. Im Prinzip unterscheiden sich nämlich das archaische Menschenbild, dasjenige der positivistischen Zwischenphase und das durch die Mutation des Bewusstseins zustande gekommene in der Art und Weise, wie man sich das vorstellt, was man früher Seele nannte und heute als Psyche bezeichnet.

Darauf hinzuweisen ist noch, dass durch die Entdeckung der Wechselwirkung zwischen Selbst und Ich nicht nur eine zeitgemäße Auffassung von der Quelle ethischer Normen erschlossen worden ist, sondern auch eine Methode für die Wiederaufnahme dessen, was der archaische Mensch als Bemühen um Vollzug des göttlichen Willens bezeichnet und in den Schulen der Spiritualität aller Religionen eingeübt hat. Es ist die tiefenpsychologische Methode, die sowohl bei der Therapie als auch bei der Psychagogik angewendet wird. Unter Psychagogik versteht man die Begleitung von Individuationsprozessen: seelischen Reifungsprozessen, bei denen man sich um Optimierung der Strebungen des Selbst mit denen des Ich bemüht.

Während am Zustandekommen des neuen Menschenbildes vor allem die Tiefenpsychologie beteiligt war, wurden die Grundlagen für das neue Weltbild von den traditionellen Naturwissenschaften zur Verfügung gestellt.

Um zu erkennen, worum es beim Bemühen um ein neues Weltbild im Kern ging, müssen wir uns an das Ergebnis der Bewusstseins-Evolution während der archaischen Phase erinnern: an die dualistische Auffassung des Begriffspaares Materie und Geist, wobei man sich vorstellte, das Geistige könne für sich allein existieren. Ferner müssen wir uns erinnern, dass der Begriff des Geistigen dadurch zustande gekommen war, dass man sich im

Verlauf der Bewusstseins-Evolution die jenseitigen Wesen aus einem immer feineren Stoff bestehend vorstellte; ferner, dass diese Entkörperlichung jenseitiger Wesen sich in unserem Mittelalter dem nicht überschreitbaren Grenzwert konkretistischer Auffassung des Geistigen – dem „rein geistigen Wesen" – auf infinitesimale Distanz angenähert hatte. Wie erwähnt konnte die Evolution nur weiter gehen, wenn eine grundlegend neue, nicht mehr konkretistische Auffassung des Geistigen gefunden wurde.

Bei der Suche nach dem Kristallisationskern für das neue Weltbild ging es somit um die Suche nach einer zeitgemäßen, nicht mehr konkretistischen Auffassung des Geistigen. Wie im Rückblick gesehen werden kann, ging es zugleich um eine neue Auffassung des Begriffspaares Materie-Geist und damit um eine Überwindung des Dualismus der archaischen Weltsicht.

Bevor man sich aber auf die Suche nach einer zeitgemäßen Auffassung des Geistigen machen konnte, musste noch geklärt werden, was für eine Art von Geist man suchte. Aus unserer positivistischen Tradition galt ja der Menschengeist (heute Bewusstsein genannt) als das einzige Geistige auf der Welt. Der archaische Geist-Begriff war aber an Hand jenseitiger Wesen abgeleitet worden. Diese haben sich zwar beim zweiten Schritt der Bewusstseins-Mutation als Veranschaulichungen psychischer Sachverhalte bzw. im Unbewussten befindlicher psychischer „Mächte" erwiesen. Dass diese Mächte sehr real sind, hat die tiefenpsychologische Praxis zur Genüge gezeigt. Da nun das Unbewusste per definitionem zur objektiven Wirklichkeit gehört, ergab sich die Unterscheidung zwischen subjektiv und objektiv Geistigem. Damit war auch klar, dass nach einer neuen Auffassung des objektiv Geistigen gesucht werden musste: nach jenem Geistigen, das schon da war, bevor Bewusstsein, d.h. subjektiv Geistiges in die Existenz getreten ist.

In den 70er Jahren des 20. Jh. war die Zeit dafür reif. Allerdings musste man dabei gleichsam an Punkt Null anfangen. Dies entsprach dem naturgemäßen Verlauf eines psychischen Wandlungsprozesses. In vielen Mythen war, wie schon erwähnt, diese Gesetzlichkeit durch das Motiv vom Tod und der Auferstehung eines Gottes veranschaulicht worden. Durch dieses war – in der Bildersprache des Unbewussten – die Tatsache ausgedrückt, dass der Wandel zu einer grundlegend neuen Auffassung erst dann stattfinden kann, wenn die alte völlig abgelegt ist. So betrachtet kann – in der Rückschau – die Funktion der ersten Aufklärung darin gesehen werden, dass sie den „Tod" der archaischen Vorstellung des objektiv Geistigen herbeigeführt hat. Der Materialismus war somit eine naturnotwendige Übergangsphase der Mutation des Bewusstseins.

Dass in den 70er Jahren die Zeit für die „Auferstehung des Geistbegriffs in neuer Gestalt" reif war zeigte sich darin, dass Spitzenvertreter der Naturwissenschaft schon seit einiger Zeit die Ansicht äußerten, die materialistische Naturauffassung sei nicht mehr haltbar. So hatte z.B. Wolfgang Pauli, ein Pionier der Quantenphysik, schon in den dreißiger Jahren gesagt, das Atom könne nur dann voll verstanden werden, wenn man es als Ganzheit – als etwas, das mehr ist als die Summe seiner Teile – sehe, dass aber Ganzheit mit dem Energiebegriff der Physik nicht erfasst werden könne. Er sagte auch, damit sei die bisherige Physik – als Welterklärungsmodell – in Frage gestellt. In der Folge ging noch eine ganze Reihe derartiger – mit dem Energiebegriff nicht fassbarer – Begriffe in den naturwissenschaftlichen Sprachgebrauch ein: Komplexität, Selbstregulation, System, Autopoiese, Spontaneität, Selbstorganisation der Materie, Information, Kognition, Kommunikation, Verhalten usw. Für all diese empirisch fundierten Sachverhalte musste ein neuer Oberbegriff gefunden werden. Aus unserer sprachlichen Tradition bot sich dafür – als Schwesterbegriff zu „Materie" – der Begriff „Geist" an.

Nun war schon in den zwanziger Jahren eine hilfreiche Voraussetzung für eine zeitgemäße Auffassung des Begriffspaares Materie und Geist geschaffen worden. Es geschah durch die Einführung des Begriffs der Komplementarität bzw. des komplementären Denkens. Gefunden hatte diesen Begriff der dänische Quantenphysiker Niels Bohr (1885-1962) beim Ringen um die Frage, ob das Elektron eine Welle oder ein Korpuskel (Körperchen) sei. Für beide Auffassungen lagen nämlich experimentelle Ergebnisse vor. Da sagte Bohr, das Elektron sei nicht entweder eine Welle oder ein Korpuskel. Es erscheine auf dem Monitor lediglich deshalb das eine Mal als Welle, das andere Mal als Korpuskel, weil wir es durch unterschiedliche Versuchsanordnungen dazu zwingen. „Im Kopf" müssen wir die beiden komplementären – wie er es nannte – Erscheinungsformen zu einer Ganzheit zusammenfügen.

Außerhalb der Physik wurde das Neue und Weiterführende, das Bohrs Komplementaritätsbegriff brachte, allerdings nicht erfasst. Man erkannte dessen Bedeutung für die neue Weltsicht sogar erst über einen Umweg: über die Einsicht, dass wir dann, wenn wir etwas genau ins Auge fassen, aufgrund der Struktur unseres Bewusstseins dazu gezwungen sind, Begriffspaare zu bilden. So können wir z.B. nur dann erfassen, was „groß" bedeutet, wenn wir auch die Bedeutung von „klein" kennen. Auf diesen Sachverhalt hingewiesen hat vor allem der Kulturanthropologe Lévi-Strauss. Er kreierte dafür den Ausdruck „binäre Opposition".

Im Zug der Bewusstseins-Evolution war nach und nach eine Pyramide immer abstrakterer Begriffspaare herangewachsen. Indessen wurde man sich erst während der zweiten Aufklärung bewusst, dass bei den obersten Begriffspaaren dieser Hierarchie – z.B. bei denen von Materie und Geist oder von Leib und Seele – das komplementäre Denken notwendig ist: Der Grund dafür lag hier nicht in unterschiedlichen Versuchsanordnungen wie im Fall der Quantenphysik, sondern in der Struktur bewussten Erkennens. Aber man konnte auf Niels Bohrs Begriff zurückgreifen. Man erkannte dass wir mit den obersten Ausdrücken der Begriffspaar-Pyramide lediglich zwei Aspekte von etwas an sich Einheitlichem benennen. Es war somit fortan nicht mehr zwischen der Materie und dem Geist zu unterscheiden, sondern nur noch zwischen einem materiellen und einem geistigen Aspekt der an sich einheitlichen raumzeitlichen Gebilde. Damit war der Konkretismus der Geist-Vorstellung, der die Mutation des Bewusstseins ausgelöst hatte, überwunden.

Die Frage war allerdings, wie man an dem bislang angehäuften, jedoch materialistisch aufgefassten Wissen über die Natur einen geistigen Aspekt vom materiellen unterscheiden könne. Die Lösung ergab sich dann durch die Art und Weise, wie Physiker Materie definierten. Die frühere, naive Vorstellung des Materiellen war ja gerade durch die Atomphysik verändert worden. Die Materie, früher der Inbegriff des Festen, bestand nun – nach dem Vordringen ins Innere des Atoms – sozusagen aus leerem Raum. Jedenfalls definierten Physiker nun Materie als geordnete Energie.

Diese Definition bildete den Ansatzpunkt für die neue Auffassung des objektiv Geistigen. Sie enthält nämlich zwei empirisch begründete Aussagen: zum einen, dass das, was man üblicherweise als Materie bezeichnet, aus Energie besteht, zum anderen, dass die Energie in jedem materiellen Gebilde angeordnet ist. Dabei ist zu bedenken – und das hatte schon Pauli erkannt – dass Geordnetsein mit dem Energiebegriff nicht erfasst werden kann. Dieser impliziert nämlich die Bedeutungen „Quantifizierbarkeit" und „Fall in die Senke". Geordnetsein ist aber nicht quantifizierbar, denn ist eine Qualität.

Man musste somit, um den geistigen Aspekt vom materiellen zu unterscheiden, an die raumzeitlichen Gebilde – vom Atom bis hinauf zum Menschen – jeweils zwei Fragen stellen: „Was ist darin angeordnet?" und „Wie ist dieses Was angeordnet?". Fragte man nach dem Was, ergab sich mit der Antwort „Energie" der materielle Aspekt; fragte man, wie die Energie angeordnet sei, ergab sich, da Angeordnetsein mit dem Energiebegriff nicht erfasst wird, der geistige Aspekt.

Verfolgt man nun, wie das Angeordnetsein im Verlauf der Evolution immer komplexer wurde, entfaltet sich ein immer facettenreicherer Begriff des objektiv Geistigen bzw. des Geist-Aspekts der Natur. Um diesen so differenziert wie möglich zu erfassen, ist dabei die durch Einstein eingeführte Unterscheidung zwischen kompakter (zu Atomen kondensierter) und freier Energie (den alten „Kräften" der Physik) zu berücksichtigen. In jedem dieser beiden Zustände ist die Energie im Verlauf der Evolution auf immer komplexere Weise angeordnet worden: im kompakten Zustand durch räumliche Anordnung zu morphologischen Strukturen, im freien durch zeitliche Anordnung (Lenkung) zu Prozessen. An beiden – an morphologischen Strukturen wie an Prozessen – kann somit zwischen materiellem und geistigem Aspekt unterschieden werden. Auch das, was die empirische Forschung seit ihren Anfängen als Naturgesetze erarbeitet hat, ist dem Geist-Aspekt der Natur zuzuordnen, auch wenn dies unserer landläufigen Auffassung von Geist fremd erscheint. All das habe ich in meinem Buch „Keine Materie ohne Geist", erschienen in zweiter Auflage 2013 im Opus magnum-Verlag, ausführlich dargestellt (www.opus-magnum.de).

Bei der Erarbeitung des Geist-Aspekts der Natur zeigte sich auch die bislang materialistisch erklärte Evolution in einem neuen Licht. Auch die in diesem Prozess zum Ausdruck kommende Dynamik, welche zu immer komplexeren Anordnungen geführt hat, kann nämlich mit dem Energiebegriff der Physik nicht erfasst werden. Während es die natürliche Tendenz der Energie ist, in die Senke zu fallen, dabei Formen zu zerstören und die Entropie des Universums zu vermehren, tritt bei Betrachtung der Evolution eine Dynamik ins Blickfeld, welche „in die entgegengesetzte Richtung" führt: eine Dynamik, die nicht Formen zerstört, sondern immer neue Formen schafft. Da diese mit dem (bisherigen) Energiebegriff der Physik nicht erfasst werden kann, ist auch sie dem Geist-Aspekt zuzuordnen. In ihr manifestiert sich sogar eine ganz besondere Facette des objektiv Geistigen, nämlich Kreativität im eigentlichen Sinn dieses Wortes. Es sei jedoch ausdrücklich gesagt, dass mit der als objektiv Geistiges bezeichneten Dynamis nicht eine neue Kraft eingeführt werden soll. Mit ihr wurde lediglich eine bisher nicht beachtete Facette der paradoxen, raumzeitlich in Erscheinung getretenen Dynamik ins Bewusstsein gehoben.

Ausdruck dieser kreativen Dynamik ist auch das, was Konrad Lorenz Fulgurationen (von lateinisch fulgur, Blitz) genannt hat, und was Physiker gegenwärtig unter dem Namen Emergenz (von lateinisch emergere, zum Vorschein kommen) in den naturwissenschaftlichen Sprachgebrauch einführen. Es handelt sich dabei um die Tatsache, dass beim Schritt von einem oder mehreren einfachen Systemen zu einem komplexeren System jeweils völlig neue, bis dahin nicht da gewesene Eigenschaften oder Fähigkeiten in die Existenz treten. Beim Schritt zum Atom waren es Festigkeit und Masse, beim Schritt zum Molekül eine neue Art von Formen, beim Schritt zum Lebendigen – neben Spontaneität und anderem – die Innerlichkeit in der von Adolf Portmann beschriebenen Bedeutung, und beim Schritt vom tierischen Primaten zum Menschen schließlich das Bewusstsein.

Mit diesen Einsichten hatten sich die Grundzüge der neuen Weltsicht abgezeichnet. Allerdings stellt sich nun für viele die Frage, was dabei aus Gott geworden sei. Weiter führt es, wenn man fragt, wie jene Entität, die man bei archaischer Weltsicht Gott nannte, auf dem heutigen Bewusstseinsniveau aufgefasst werde. Da gilt es in erster Linie, sich darüber klar zu werden, dass in dem bei uns üblich gewordenen Ausdruck „Gott" zwei unterschiedliche mythische Gestalten zusammengewachsen sind: die des transzendenten Weltenschöpfers und die des menschennahen Gottes. Die des Weltenschöpfers ergab sich aus der Reflexion über die Frage, wie die Welt entstanden sei. Als Antwort darauf entstanden die vielen Schöpfungsmythen. Diese sind aber den naturerklärenden Mythen zuzuordnen: jenen Mythen, welche im Verlauf der Neuzeit durch empirisch-wissenschaftlich abgestütztes Wissen – im vorliegenden Fall durch die Evolutionslehre – ersetzt worden sind.

Die Figur des menschennahen Gottes hingegen ist das konstituierende Element religiöser Mythen. Diese entstammen nicht der Reflexion, sondern dem Erleben: der unmittelbaren (inneren) Erfahrung einer dem Ich überlegenen, dieses erleuchtenden und stärkenden, aber bei Fehlverhalten auch strafenden „Macht". Im heutigen Modell der Psyche wird diese Macht als Selbst bezeichnet, wobei deren Realität wie auch Leistungsfähigkeit von den meisten Menschen noch bei weitem nicht erkannt worden ist. Dass das Selbst, wenn es in großen Träumen oder Visionen sich selber veranschaulichte, auf früheren Stufen der Bewusstseins-Evolution konkretistisch – als menschennaher Gott – aufgefasst wurde, beruhte, wie gesagt darauf, dass vor der Mutation des Bewusstseins der Projektionsvorgang noch nicht durchschaut werden konnte.

Wenn auch bei der zweiten Aufklärung die Grundzüge der neuen Weltsicht erkennbar geworden sind, muss doch festgehalten werden, dass sie noch nicht voll entwickelt bzw. in all ihren kulturellen Facetten ausgefaltet ist. Dies zu tun wird die Aufgabe der folgenden Generationen sein. Wichtig scheint mir vorläufig die Erkenntnis, dass der Schlüssel dazu in der neuen Auffassung des Begriffspaares Materie-Geist liegt. Diese bildet den Keim, aus dem – wie die Eiche aus dem Samen – die neue Weltsicht sich entfalten kann.

Es sei aber noch einmal darauf hingewiesen, dass wir trotz der neuen Sicht der Dinge nicht sagen können, was das, was wir das objektiv Geistige bzw. den Geist-Aspekt der Natur nennen, „an sich" ist. Ebenso wenig können wir dies ja von dem sagen, was wir als Energie bezeichnen. Dies herauszufinden übersteigt (transzendiert) – wie schon Kant erkannt hat – die Leistungsfähigkeit unseres Bewusstseins. Es ist somit bewusstseinstranszendent, jedoch nicht transzendent im Sinn von „übernatürlich" bzw. „nur von Gott gewusst", wie man bei archaischer Weltsicht noch angenommen hat..

3. Warum nur in Europa?

3. 1. Allgemein

Jetzt sind wir so weit, dass wir auf die Frage eingehen können, warum die Mutation des Bewusstseins nur in Europa stattgefunden hat. Hierzu müssen wir noch einmal auf die evolutionäre Betrachtung zurückkommen, denn es wird sich zeigen, dass die Weichen für die Mutation schon in relativ frühen Phasen der Bewusstseins-Evolution gestellt worden sind.

Knüpfen wir an meine Aussage an, die geschilderten historischen Faktoren seien nicht die Ursache der Mutation gewesen, sondern nur die Rahmenbedingungen, die der evolutionären Tendenz bei der Suche nach einer neuen, komplexeren Auffassung des Begriffspaares von Materie und Geist den Weg gewiesen bzw. frei gegeben haben.

Wenn ich sagte, die Mutation des Bewusstseins habe stattfinden müssen, weil die immer klarere Unterscheidung zwischen Materie und Geist an einem Plafond anzustoßen drohte, stützt sich dies auf das Wissen um das Streben nach immer höherer Komplexität, das sich in der Evolution – vom Wasserstoffatom bis zum Menschen – manifestiert.

Rekonstruiert werden konnte die Evolution des Bewusstseins, wie eingangs gesagt, aufgrund von Fakten, welche Historiker erarbeitet hatten. Nun vertreten aber Historiker die Ansicht, die Geschichte sei zufallsbedingt. Da ist jedoch der Ausdruck „Zufall" näher zu betrachten. Vor allem ist zu bedenken, dass es sich sowohl bei der Variation des Erbguts im Verlauf der Evolution als auch beim historischen Geschehen um das Wirken des limitierten Zufalls handelt, nicht des absoluten: um Zufall innerhalb einer gegebenen Bandbreite. Bei der Bio-Evolution ist die Bandbreite gegeben durch die jeweilige Struktur des Genoms. So kann z.B. aus einer Fliege – trotz allen „Würfelns" mit ihren Genen – kein Regenwurm entstehen. Beim Geschichtsverlauf ist die Bandbreite gegeben durch die kulturellen Strukturen, die innerhalb des betreffenden Traditionsstroms herangewachsen sind: durch das Herrschafts- und Wirtschaftssystem, die Rechtsordnung, durch Wissenschaft und Technik usw. Dies aber sind die in dieser Untersuchung immer wieder erwähnten historischen Faktoren, die als Rahmenbedingungen für das Voranschreiten der Mutation des europäischen Bewusstseins zu verstehen sind.

3. 2.   Globale Weichenstellung schon früh

Im Grunde genommen war jedoch deren Ausprägung in unserm Mittelalter schon die Folge von Weichenstellungen, die in früheren Phasen der Bewusstseins-Evolution erfolgt sind. Denken wir an die eingangs erwähnten Hauptachsen, auf denen die Evolution des Bewusstseins sich ereignet hat, insbesondere an die chinesische und die von Mesopotamien ausgehende.

Bis zum Ende des ersten Jahrtausends n. Chr. haben diese beiden Stränge kaum Kontakt miteinander gehabt, sodass sich Kultur auf jedem in spezifischer Form entfalten konnte. Überblicken wir – als ein Element der Kultur – die Geistesgeschichte, die sich auf ihnen ereignete, fällt auf, dass in Indien und auch in China das Bemühen um Orthopraxis – um das richtige Tun – im Vordergrund stand, im Mittelmeerbereich und nördlich der Alpen hingegen das Bemühen um Orthodoxie: um Wahrheit von Aussagen über das So-Sein der „Dinge".

Da sich die Evolution des Bewusstseins während der archaischen Phase vor allem auf dem metaphysischen Zweig vollzogen hat, ist jeder der drei Stränge durch den auf ihm entstandenen Typus von Religion geprägt: der chinesische durch den kosmologischen Typ, der indische durch den gnostischen und der westliche durch den theistischen.

Erinnern wir uns an die Unterscheidung zwischen objektivierender und existenzieller Einstellung. Beide gehören zu einer Religion. Die objektivierende fördert jedoch mehr die Entwicklung der Theologie, während die existenzielle mehr zur Bildung von Schulen der Spiritualität führt.

Wenn wir nun die Evolution des Bewusstseins gleichsam aus der Vogelperspektive betrachten, lässt sich erkennen, dass bei den Religionen Asiens mehr die existentielle Einstellung, also Orthopraxis, im Vordergrund stand, während sich in den westlichen Religionen hoch differenzierte Theologien entwickelten, dort also vor allem auch die objektivierende Einstellung gepflegt wurde. Dadurch wurden schon früh die Weichen so gestellt, dass die Mutation des Bewusstseins sich im Bereich der westlichen Religionen ereignet hat.

Ganz allgemein kann man sagen, dass sich die Struktur der drei Typen von Religion weitgehend aus der Art und Weise ergab, wie man sich das Zustandekommen der Welt vorstellte.

Beim kosmologischen Typ, der vor allem in China Gestalt annahm, spielte die Frage nach der Entstehung der Welt allerdings keine große Rolle. Nach Vorstellung der meisten Chinesen war die Welt einfach da. Indessen wirkten in ihr zwei gegensätzliche Tendenzen: die Tendenz zu Integration und die zu

Desintegration. Aufgabe des einzelnen Menschen war es nun, diese beiden Tendenzen in ein Gleichgewicht zu bringen bzw. zum „Tao" zu optimieren.

Diesem Postulat lag das Denkmuster der mikro-makrokosmischen Homologie bzw. Korrespondenz zugrunde. Dabei wurde der Mensch als Mikrokosmos aufgefasst, die Natur – einschließlich ihrer „jenseitigen Dimension" – als Makrokosmos. Auch nahm man an, der eine sei Abbild des anderen. Ferner glaubte man, eine Veränderung im einen ziehe die gleiche Veränderung im anderen nach sich. In dieser Annahme manifestierte sich noch das Denkmuster der Partizipation (Teilhabe): die für frühe Phasen der Bewusstseins-Evolution typische Vorstellung der sozusagen physischen Verwandtschaft aller „Dinge" sowie deren akausaler Veränderbarkeit. Aufgabe des Menschen war es nun, wie gesagt, die beiden divergierenden Tendenzen in sich selber in ein Gleichgewicht zu bringen und damit auch zu bewirken, dass sich die Welt im Gleichgewicht befand.

Ausgeprägt war das Muster der Optimierung in beiden der großen ethischen Systeme Chinas: im Konfuzianismus und im Daoismus. Da bei stellte der Konfuzianismus so etwas wie ein Volkserziehungssystem dar. Bei ihm stand das Wohlergehen der Familie und des Reiches im Mittelpunkt. Die Lehren des Konfuzius machten einen beträchtlichen Teil des Lehrstoffs aus, der für die Zulassung zur Laufbahn eines Beamten geprüft wurde. Der Daoismus ist mehr die Ethik für den Einzelnen. Allerdings ist zwischen dem volkstümlichen und dem philosophischen Daoismus zu unterscheiden. Während der volkstümliche ein Sammelsurium magischer Praktiken darstellt, war der philosophische eine hoch differenzierte Schule der Spiritualität. In daoistischen Klöstern wurde – vor dem Hintergrund archaischer Weltsicht – jener „Weg der Seele" gepflegt, der bei uns heute als Individuationsprozess bezeichnet wird.

Für jene Entität, die man in theistischen Religionen Gott (Theos) nennt, stand in China der Ausdruck „Himmel". Zwar fasste man diesen – zumindest seit dem 5. Jh. v. Chr. – abstrakt auf im Sinne von „jenseitiger Dimension der Natur", doch wurde ihm – entsprechend der archaischen Weltsicht – eine gewisse Personalität und damit Wirkmacht zugeschrieben. Der Kaiser galt z. B. als dessen Beauftragter. Er „konnte" bzw. „musste" – aufgrund der Partizipation – durch Wohlverhalten dafür sorgen, dass die Welt im Gleichgewicht blieb. Dabei gehörte zum Wohlverhalten des Kaisers, dass er die „großen" Riten gewissenhaft vollzog.

„Unterhalb" dieser Staatsideologie lebte allerdings – neben dem Glauben an eine Unzahl von Naturgeistern – noch der Ahnenkult. Dieser war zwar

Ausdruck einer früheren Stufe der Bewusstseins-Evolution, war aber in China bis in die jüngste Zeit allgemein verbreitet. Er beruht auf der Überzeugung, dass Menschen nach ihrem „irdischen" Tod in eine Totenwelt hinüberwechseln, in der sie ähnlich leben wie „auf Erden". Von dort kommen sie von Zeit zu Zeit als Geister in die Welt ihrer Nachfahren zurück und können Unheil anrichten, wenn diese sich ihnen gegenüber schlecht verhalten – z.B. deren Gräberkult vernachlässigt – haben. Aus der Tatsache, dass heute noch Speisen auf die Gräber gelegt werden sowie Gegenstände, die den Ahnen das Leben im Reich der Toten angenehmer machen sollen, kann wohl geschlossen werden, dass in China – trotz Übernahme westlicher Wissenschaft und Technologie – das „Hochschieben des Himmels" sowie die Entmaterialisierung des Jenseits noch nicht allzu weit vorangeschritten sind.

Ob aber Konfuzianismus und Daoismus oder Furcht vor der Rache der Ahnen für Fehlverhalten: allen drei lag die Betonung des richtigen Tuns – der Orthopraxis – zugrunde. Das Streben nach Wissen um des Wissens willen lag den Chinesen jedoch nicht im Blut. Dabei erwiesen sie sich aber bei der Bewältigung des „Diesseits" als sehr praktisch veranlagt. Auch entwickelten sie ein hoch differenziertes ästhetisches Empfinden, das sozusagen alle Lebensbereiche betraf.

Auf dem indischen Zweig der Bewusstseins-Evolution bestimmten nicht „weiterlebende Tote" das Verhalten der Menschen, galt doch dort die Lehre vom ewigen Kreislauf des Lebendigen durch Wiedergeburt und Wiedertod. Auch „kannten" die Inder eine kaum überblickbare Anzahl von Göttern. Dabei hatte jeder Gott seinen eigenen Mythos, und diese Verschiedenheit des „Glaubensguts" führte zu einer Vielzahl von Religionen mit je spezifischen Riten, Tempeln und Wallfahrtsorten. Westliche Religionswissenschaftler haben diesen Strauss von Religionen unter dem Ausdruck „Hinduismus" zusammengefasst. Dass sich aber – im Unterschied zum Westen – die verschiedenen Glaubenswelten miteinander vertrugen, hängt damit zusammen, dass sie alle auf dem Boden der Dharma-Vorstellung gewachsen sind. Dharma bedeutete für den Inder so etwas wie der Logos für die Griechen: eine ewige Norm und Ordnung der gesamten Natur. Da diese auf niedrigen Evolutionsstufen als eine Art göttlicher Substanz, die allem innewohnt, aufgefasst wurde, konnte dem Inder jedes Ding als heilig bzw. göttlich gelten. Damit war dem Orthodoxie-Denken bzw. dem Streit, welcher Gott der „wahre" sei, von vornherein der Boden entzogen. Statt eines gezielten Suchens nach Wissen um des Wissens willen, wie wir es im Westen vorfinden, ereignete sich in Indien ein gewaltiges Hervorquellen unkontrollierter Fantasien. Westliche

Indologen haben – in Unkenntnis der Bewusstseins-Evolution – diese Gestaltungen des Unbewussten zwar als Philosophien bezeichnet. In Hinblick auf unser Thema sei jedoch festgehalten, dass sie mit Grundlagenphilosophie in unserem Sinn sehr wenig zu tun haben.

Indessen entwickelte sich in Indien über all den verschiedenen Glaubenswelten eine charakteristische Auffassung, wie Orthopraxis bzw. Religiosität gepflegt werden soll. Diese wiederum beruhte auf einer bestimmten Art, wie man sich dort – im Prinzip – die Entstehung der Welt bzw. das Zustandekommen des Menschen vorstellte. In der Regel folgte es dem gnostischen Modell. Bei diesem glaubte man, „am Anfang der Zeiten" habe eine „göttliche Fülle" (Pleroma) bestanden. Diese sei dann – wie die siedende Flüssigkeit über den Rand des Kochtopfs fließt – „übergequollen" und habe beim Herabfließen (Emanation) immer niedrigere Sphären entstehen lassen: Sphären, die von immer niedrigeren Geist-Wesen bewohnt waren. Zuletzt sei der Mensch zustande gekommen. Dieser sei zwar – im Unterschied zu den geistigen Wesen der höheren Sphären – mit (ungeistiger) Materie behaftet, doch trage er noch einen Rest göttlicher (geistiger) Substanz in sich. Durch Pflege des geistlichen Lebens – insbesondere durch Meditation und Askese – könne er diesen göttlichen Rest gleichsam wieder aufheizen, sich dadurch vom Verhaftetsein an die Materie befreien, in die immaterielle Welt des Lichts hinaufsteigen und sich so dem Pleroma wieder annähern. Dabei gewinne er Moksha (griechisch: Gnosis), was mit Bewusstheit zu übersetzen wäre. Erlange einer Moksha, werde er, so glaubte man, aus dem ewigen Kreislauf von Wiedergeburt und Wiedertod befreit.

Die bekannteste Ausformung dieser indischen Kosmogonie und des dazugehörenden Heilsweges ist das Begriffspaar von Brahman und Atman, wobei Brahman für das Pleroma steht, Atman für den göttlichen Rest im Menschen. Das für die Evolution des östlichen Bewusstseins Entscheidende war dabei die Vorstellung, die menschliche Seele sei der göttlichen wesensverwandt.

Auch der Buddhismus ist in Indien entstanden, doch war er ursprünglich gar keine Religion, sondern ein aus dem Hinduismus hervorgegangener spezieller Heilsweg. Er war sozusagen Orthopraxis in Reinkultur. So weigerte sich denn auch sein Gründer, Prinz Gautama, über das So-Sein der jenseitigen Welt irgendwelche Aussagen zu machen.

3. 3.   Spätere Weichenstellung auf unserem Traditionsstrang

Bei den Religionen vom theistischen Typ, die sich auf dem von Mesopotamien her kommenden Evolutionszweig entwickelt haben, war die Vorstellung von der Beziehung zwischen Mensch und Gott völlig anders. Zumindest von dem Zeitpunkt an, als der dortige Polytheismus vom Monotheismus überschichtet wurde, galten Gott und Mensch als kategorial verschieden. Auch mit der Verträglichkeit verschiedener Götter nebeneinander war nun – wegen zunehmendem Streben nach Orthodoxie – Schluss. Schon jener „alleinige" Gott, der schließlich für Europa prägend werden sollte – der jüdische Jahwe – wird in der Bibel als intoleranter Gott beschrieben, der seinem „auserwählten Volk" sogar den Befehl erteilte, an den „Götzendienern" den Bann zu vollziehen, d.h. deren Männer, Frauen, Kinder und Vieh umzubringen.

Als die noch anthropomorphe Jahwe-Figur sich mit dem Aufkommen des Christentums zu der differenzierteren Form des dreieinigen Gottes entwickelte, spaltete sich deren „böse" Seite in der Gestalt des Teufels – des nunmehrigen „Gegenspielers Gottes" – von ihr ab. Dies trug dem Christentum allerdings – nach den mörderischen Katastrophen des 20. Jh. – die Kritik ein, es habe die Realität des Bösen zu wenig ernst genommen; es habe dieses lediglich als Mangel an Gutem (als privatio boni) aufgefasst. Sei dem wie es wolle. Jedenfalls wurde bei der Ausbildung des christlichen Mythos dem Vater der Trinität mehr die Erschaffung der Welt zugeschrieben, während der Sohn nunmehr die Rolle des menschennahen, direkt erfahrbaren guten Gottes übernahm.

Eine Intensivierung der Tendenz zu Orthodoxie manifestierte sich schon in der frühen Geschichte des Christentums. Sie nahm Gestalt an im Ringen um das Problem der Beziehung der drei Personen des „Einen Gottes" zueinander. Zuerst ging es, wie wir gesehen haben, um die Art und Weise, wie Jesus Christus Sohn Gottes „ist". Als dies geklärt war, kam die Frage nach der Beziehung des Heiligen Geistes zum Vater und zum Sohn auf.

Als Abschluss der Auseinandersetzungen über solche Fragen kamen jeweils – durch Mehrheitsbeschluss an Konzilien – Dogmen zustande: Glaubenssätze, welche die „richtige Lehre" prägnant formulierten. Nach deren Deklaration spalteten sich in der Regel die Anhänger der unterlegenen Lösungsvorschläge vom breiten Strom der Christenheit ab und wurden von den „Rechtgläubigen" fortan als Ketzer betrachtet. So gingen z. B. nach dem Konzil von Nicäa die Arianer, die Monophysiten und die Nestorianer eigene Wege. Der Nestorianismus breitete sich über Persien in die mongolische Steppe und nach China aus, wo er dann – ebenso wie der Arianismus in Europa – nach einiger

Zeit verglühte. Die „rechtgläubige" Christenheit blieb von da an im Wesentlichen auf die Länder nördlich des Mittelmeeres beschränkt. In diesen ging nun das Streben nach Orthodoxie weiter.

Die christologischen Auseinandersetzungen der ersten Jahrhunderte hatten u.a. zur dogmatischen Aussage geführt, der Sohn sei nicht nur „vor aller Zeit" vom Vater gezeugt worden, sondern er sei auch dem Vater wesensgleich. Im Jahre 381 wurde durch das allgemeine Konzil von Konstantinopel noch erklärt, auch der Heilige Geist sei dem Vater wesensgleich. Damit war das Trinitäts-Dogma (-Symbol) fürs Erste festgeschrieben. In der für die Sprache des Unbewussten charakteristischen paradoxen Ausdrucksweise sagte es aus, es gebe drei wesensgleiche göttliche Personen, doch seien diese zusammen nur ein Gott.

Noch aber war die Frage nach der Beziehung der drei Personen zueinander nicht restlos geklärt. Dass der Sohn vom Vater ausgehe, war zwar unbestritten. Ob jedoch der Heilige Geist vom Vater allein ausgehe oder vom Vater und dem Sohne zugleich (auch ein Paradox!), wurde Gegenstand langer Auseinandersetzungen. Der Osten bevorzugte die Ansicht, der Heilige Geist gehe nur aus dem Vater hervor, während der Westen der komplexeren Formulierung zuneigte, er entspringe dem Vater und dem Sohne zugleich. Dass sie sich nicht einigen konnten, trug mit dazu bei, dass sich der vom byzantinischen Patriarchen geleitete Teil der Christenheit von jenem entfernte, der dem Patriarchen von Rom unterstand. Als schließlich im Jahr 589 auf dem Konzil von Toledo entschieden wurde, der Heilige Geist gehe aus dem Vater und dem Sohne zugleich (ex patre filioque) hervor, war die Trennung in eine östliche und eine westliche Kirche vollzogen. Allerdings spielten dabei auch machtpolitische Fragen eine Rolle. Auf alle Fälle bestand fortan die nördlich des Mittelmeeres gelegene Christenheit aus zwei unterschiedlichen Zweigen: dem römischen bzw. katholischen und dem griechisch- russischen. Letztere bezeichneten sich als Orthodoxe, d.h. Rechtgläubige. Von den Katholiken wurden sie jedoch als Irrgläubige betrachtet.

Für die Evolution des Bewusstseins auf unserem Ast bedeutete die Trennung in eine westliche und östliche Christenheit eine weitere Weichenstellung. Auf dem östlichen Geleise nahm fortan – in Gestalt von Liturgie und Spiritualität – die Orthopraxis überhand Auf dem westlichen intensivierte sich hingegen die Tendenz zu Orthodoxie.

Vorerst ruhte allerdings die theologische Aktivität während einiger Jahrhunderte. Es war die Zeit des allmählichen Werdens der abendländischen Völkergemeinschaft. Zu Beginn des zweiten Jahrtausends setzte dann das

Bemühen um Orthodoxie wieder ein. Es geschah im Rahmen des allgemeinen Erwachens Europas aus dem Dornröschenschlaf. Unter dem Motto „fides quaerens intellectum" intensivierte sich die theologische Spekulation so sehr, dass sie noch im Verlauf des Mittelalters am Plafond der Evolution unter archaischen Vorzeichen anstieß.

Wie dargelegt, musste nun eine Vorstellung des Geistigen gefunden werden, die nicht mehr konkretistisch war. Dazu konnte jedoch das Denken nicht auf der gleichen Linie weiterfahren. Es ereignete sich noch einmal eine Weichenstellung für den abendländischen Geist, und zwar eine folgenschwere. Sie unterschied sich von derjenigen, die auf frühen Stufen der Bewusstseinsevolution die asiatischen Kulturen auf die Schiene der Orthopraxis und die der westlichen Welt auf die Schiene des Strebens nach Orthodoxie gebracht hatte. Es ging nun um das Hinüberwechseln vom metaphysischen auf den physischen Strang der Bewusstseins-Evolution. Dass dadurch der Prozess der Mutation des Bewusstseins eingeleitet wurde, haben wir gesehen. Die Weichen de facto gestellt hatte Wilhelm von Occam, indem er einen Kompromiss im Universalienstreit vorschlug. Wie gesagt konnte nun die Theologie auf ihrem archaischen Geleise verharren, auch wenn in ihr die Bewusstseins-Evolution nicht mehr voranschritt. Neben der Theologie konnten sich die empirischen Wissenschaften entwickeln und die Evolution auf dem physischen Zweig vorantreiben.

An dieser Stelle müssen wir einen Moment innehalten und uns noch einmal den Unterschied zwischen Ideengeschichte und Bewusstseinsgeschichte vor Augen führen. Ideengeschichte ist gleichbedeutend mit Geschichte der Philosophie. In den vielen Publikationen über den Sonderweg Europas, die in den letzten Jahren erschienen sind, wurde die Geschichte der Philosophie von Plato bis zu Habermas dargestellt. Welch fundamentaler Wandel des Welt- und Menschenbildes sich dabei ereignet hat, ging jedoch aus diesen Beschreibungen nie hervor. Der Verlauf erscheint, wie es die allgemeine Auffassung der Historiker ist, kontingent (zufällig) gewesen zu sein. Betrachten wir ihn jedoch unter dem Blickwinkel der Bewusstseins-Evolution, zeigt sich, dass er einer naturhaften Gesetzmäßigkeit psychischen Wandels folgte, die erst in jüngster Zeit entdeckt worden ist. Entdeckt hat sie C.G. Jung. Bei der Begleitung von Individuationsprozessen hat er beobachtet, dass große Schritte psychischen Wandels – von einer überholten Einstellung zu einer grundlegend neuen – nicht glatt bzw. linear verlaufen. Er stellte fest, dass sich zuerst eine zur überholten Position entgegen gesetzte – mit dieser unvereinbare – Position ausbildet. Da jeweils für jede der beiden Positionen einiges dafür, einiges dagegen spricht, entsteht für den betreffenden Menschen ein rational nicht lösbares Dilemma. Entscheidet er sich nicht aus Bequemlichkeit einfach für die eine oder andere Seite, stellt sich „wie von selbst" eine Lösung ein, welche die gegensätzlichen Positionen auf höherer Ebene vereint. Durch diese aus dem Unbewussten aufsteigende, vereinigende Lösung werden zwar beide Positionen relativiert, dafür aber deren „noch wertvolle" Elemente zu einer Einheit integriert. Weil dabei das Dilemma überstiegen (transzendiert) wird, bezeichnete Jung dieses unbewusst ablaufende Geschehen als Gesetzmäßigkeit von Gegensatzspannung und transzendierender Funktion.

Im Nachhinein kann nun gesehen werden, dass der phylogenetische Wandel, den ich als Mutation des Bewusstseins bezeichne, nach der gleichen Gesetzmäßigkeit verlaufen ist, wie die, welche Jung bei ontogenetischen Wandlungsschritten beobachtet hat. Als sich am Ende des Mittelalters die Entmaterialisierung jenseitiger Wesen dem Grenzwert des „rein geistigen" Wesens auf infinitesimale Distanz genähert hatte – und die Evolution des Bewusstseins wegen des Konkretismus dieser Auffassung des Geistigen an einem Plafond anzustoßen drohte – war allerdings noch keine Gegensatzspannung möglich. Dies deshalb, weil während der archaischen Phase die Evolution fast nur auf dem metaphysischen Strang stattgefunden hatte. So musste denn erst einmal die Evolution auf dem physischen Zweig nachgeholt werden. Dies erfolgte, wie gezeigt, dank dem Zustandekommen empirischer Wissenschaft. Dadurch entstand denn auch – zur Zeit der ersten Aufklärung – die für das Weiterschreiten notwendige Gegensatzspannung in Gestalt des „Dilemma zwischen Wissen und Glauben".

Als diese Spannung am Ende des 19. Jh. so richtig aktuell geworden war, wurde das Dilemma überstiegen. Es wurde aber – ebenso wie bei Individuationsprozessen – nicht durch rationale Einsicht überstiegen. Das Transzendieren geschah einfach de facto: durch empirisch fundierte Entdeckungen. Dass durch diese das Dilemma überstiegen war, und sich ein neues Welt- und Menschenbild erschloss, wurde erst Jahrzehnte später – wiederum durch „philosophische Reflexion" erkennbar.

Allerdings kann für den Bereich der empirischen Wissenschaften nicht mehr von Streben nach Orthodoxie – von Bemühen um den richtigen Glauben an jenseitige Wesen (fides, quae creditur) – gesprochen werden. Zum einen richtete sich der Blick nicht mehr auf das Jenseits, zum anderen bemühte man sich um ein Wissen, das sich nicht mehr auf Offenbarung stützte, sondern auf Beobachtungen. Die hierzu erforderliche Haltung nennt man jetzt objektivierende. Jene Einstellung, die ich bei archaischer Sicht Orthopraxis nannte, wäre demnach als existenzielle zu bezeichnen.

Die Mutation des Bewusstseins war im Grunde genommen eine erkenntnistheoretische Umwälzung. Man kann sagen, sie habe zu einer um 180 Grad gedrehten Auffassung des innerlich Wahrgenommenen geführt. Sowohl vor wie auch nach der Drehung kann man bei dieser Art von Wahrnehmung von Offenbartem reden, da das dadurch Vermittelte nicht willentlich herbeigeschafft werden kann. Verändert hat sich jedoch die Vorstellung vom Offenbarungsvorgang. Während die archaische Weltsicht, wie nun sattsam bekannt, darauf beruhte, dass man annahm, das Offenbarte sei dem Menschen von außen befindlichen, jenseitigen Wesen mitgeteilt worden, versteht man es nach der Drehung um 180 Grad, die bei der Mutation erfolgt ist, als innerpsychischen Vorgang: als Mitteilung des Selbst an das Ich.

Als Folge empirische Erforschung von Natur und Geschichte wurden die erklärenden Mythen der archaischen Weltsicht durch wissenschaftlich fundierte Theorien ersetzt. Die religiösen Mythen hingegen erwiesen sich, wie schon gesagt, als psychisch wahr: als wahre, in einer Bildersprache veranschaulichte Aussagen über prinzipiell unanschauliche, jedoch reale psychische „Mächte".

Wie gezeigt hat die Erfindung des geistigen Instrumentariums zu empirischem Forschen es möglich gemacht, Schritt um Schritt hinter die Fassade des Augenscheins vorzudringen. Diese Erschließung des „Diesseits" war gleichbedeutend mit der Evolution der einen jener zwei Fähigkeiten, die bei der Fulguration von Bewusstsein gewonnen wurden: der Fähigkeit zur Ergründung des Nicht-Ich. d.h. der objektiven Wirklichkeit.

Hand in Hand damit fand aber auch eine Evolution der anderen durch die Bewusstwerdung gewonnenen Fähigkeit statt: der Fähigkeit, sich selber als etwas vom Nicht-Ich Verschiedenem bewusst zu werden. Dies geschah infolge der Einsicht in das Trügerische unserer Wahrnehmung – der sinnlichen wie der inneren. Durch diese Einsicht wurde das Partizipations-Erleben, das bei geringer Evolutionshöhe noch dominierte, nach und nach durch bewusste Bezogenheit abgelöst. Aus diesem Wandel des Selbstverständnisses hervorgegangen sind schließlich – außer der Naturalisierung der „Übernatur" – die verfasste Demokratie sowie die Anerkennung der Grundrechte, die jedem Menschen zustehen.

3. 4. Rundblick auf die historische Situation am Beginn der Neuzeit

Richten wir nun, nach diesem Ausflug in die Dogmengeschichte, unseren Blick wieder auf das konkrete historische Geschehen. Behalten wir dabei im Hinterkopf die Frage, weshalb sich die Mutation des Bewusstseins nur in Europa ereignet hat. Zum einen war in Europa – im Zug der Evolution des Bewusstseins auf dem von Mesopotamien ausgehenden Strang – ein fruchtbarer kultureller Humus zustande gekommen, zum anderen waren eine Konstellation historischer Faktoren vorhanden, die es der an Dynamik zunehmenden Evolutionstendenz ermöglichten, nun zügig voranzuschreiten. Vorangeschritten ist sie auf dem Geleise der Wissenschaft, zuerst der theologischen, dann der empirischen. Gelegt wurde dieses Geleis in Gestalt der Universität, einer für Europa einzigartigen Institution.

Es ist jedoch an dieser Stelle die Tatsache im Auge zu behalten, dass Wissenschaft nur eines jener Subsysteme ist, welche sich innerhalb einer Kultur bilden: nur eines neben Religion und Ethik, Herrschaftssystem und Politik, Wirtschaft und Technik sowie der Kultur im engeren Sinn wie Literatur und bildende Kunst einschließlich der Architektur. Es sei auch darauf hingewiesen, dass einige dieser Subsysteme in anderen Kulturen höhere Blüte erreicht haben als in Europa. Wenn dort die Mutation des Bewusstseins trotzdem nicht stattgefunden hat, lag dies nicht nur an den erwähnten frühen Weichenstellungen, sondern – als deren Folgen – auch an der jeweiligen historischen Gesamtkonstellation. Betrachten wir deshalb – in ganz groben Zügen – das historische Geschehen noch mit Blick auf diese.

Blicken wir auf den Beginn des zweiten Jahrtausends, sehen wir nebeneinander drei historische Gravitationszentren: in Ostasien das Chinesische Reich, in Europa das Byzantinische sowie das „Heilige" Römische Reich und – zwischen beiden – das Reich der Muslime. Skizzieren wir kurz deren Werdegang.

Beginnen wir mit dem Chinesischen Kaiserreich. Zustande gekommen war es zu der Zeit, als Hannibal sich zum Kriegszug gegen die Römer aufmachte. Die Reichsbildung war allerdings nur der Abschluss einer langen, kulturellen Entwicklung mehrerer bis dahin noch getrennter Ethnien. Der Übergang von der Jungsteinzeit zur Bronzezeit hatte in China auch schon um ca. 2000 v. Chr. stattgefunden. Sowohl im Norden als auch im Süden und Westen des Landes entfalteten sich damals regionale Kulturen, die sich gegenseitig beeinflussten. Sie bauten schon von Erdwällen umgebene Städte, brach-

ten den Bronzeguss zu hoher Blüte und ritzten Schriftzeichen auf Orakelkno-
chen. Um die Mitte des zweiten Jahrtausend bildete sich dann am Südufer
des gelben Flusses ein Machtzentrum aus: das der Shang. Diese erweiterten
ihr Herrschaftsgebiet schrittweise bis zum Jangtse. Ihre militärische Überle-
genheit beruhte auf der Reiterei, die sie von den Steppenkriegern Westasi-
ens übernommen hatten. Schließlich wurde aber das Reich der Shang durch
das ihrer Nachbarn – der Shou – erobert. Das Reich der Shou wiederum zerfiel nach einiger Zeit in zahlreiche Königtümer, die sich über Jahrhunderte
hinweg bekämpften. Erst im 3. Jh. v. Chr. gelang es einem von ihnen – dem
Staate Quin – sie alle zu unterwerfen. Im Jahre 221 v. Chr. ließ sich dann der
Herrscher der Quin zum Kaiser von ganz China ausrufen. Dieses Kaisertum
hielt sich bis 1912, obwohl das Reich zwischenzeitlich mehrmals in seine Teile
zerfiel.

Zum Zeitpunkt der Reichsgründung war die chinesische Elitekultur –
zumindest in den Grundzügen – schon ausgeformt. Verbunden wurden die
vielen unterschiedlichen Ethnien vor allem durch die gemeinsame Logo-
gramm-Schrift, die für die Angehörigen verschiedener Sprachgruppen verstehbar war. Die Shang hatten auch schon die großen Riten geschaffen, die
seither nie mehr aufgegeben, sondern nur noch variiert wurden. Wesentlich
für den Fortbestand des Reiches war, dass diese Riten nach der Reichsgründung in die Staatsstruktur integriert und damit an das Kaiserhaus gebunden
waren. Dies hatte zur Folge, dass sich keine mächtige Priesterkaste – als Staat
im Staate – ausbilden konnte. Förderlich für die Dauerhaftigkeit des chinesischen Kaisertums waren auch die von den Quin erlassene, effiziente Gesetzgebung sowie die Standardisierung der Gewichte, der Masse und des Kalen-
ders, sogar des Radabstands der Karren und der Wegspuren.

Der Adel, der bis dahin das Sagen hatte, wurde von den Quin abgeschafft
und die Verwaltung des Reiches einer bezahlten Bürokratie übertragen. Da
zudem der Boden nun verkäuflich wurde, konnte sich in China – abgesehen
von dem der buddhistischen Klöster – kein eigentlicher Feudalismus entwickeln.

Die auf die Quin folgende Dynastie der Han regierte von 202 vor bis
589 n. Chr., was in unserem Bereich ungefähr der Zeit von der römischen
Dynastie der Severer bis zu Chlodwig entsprach. Die Han erweiterten das
Reich nach Süden und Norden. Den Handel über die Seidenstraße sicherten
sie durch Befestigungen. Alle von den Quin eingeführten Reformen trugen
nun Früchte. Auch wurde der Konfuzianismus von Kaiser Wu-ti (140-187 n.
Chr.) als Staatsdoktrin durchgesetzt.

Konfuzius (551-479 v. Chr.) lebte in einer Zeit der Kriege und Bürgerkriege. Er stellte fest, dass den Chinesen der „Weg des Himmels" – der traditionelle sozial-politische Lebensweg – abhanden gekommen war und postulierte, man solle zu diesem zurückkehren. Dabei umschrieb er den „Weg" als Haltung gegenseitiger Liebe, Rechtschaffenheit, Weisheit, Sittlichkeit und Aufrichtigkeit. Obwohl Konfuzius den früheren Zustand wiederherstellen wollte, führte er doch eine grundlegende Neuerung ein, indem er die Bedeutung des Ausdrucks „Chün-tsu" – der Idealgestalt des Chinesen – änderte. Nicht Edelmann wie bisher sollte er bedeuten, sondern Edler Mann. Anders gesagt: nicht Mann von edlem Blut, sondern Mann von edler Gesinnung.

Kaiser und Beamte sollten den Weg des Himmels auf vorbildliche Weise gehen. Aus diesem Grund wurde für die Zulassung zum Beamtenstand eine anspruchsvolle Prüfung eingeführt. Bei dieser wurde – neben Kenntnis der Geschichte Chinas – vor allem Kenntnis der Schriften des Konfuzius sowie der konfuzianischen „Kirchenväter" verlangt, ebenso Beherrschung der 38 „Listen": der Strategien zur Erlangung sozialer Kompetenz. Die Vorbereitung auf die Prüfungen musste von den Familien bezahlt werden. Das gesamte Bildungssystem richtete sich auf die Aneignung dieses Stoffes aus. Weil aber zu den begehrten Prüfungen nur ein kleiner Prozentsatz der Bewerber zugelassen wurde, diffundierten Konfuzianismus und Know-how der „Listen" ins gesamte Volk. Allerdings war es nicht mehr die „reine" Konfuzianische Lehre. Sie war vermischt mit Elementen der Volksreligion, zu der nach der Reichseinigung primitive Kulte miteinander verschmolzen waren.

Im 12. Jh. n. Chr. – zu der Zeit, als sich in Europa die Scholastik entfaltete – fand in China ein Aggiornamento statt, indem unter der Schong-Dynastie der sog. Neokonfuzianismus zur Staatsdoktrin erklärt wurde. In diesem von dem Philosophen Zhu-Xi – dem chinesischen Thomas von Aquin – geschaffenen System waren neben Konfuzianismus vor allem Ideen des Daoismus und des unterdessen in China weit verbreiteten – stark sinisierten – Buddhismus zu einer Einheit integriert.

Kernelement des Neokonfuzianismus war der Begriff Tai-ji. Dieser stand für das Urprinzip des Universums, welches die (schon seit langem „bekannten") Gegenkräfte Yin und Yang hervorbringt: jene Kräfte, deren gegenseitiges Zusammenwirken – nach Vorstellung der Chinesen – die Vielzahl der Dinge und Wesen erzeugte. Von zentraler Wichtigkeit galt für jeden Menschen, dass er aktiv an seiner moralischen Vollkommenheit arbeite, indem er die gegensätzlichen Tendenzen in sich optimierte.

Zivilisatorisch hatte China zu jener Zeit schon einen hohen Stand. Infolge der Kultivierung von Nassreis als Haupternährungsquelle war die Regulation der Bewässerung perfektioniert worden. Die Bevorzugung des Wasserwegs für Schwertransporte hatte zum Bau eines umfangreichen Kanalsystems geführt. Auch die Schifffahrt auf dem Meer wurde gefördert: zum einen gegen Norden nach Korea und Japan, wohin ein eigentlicher Kulturtransfer erfolgte; zum anderen gegen Süden, wobei der Seeweg vorerst bis ins Gebiet des Mekong erschlossen wurde. Dadurch kam der Anfang zur späteren sog. maritimen Seidenstraße zustande.

Auch Gewinnung und Verarbeitung des Seidenfadens hatten die Chinesen erlernt, ferner hatten sie den Buchdruck auf Holzplatten, die Herstellung von Papier, den Kompass und das Schiesspulver erfunden. All diese Erfindungen waren jedoch – wie bis dahin in der übrigen Welt – durch „Einfälle" sowie durch Versuch und Irrtum zustandegekommen. Sie stützten sich nicht – wie später europäische Maschinen-, Fortbewegungs- und Kommunikationstechnologie – auf die Ergebnisse empirisch-wissenschaftlicher Grundlagenforschung. Infolge der Ausrichtung des Denkens auf das Existenzielle war dort objektivierende Haltung – und damit das Streben nach Wissen um des Wissens willen – kaum entfaltet. Das Bildungssystem war auf die Kenntnis überlieferter Bücher und Geschichtsberichte ausgerichtet und hatte dabei zu einer hoch entwickelten literarischen Kultur geführt sowie zu einem hohen Stand von Malerei, Plastik, Architektur und Kunsthandwerk. Die Voraussetzungen für das Ingangkommen der Bewusstseins-Mutation waren jedoch nicht vorhanden.

Im Westen bestand zu der Zeit, als die Mutation des Bewusstseins fällig wurde, neben dem „Heiligen" Römischen noch das Byzantinische Reich sowie das arabische Kalifat. Betrachten wir zuerst das Byzantinische Reich. Da ist als Erstes zu bedenken, dass der historische Zeitraum, den wir den byzantinischen nennen, de facto die Endphase des oströmischen Reiches war. So bezeichneten denn die Byzantiner sich selber als Rhomaioi, d.h. Römer. Ihr Reich hatte neben Kleinasien noch lange die gesamte südliche Küste des Mittelmeeres, ferner Sizilien und Süditalien sowie den Balkan umfasst. Auch war Ostrom bis in die Mitte des ersten Jahrtausends eine gefürchtete militärische Macht. Unter Kaiser Justinian (527-565) war es sogar noch in der Lage, jene Gebiete zurückzuerobern, welche ihm die Wandalen und Ostgoten entrissen hatten. Allerdings hat es dabei seine Kräfte erschöpft. In der Folge entwanden ihm die Normannen Sizilien und Süditalien, die Venezianer die Küstenstädte Dalmatiens. Durch den Sturm der arabischen Stammeskrieger verlor Ostrom die Südküste des Mittelmeeres. Darauf – durch das Vordringen der Türken – verlor es Kleinasien und den südlichen Balkan und schließlich – durch das Erstarken der Bulgaren und die Invasion der Slawen – noch die restlichen Gebiete des Balkans. Das Genick gebrochen hat dem Byzantinischen Reich dann die Eroberung von Konstantinopel durch die Kreuzfahrer auf Anstiften von Venedig.

In den zwei Jahrhunderten, während denen das Byzantinische Reich den Türken noch zu widerstehen vermochte, war seine Kultur derjenigen in Europa überlegen. Dass sich aber in ihr sowie in der ihrer Nachfolgestaaten nicht einmal Ansätze zur Mutation des Bewusstseins entfaltet haben, lag zum einen daran, dass die byzantinische Kultur – ebenso wie die chinesische – eine literarische war. Zum anderen wirkte sich aus, dass das Christentum im Römischen Reich etwas Hinzugekommenes war: dass sich die christliche Ämterhierarchie erst spät neben der weiter bestehenden römischen etabliert hatte. Die Kirche blieb denn auch dem Staat untergeordnet. Es war der Kaiser, der als eigentlicher „Stellvertreter Christi auf Erden" galt. So kam es denn im Byzantinischen Reich auch nicht zum Investiturstreit und dessen Folgen für Gesellschaft und Wissenschaft.

Das islamische Reich war – im Vergleich zum chinesischen und byzantinischen – damals noch jung. Obwohl erst im 7. Jh. entstanden, war es aber um die Jahrtausendwende – als Reich der Abbasiden – schon eine fest etablierte historische Größe. Auf dem Humus orientalischer, griechischer und römischer Tradition war es innert kurzer Zeit zur Hochkultur herangewachsen.

Zur Zeit Mohammeds (570-632) waren sowohl das byzantinische wie das persische Reich morsch, während sich auf der arabischen Halbinsel so etwas wie das Erwachen der dortigen Völker ereignete. Es ist jedoch zu beachten, dass die Araber, als sie aus ihrer Halbinsel ausbrachen, so wenig kulturelle Barbaren waren wie die Franken, die zu jener Zeit Gallien eroberten. Zum einen hatte schon die Steinzeitkultur auf der arabischen Halbinsel einen hohen Stand erreicht, zum anderen hatte sich dort schon früh eine Agrarkultur entwickelt. Spätestens im zweiten Jahrtausend v. Chr. hatten die auf Oasen gestützten arabischen Nomadenstämme das Kamel gezähmt und gezüchtet. Während Nomadenvölker südlich des Mittelmeeres, die nur den Esel kannten, ortsgebunden waren, konnten die Araber weite Wüstenlandschaften erkunden, neue Weiden erschließen und gegebenenfalls besiedeln.

Besonders im Yemen und in Oman entstand schon früh eine diversifizierte Landwirtschaft mit einem hochkomplexen Bewässerungssystem, ebenso erste

Keime staatlichen Lebens. Aden und andere Häfen waren Stationen für die Schiff-Fahrt nach Ostafrika und Indien. Auf einer Fernstraße, die entlang der Ostküste des roten Meeres über Mekka bis nach Palästina führte – der sog. Weihrauchstraße – transportierten die Bewohner Südarabiens, von Nomadenstämmen beschützt, ihre Güter in den Mittelmeerraum.

Am nördlichen Ende der Weihrauchstraße entstand das Reich der (arabischen) Nabatäer, die in Petra eine großartige Felsenstadt schufen. Im Zweistromland, in Syrien und Palästina entstanden Kleinstaaten, die lange Zeit von einer ortsansässigen arabischen Aristokratie – meist Fernhändler – geführt waren. In Syrien wuchs – außerhalb des römischen Einflussgebiets – aus einer Oase am Schnittpunkt zahlreicher Karawanenwege das arabische Königreich Tadmur (von den Westlern Palmyra genannt) heran. Einer der Herrscher von Tadmur – Udainit – konnte sogar den Weg für den Karawanenhandel bis zum persischen Golf freikämpfen.

Auch Mekka lag am Schnittpunkt von Karawanenwegen des Fernhandels. Dort kreuzte sich die Weihrauchstraße mit derjenigen, die von Zentralasien aus über Mesopotamien nach Yemen und Afrika führte. In Mekka begegneten sich die Kulturen und Religionen der damaligen Welt. Neben Juden hielten sich dort Vertreter jener christlichen Gemeinschaften auf, welche von den Anhängern der „einzig richtigen Lehre" aus dem Reich verdrängt worden waren: Judenchristen, Monophysiten, Nestorianer usw. Es herrschte ein Klima des gegenseitigen Gedankenaustauschs. Die Kaaba, einst ein Feuertempel, nun ein Kultzentrum, war allen Religionsgemeinschaften zugänglich. In diesem Klima wuchs Mohammed auf.

Politisch bedeutsam war, dass Mekka damals unter der Herrschaft der Quairasiten stand. Diese hatten sich an die Spitze der zentralarabischen Stammesdemokratie empor gekämpft. Zentralarabien – das sog. Higgaz – hatte sich nämlich im 6. und 7. Jh. zu einem neuen Machtfaktor entwickelt. Die Tatsache, dass dieses Gebiet durch die nordarabischen Randstaaten von den Weltmächten ziemlich abgeschirmt war, bot die Voraussetzung dafür, dass sich hier eine weitgehend genuin arabische Bewegung ungestört entwickeln konnte: jene Bewegung, die dann die Reiche der alten Welt überrannt hat.

Mohammed war, als Karawanenbegleiter, mit den Verhältnissen im weiteren Umkreis vertraut. Auch nahm er intensiv am religiösen Umbruch seiner Zeit teil. Nach dem vierzigsten Altersjahr wurde er von einer Berufungsvision heimgesucht. Daraufhin führte er die Glaubensvorstellungen seiner Zeit, die stark durch christliche und jüdische Vorstellungen geprägt waren, die aber noch viele altarabische Elemente enthielten, zu einer einheitlichen Religion zusammen. Von Anfang an verband er aber seine religiöse Mission mit politischen Zielen. Vor Augen hatte er die Einigung der arabischen Stämme, sodass diese dann zur Eroberung der in byzantinischer und persischer Hand befindlichen Gebiete aufbrechen konnten.

Als Mohammed in Mekka immer mehr Anhänger gewann, führte dies zur Konfrontation mit den lokalen Machthabern. Mohammed gehörte nämlich einem untergeordneten Zweig der Quairasiten an. Im Jahr 622 emigrierte er mit seinem Anhang nach Medina. Dort fand die eigentliche Konstitution seiner Anhängerschaft zu einem sozialpolitisch geprägten Gemeinwesen statt. Dabei formulierte Mohammed Prinzipien, die geeignet waren, ein vom Partikularismus der Stämme unbelastetes Staatswesen zu errichten, in welchem an die Stelle der Verpflichtung zur Blutrache die Bindung an die Gemeinde – die Umma – trat.

Von Medina aus bekämpfte Mohammed zuerst die Mekkaer. Als Abu Sufian, Führer einer gemäßigten mekkaschen Partei und späterer Schwiegervater Mohammeds – einen Kompromiss herbeiführen konnte, kehrte Mohammed mit seiner Anhängerschaft nach Mekka zurück und entfernte aus der Kaaba alle heidnischen Symbole. Nun konnte er mit der Einigung Arabiens beginnen. Zuerst gelang der Zusammenschluss der drei Städte Mekka, Medina und Tarih. Von dieser Machtbasis aus gelang – gegen heftigen Widerstand der Stämme – die Eroberung und Einigung ganz Arabiens. Mohammed erlebte dies allerdings nicht mehr. Er verstarb im Jahre 632 und wurde in Medina begraben.

Islam, wie die von Mohammed begründete Gemeinschaft genannt wird, bedeutet "sich Gott ergeben", also religiöse Haltung. Als Religion – im Sinne eines soziokulturellen Gebildes – wird der Islam umschrieben durch die „fünf Säulen". Diese umfassen zum einen das Glaubensbekenntnis, zum anderen die vier Grundpflichten. Das Glaubensbekenntnis besteht – im Unterschied zum umfangreichen christlichen Credo – in einem einzigen Satz. Der lautet: „Ich bezeuge, dass es keinen Gott außer dem einen Gott (Allah) gibt, und dass Mohammed der Gesandte Gottes ist". Die vier im Koran festgelegten Grundpflichten sind: Gebet in Richtung Mekka fünfmal täglich nach vorgeschriebener Ordnung, Fasten einmal im Jahr einen Monat lang (Ramadan), Entrichtung der Almosen- bzw. Armutssteuer und schließlich Wallfahrt nach Mekka (Hagg).

Anders als im Christentum mit seiner hochgesteckten Frömmigkeit, die in vielen Menschen ein schlechtes Gewissen sowie Angst vor ewiger Verdammnis hervorruft, handelt es sich im Islam um praktikable Gebote und Verbote wie z.B. Speisevorschriften. Wichtig für die seinerzeitige Expansion war u.a. die Verpflichtung der wehrfähigen Männer zur Teilnahme am „heiligen" Krieg.

Der Muslim lebt direkt unter den Augen Gottes. Zwischen ihn und Gott schiebt sich keine Priesterschaft, welche über die Schlüssel zum Himmelreich verfügt, weil sie dank ihrer Potestas sacra Menschen von ihren Sünden lossprechen kann. Dafür aber liegt die effektive Gewalt in der Hand von „Gelehrten", die kraft ihres Amtes in der Lage „sind", den Koran richtig auszulegen. In diesem Buch, das nach muslimischer Vorstellung seit jeher im Himmel aufbewahrt und dann dem Propheten Mohammed offenbart wurde, ist der Wille Gottes ein für alle Male festgelegt. Dieses „göttliche" Gesetz – die Scharia – regelt nicht nur das, was im engeren Sinn mit Religion zu tun hat, sondern alle Aspekte menschlichen Lebens. Sie umfasst – in ihrer ausgelegten Gestalt – all das, was wir als Handelsrecht, Strafrecht und Verfassungsrecht bezeichnen. Eine menschliche gesetzgebende Macht gibt es nach muslimischer Auffassung nicht.

Die Kompetenz, das göttliche Recht auszulegen, lag ursprünglich beim Kalif (Nachfolger des Propheten), dem weltlichen und geistlichen Oberhaupt der Umma. Später ging sie an die Rechtsschulen („Universitäten") über sowie an die dort Geschulten: bei den Sunniten an die Ulemas, bei den Schiiten an die Mullas.

Diese wurden zu den eigentlichen Religionswächtern und übten die Funktion aus, welche im Christentum die Inquisition hatte, solange der Papstkirche der „weltliche Arm" zur Verfügung stand. In Europa fiel mit der Aufklärung der „weltliche" Arm dahin. Im Islam konnte gar nie von einem weltlichen Arm gesprochen werden, da Mohammed nicht nur Religions-, sondern auch Staatsgründer war, und er beides als untrennbare Einheit – als Vollstreckerin des im Koran festgelegten „Willen Gottes" – konzipierte. So kommt denn in den muslimischen Staaten den Religionswächtern bis heute sozusagen absolute Macht zu. Mit dem Urteil „unislamisch" konnten sie jede kritische Regung im Keime ersticken.

Blicken wir wieder auf die Geschichte. Nach dem Tod Mohameds wurde die Einigung und Islamisierung der Araber von seinen Nachfolgern Abu-Bakr (622-634), Umar (634-644) und Unan (644-656) zu Ende geführt.

Im Jahre 633 – also 11 Jahre nach dem Tod von Mohammed – begannen die Eroberungszüge über die Grenze Arabiens hinaus. In einem erstaunlichen Siegeszug wurden bis 650 ganz Palästina, Syrien, Ägypten, Persien sowie große Teile Nordafrikas erobert. Allerdings befanden sich damals sowohl das Oströmische Reich wie das persische Reich der Sassaniden in einem Zustand militärischer Schwäche. Anderseits verschaffte die im Koran festgelegte Verpflichtung der wehrfähigen Männer zur Teilnahme am „heiligen Krieg" sowie das Anrecht auf einen Teil der Beute oder – im Falle des „Märtyrertodes" – auf Eingang ins Paradies den muslimischen Heeren eine ungeheure Dynamik.

Nachdem es 662 den Omayaden gelungen war, den Kalifenthron zu besetzen und eine Dynastie zu gründen, eroberten diese in den Jahren 670-709 noch den Rest Nordafrikas. Schließlich landeten ihre Heere 710 in Spanien und überschritten 732 die Pyrenäen, worauf sie von Karl Martell gestoppt wurden.

Das Kalifat förderte die Übersiedlung der arabischen Stämme in die besetzten Gebiete, wo sie weitgehend sesshaft wurden und ein Feudalsystem errichteten. Zunehmend verschmolz die Kultur der Araber mit der der eroberten Länder zu einer neuen, arabischen Zivilisation. Viel zu dieser Verschmelzung beigetragen hat, dass – Hand in Hand mit dem Islam – das Arabische als offizielle Sprache eingeführt worden ist.

749 wurde die Dynastie der Omayaden, die in Damaskus residierte, von den Abbasiden gestürzt. Diese verlagerten ihren Sitz nach Bagdad. Das Blutbad, das sie an den Omayaden anrichteten, überlebte nur Abd ar-Rahman ad-Dahil. Er entkam nach Spanien, wo er ein von den Abbasiden unabhängiges Emirat ausrief. Eine eigentliche Expansionskraft vermochten die Abbasiden nicht mehr zu entfalten. Ihr Vordringen nach Osten wurde bei Samarkand von den Chinesen unter der Tang-Dynastie gestoppt.

Allerdings hatten die Kalifen in ihrem Reich zunehmend mit Aufstandsbewegungen gegen ihr Besatzerregime zu kämpfen. Lange Zeit vermochten sie diese blutig niederzuschlagen. Dann aber mussten sie einsehen, dass sie mit Massakern nur kurze Zeiten friedlicher Ruhe erzwingen konnten. Es blieb ihnen nichts anderes übrig als sich nach kooperativen Elementen unter dem einheimischen Adel umzusehen. Diese forderten jedoch, dass die Kalifen ihnen Rechte abtraten. Da zu diesen auch das Recht auf Steuerbezug gehörte, gingen die Einkünfte des Kalifats zurück, während die regionalen Gewalten immer stärker wurden.

In Chorassan machten sich die Tachiriden (811 – 873) selbständig und zogen weite Teile Persiens in ihren Machtbereich ein. In Ägypten rief im Jahre 869 Ibn Tulum ein selbständiges Sultanat aus, welches dann die Fatimiden 969 in ein eigenes Kalifat verwandelten. Im spanischen Emirat, das ja seit 755 vom Abbasiden-Kalifat unabhängig war, wurde 929 ein Gegenkalifat zu diesem ausgerufen.

Dem Kalifen in Bagdad blieb schließlich kaum noch die Hausmacht übrig. Sein Machtbereich wurde auf einen kleinen Teil Mesopotamiens beschränkt. Als dann 1055 die Seldschuken – auf Anregung des Kalifen – in Bagdad einmarschierten, blieb diesem nur noch die Würde des religiösen Oberhauptes. Es war dieser Zerfall der zentralen Macht, der es den Kreuzfahrern ermöglichte, das „heilige" Land in Besitz zu nehmen und zwei Jahrhunderte lang zu halten.

Fragen wir nun, weshalb die Mutation des Bewusstseins sich nicht im islamischen Reich ereignet hat. Die dortige Zivilisation hatte sich ja, wie gesagt, auf dem Humus orientalischer, griechischer und römischer Tradition entwickelt. Während im weströmischen Reich die Bildung völlig verkommen war, stand sie im oströmischen zur Zeit der Eroberung durch die Araber noch in Blüte. Zudem hatten die dortigen gebildeten „Einheimischen", auch wenn sie nicht zum Islam übertraten, ungestört weiterleben können, sofern sie die Kopfsteuer bezahlten. Tatsächlich war in jenem Raum eine Bewegung aufgekommen, die ein geistiges Entwicklungspotential in sich hatte. Ihre Vertreter nannten sich Mutaziliten, d.h. die Widerstrebenden. Entzündet hat sich ihr Widerstreben an der islamischen Prädestinationslehre, nachdem Kalif Muraviya (661-680) diese zum Staatsdogma erklärt hatte. Von der hellenistischen Tradition her war ja die gegenteilige Auffassung – die Idee der Willensfreiheit sowie der Verantwortung eines Menschen für seine Taten – etwas Selbstverständliches.

Da die Mutaziliten friedliche Leute waren, ließen die Kalifen sie vorerst in Ruhe, zumal sie selber mit der Niederschlagung handfester Aufstände beschäftigt waren. Die „Widerstrebenden" gingen allerdings mit der Zeit dazu über, griechisches Gedankengut in den Islam zu integrieren. Kalif Mamun (815-833) förderte sie sogar bei diesem Bemühen. Als jedoch publik wurde, dass sie die Göttlichkeit des Korans anzweifelten, erhob sich unter den Ulemas ein Sturm. Mit dem Vorwurf konfrontiert, er verhalte sich unislamisch, sah sich Mamun gezwungen, die Mutaziliten zu verbieten. Damit war eine Bewegung, die vielleicht dem Islam den Weg in die Moderne hätte erschließen können, im Keime erstickt.

Allerdings lebte das mutazilitische Gedankengut untergründig – in kleinen intellektuellen Zirkeln – weiter. Auch wurde dort weiterhin das griechisch-hellenistische Schrifttum gepflegt. Als günstiger Boden für diese Untergrundtätigkeit erwies sich Spanien, insbesondere Toledo. Nachdem diese Stadt 1088 von den Christen zurückerobert war, lebten diese dort mit Juden und Muslimen in fruchtbarem Gedankenaustausch zusammen. Von

Toledo aus gelangten denn auch der größte Teil der Aristoteles zugeschriebenen Schriften an die europäischen Universitäten.

Universalgeschichtlich war dies ein bedeutsamer Zeitpunkt, bei dem ein weiteres Mal die Weichen für das Weiterschreiten der Bewusstseins-Evolution gestellt wurden. In Europa kam die Mutation des Bewusstseins in Fahrt, während die übrigen Völker – unter dem Blickwinkel der Bewusstseins-Evolution betrachtet – zu stagnieren begannen. Ein wesentlicher Grund für diese Stagnation waren die Einbrüche der Hirtennomaden der asiatischen Steppen: der Türken und der Mongolen. Wegen der großen Bedeutung des Bruchs, den diese herbeiführten, sei hier näher auf sie eingegangen.

Zuerst kamen die Türken, die schon eine lange Wanderung – vom Baikalsee bis zum Kaspischen Meer – hinter sich hatten. Sie lebten in Stammesverbänden, die sich – wie überall – gegenseitig bekriegten. An der Spitze eines ughusischen Stammesverbandes stand ein Häuptling namens Selcuk. Dieser nahm 970 samt seinen Untertanen den Islam an, trat in den Dienst der persischen Samanaden und ließ sich mit seinen Leuten in der Gegend von Buchara nieder. Mit seiner Bekehrung zum Islam war die Grundsatzentscheidung getroffen für die spätere Herausbildung des Osmanenstaates, der die arabische Führungsschicht des islamischen Reiches verdrängte. Bis dahin war es jedoch ein langer Weg.

Nach Selcuks Tod eroberten seine beiden Söhne an der Spitze ihrer nomadischen Reitertruppen blitzartig große Gebiete. Die Kriegszüge des einen – des Torgil – richteten sich gegen Osten und Süden, wo er ein Gebiet nach dem anderen eroberte. Der Abbasiden-Kalif al-Kaim, welcher der seit einem Jahrhundert währenden Bevormundung durch die schiitische Dynastie der Bujiden überdrüssig war, rief Torgil nach Bagdad, wo dieser 1055 einzog und bald darauf vom Kalifen den Sultan-Titel verliehen bekam.

Torgils Bruder Cagri Beg hatte sich nach Anatolien gewandt, das damals zum größten Teil noch in der Hand von Byzanz war. Alp Arslan (1063-1077), Neffe und zugleich Nachfolger Torgils schlug 1071 bei Manzikert die byzantinischen Streitkräfte, worauf Scharen von Türken in Anatolien einströmten.

Es war diese Situation, in der der byzantinische Kaiser vom Papst Söldner zum Kampf gegen die Seldschuken erbat, und dieser dann zum Kreuzzug aufrief. Während die Kreuzfahrer in Palästina ihre Fürstentümer errichteten, wurden das Seldschukenreich wie später auch das Abbasidische Kalifat niedergewalzt durch den Hurrikan, der aus der Mongolei kam.

Zusammengebraut hatte sich dieser Sturm im Gebiet der heutigen Mongolei, als es Dschingis Khan (1167-1227) gelang, viele Nomadenstämme zu einem quasistaatlichen Gebilde zusammen zu schweißen und eine mächtige Armee aufzubauen. Diese stützte sich auf Gefolgschaftstreue, war äußerst diszipliniert, taktisch geschult und verfügte über ein raffiniertes Signalsystem. Mit dieser Armee drang Dschingis Khan zuerst in Nordchina ein und zwang auch Korea zur Unterwerfung. Dann zog er nach Westen gegen Khwarzm Schah, einen Fürsten, der ihn durch Beleidigung seiner Gesandten provoziert hatte. Khwarzm Schah regierte ein mächtiges Reich im Gebiet nördlich der Seidenstraße, das er ständig vergrößerte. Nachdem Dschingis Khan den Khwarzm Schah besiegt hatte, kehrte er mit seiner Armee in die Mongolei zurück, wo er 1227 starb.

Sein Sohn Ögedei führte das Werk seines Vaters weiter und schuf ein Commonwealth von gewaltiger Größe. Zuerst wandte auch er sich nach dem nördlichen China und beseitigte 1234 die Ching-Dynastie. Da er einsah, dass ein großes Reich nicht von Zelten aus regiert werden konnte, erteilte er noch während des Chinafeldzugs den Auftrag, südlich des Baikalsees, inmitten der Steppe die Stadt Karakorum zu bauen.

Als der Sohn des besiegten Khwarzm Schah sich daran machte, das Reich seines Vaters wieder aufzubauen und sogar zu vergrößern, schickte Ögedei eine Armee dorthin, um dies zu verhindern und zugleich die Kontrolle über ganz Westasien zu gewinnen. 1235 beschloss er dann, von dieser Machtbasis aus nach Europa vorzudringen. Nach gründlicher Vorbereitung zerstörte die mongolische Armee Moskau und Kiew, drang nach Polen vor, wo sie bei Krakau die ihr entgegentretenden Truppen besiegte. Nachdem die Mongolen die Stadt Breslau verbrannt hatten, eroberten sie Ungarn und errichteten in der dortigen Tiefebene ihr Winterlager. Von dort aus wollten sie im folgenden Sommer Mitteleuropa erobern. Aber es kam – zum Glück für die Europäer – anders. Als im Frühling 1242 die Nachricht eintraf, Großkhan Ögedei sei gestorben, trat die mongolische Armee den Rückzug an, damit ihre Führer am Kampf um die Nachfolge teilnehmen konnten.

Nach dem frühen Tod des unmittelbaren Nachfolgers von Ögedei – dessen relativ friedfertigem Sohn Guyuk – wurde 1250 Ögedeis Neffe Mongke zum Großkhan gewählt. Dieser definierte seine Herrschaft mit dem Mandat von Tschingis Khan, die Welt zu erobern. Er plante zwei große Expeditionen: eine gegen die Sung-Dynastie im südlichen China, eine nach Westen, jedoch – zu unserem Glück – nicht nach Europa, sondern über Persien nach Mesopotamien und Syrien und schließlich nach Ägypten. Damit griff er nach den beiden großen Zivilisationen der damaligen Welt. Den Feldzug nach China unternahm Mongke selber zusammen mit seinem jüngeren Bruder Khubilai, den ins islamische Reich übertrug er Hulagu, einem anderen Bruder.

Als Hulagu seinen Feldzug ins islamische Reich plante, war Baitju, der Militärgouverneur der unter Ögedei eroberten westasiatischen Gebiete schon nach Konya in der heutigen Türkei vorgedrungen und hatte die Seldschuken besiegt. Hulagu zog zuerst gegen Persien, wo die Ismailiten, − eine von den Schiiten abgespaltene Sekte, die man auch Assassinen nannte − im Elbrusgebirge eine Reihe von Bergfestungen erobert hatten. Hulagu brauchte zwei Jahre, um die über 200 „Adlernester" auszuheben. Die dortige Bevölkerung rottete er aus. Dann zog er nach Mesopotamien und eroberte 1258 Bagdad. Den damaligen Kalifen Namens Mutsin, richtete er samt seiner Familie grausam hin. Damit war die Abbasiden-Dynastie, die fünf Jahrhunderte überdauert hatte, ausgelöscht und mit ihr die arabische Suprematie über das islamische Reich beendet. Die Nachfolge der Araber traten später die Osmanischen Türken an. Nach dem Fall von Bagdad zog Hulagu nach Syrien, wo er Aleppo und Damaskus eroberte. Als er die Fortsetzung des Feldzuges durch Palästina nach Ägypten vorbereitete, erreichte ihn die Nachricht vom Tode des Groß-Khans Mongke. Dies bewahrte das islamische Reich vor der völligen Zerstörung, so wie zuvor der Tod von Ögedei Europa gerettet hatte.

Hulagu zog seine Hauptarmee ein Stück weit zurück und wartete im Gebiet von Persien den Verlauf der Thronkämpfe ab. In Damaskus ließ er eine kleine Abteilung zurück, um die Grenze seines Reiches zu sichern. Deren Kommandant − Ked Buqa − ließ sich mit seiner Truppe von den Mamelucken im Tal des Ayn Yalud in eine Falle locken. Als er beim anschließenden Gefecht fiel, wurden die nun führerlosen Mongolen geschlagen. Die Mamelucken eroberten darauf Damaskus und Aleppo zurück. Ironie der Geschichte: die Mamelucken waren ehemalige Kriegsgefangene der Mongolen, die Ögedei den Ägyptern verkauft hatte. 1291 eroberten die Mamelucken noch Akkon, die letzte Bastion der Kreuzfahrer in Palästina, und beendeten damit deren Orient-Abenteuer. Die Mongolen wurden allerdings durch das Vordringen der Mameluken nicht aus dem mittleren Osten vertrieben. Sie bildeten fortan − mit Schwerpunkt in Persien − das Il-Khanat: eines der fünf dem Groß-Khan unterstellten Khanate.

Neuer Groß-Khan wurde Khubilai, ein Bruder Hulagus und Enkel Dschingis-Khans. Er war wohl der Gebildetste unter den vier Brüdern. In Nordchina aufgewachsen und geschult, hatte er später noch das südchinesische Sung-Reich erobert und war von der chinesischen Kultur sehr angetan. Er verlegte die Hauptstadt des Mongolenreichs von Karakorum nach Peking und baute dieses großzügig aus. Als nunmehriger Kaiser von China gründete er die Yüan-Dynastie, die zwei Jahrhunderte lang bestand. Khubilai brachte China Frieden, Reichtum und Einheit. Er baute die Handelsbeziehungen zu Südostasien, Persien und sogar Europa aus. Auch pflegte er vielfältige diplomatische Beziehungen zu ausländischen Mächten. Er starb 1294. Unter Khubilai war China Teil des mongolischen Weltreichs, das von Korea bis nach Persien reichte. In diesem bestand – analog zur einstigen Pax Romana – eine Pax mongolica, welche den Einwohnern des Reichs Handels- und Reisefreiheit brachte. Als in China 1368 die Ming-Dynastie die der Yüan ablöste, führte sie das Reich wieder in die Isolation. Wiederum mehr und mehr in die Vergangenheit blickend, verfiel es in eine Art Dornröschenschlaf, aus dem es dann im 19. Jh. von den europäischen Mächten unsanft geweckt worden ist.

Die mongolischen Khanate machten sich nach Khubilais Tod selbständig. Die goldene Horde, die südlich des Ural lag, versperrte den Russen bis ins 16. Jh. den Weg nach Sibirien. Vom Shagadhai-Khanat in der Gegend des heutigen Afghanistan aus stießen später islamisierte Mongolen nach Indien vor und errichteten dort das kulturell sehr hoch stehende Mogulreich. Im persischen Il-Khanat kam 1295 Chazan der Reformer auf den Thron. Dieser brach mit der mongolischen Tradition und bekehrte sich – zusammen mit den meisten seiner Generäle – zum Islam. Chazans Enkel Abu-Sa"id, der sogar einen islamischen Namen angenommen hatte, einigte sich mit den Mamelucken. Als er starb, brach die Dynastie Hulagus abrupt ab. Die mongolische Herrschaft über Persien verebbte und das Il-Khanat verschwand.

Unterdessen war auf dem Boden des Il-Khanats – fernab von dessen Machtzentrum – in Anatolien der Keim zum Osmanenreich hervorgesproßt. Sein Namengeber Osman (1280-1326) kämpfte sich vom Häuptling eines unbedeutenden Hirtenstammes – als „heiliger Krieger" – zu einer Art Condottiere heran, dem auch Kämpfer aus anderen Stämmen zuliefen. Er konnte sein ursprüngliches Herrschaftsgebiet beträchtlich ausdehnen. Außerdem entwickelte er die ererbte Stammesführerschaft zu einem regelrechten Staatswesen. Osmans Sohn Orham setzte die Expansion fort, eroberte Ankara, drang bis an die Ägäis vor und baute den Staatsapparat weiter aus. Sein Sohn Murat I. setzte auf europäischen Boden über und drang bis nach Serbien vor. Als es schließlich im Jahre 1452 Sultan Mehmet II. gelang, Byzanz zu erobern, war der osmanische Staat schon ein Großreich. Als nach einer Konsolidierungsphase Selim I. den Thron bestieg, nahm er die expansionistische Tradition wieder auf. 1514 schlug er den persischen Schah Ismail und brachte in den folgenden beiden Jahren weite kurdische Gebiete unter seine Gewalt.

Dann zog er gegen die Mamelucken, die damals die Führungsposition im islamischen Reich innehatten, und deren Herrschaftsgebiet sich von Ägypten bis nach Mesopotamien erstreckte. 1517 besiegte Selim sie vor Kairo, worauf ihm die heiligen Städte des Islams – Mekka und Medina – huldigten. Den Schattenkalifen, der seit der Eroberung Bagdads durch die Mongolen in Kairo residiert hatte, brachte er nach Istambul und ließ dort sich selber die Kalifenwürde übertragen.

Das Osmanische Reich war ein zentral regierter, militärisch ausgerichteter Vielvölkerstaat. Der Sultan war absoluter Herrscher. Er brauchte auch nicht – wie die europäischen – den Widerstand einer aristokratischen Schicht zu fürchten, da es seit Einführung der Knabenlese (der staatlichen Erziehung von Knaben aus nichttürkischen Ethnien) keine privilegierten Familien mehr gab. Der Sultan unterlag keiner Kontrolle durch irgendeine staatliche Institution. Indessen war er – wie jeder Muslim – an das Religionsgesetz gebunden. Ob er dieses einhielt, wurde überwacht durch die Muftis und Ulemas, die neben der staatlichen Verwaltung zu einem religiösen Verwaltungsapparat herangewachsen waren, und die mit dem Urteil „unislamisch" jeden zur Strecke bringen konnten. Legitimiert war ihr Status als Religionswächter durch eine sog. wissenschaftliche Laufbahn, die im Besuch einer theologisch-juristischen Hochschule (Medrese) bestand. An diesen wurde in erster Linie Koranexegese bzw. islamisches Recht gelehrt, daneben noch Naturkunde (nicht Naturwissenschaft!), Mathematik, arabische Sprache und Literatur sowie Rethorik. Dass islamisches Recht als unveränderliches, weil von Allah im Koran offenbartes Recht verstanden wurde, habe ich erwähnt, ebenso dass dadurch jedes Bemühen um eine Veränderung des Welt- und Menschenbildes im Keim erstickt worden ist.

4. Bilanz und Ausblick

In Europa hat die Evolution des Bewusstseins zu Beginn der Neuzeit dazu angesetzt, die archaische Weltsicht zu übersteigen. In den anderen Großreichen hingegen begann sie zur gleichen Zeit zu stagnieren.

In China hatte schon die Ming-Dynastie die Weltoffenheit, die Khubilai eingeführt hatte, beendet. Das Reich hatte sich auf sich selbst zurückgezogen, sich wieder als Mittelpunkt der Welt betrachtet und den Blick vor allem auf die eigene Vergangenheit gerichtet. Als 1644 die Mandschu-Dynastie ans Ruder kam, hat sie diese Haltung weitergeführt bis zu ihrem Sturz im Jahre 1912.

In Indien haben zwar islamisierte Mongolen im 16. Jh. noch das Mogul-Reich errichtet, doch begnügten sie sich – neben der Ausweitung und Ausübung von Macht – mit Prachtentfaltung und Repräsentation. Obwohl sie eine großartige Architektur, Malerei und Dichtung entwickelt haben, ebenso ein bewundernswertes Kunsthandwerk, kann von einer Evolution des Bewusstseins unter ihrer Herrschaft nicht gesprochen werden. Auch nicht bei den Hindu, deren Fürstentümer neben dem Mogulreich weiter in ihrer Tradition dahinlebten.

Das Byzantinische Reich ist schon zu Beginn der Neuzeit aus der Geschichte ausgeschieden. Die Osmanen, die es beseitigt haben, beschränkten sich ebenfalls auf die Entfaltung von Macht und Prunk. Für die Förderung der Bewusstseins-Evolution, die ja schon unter den arabischen Kalifen durch die Unterdrückung der Mutaziliten abgewürgt worden war, ist auch unter den Osmanen nichts geschehen.

Ganz anders war die Situation in Europa. Dieses war zwar zu Beginn der Neuzeit noch eine relativ junge historische Größe, war es doch erst um 800 – zumindest in seiner Grundstruktur – von Karl dem Großen geschaffen worden. Während aber in den älteren Reichen der damaligen Welt die Evolution des Bewusstseins zu stagnieren begann, ereignete sich in Europa ein geistiger Aufbruch.

Rundherum sichtbar geworden ist dieser zwar erst ab dem 14. Jh. in Gestalt von Renaissance und Reformation, medialer Revolution und maritimer Expansion. Damit brach allerdings nur etwas nach außen durch, das schon eine Inkubationszeit von vier Jahrhunderten hinter sich hatte: von Jahrhunderten, in denen die scholastische Theologie und Philosophie – ohne dies zu beabsichtigen – die Grundlagen dafür geschaffen hatten, dass im Verlauf der Neuzeit die archaische Weltsicht überwunden bzw. von einer grundlegend neuen, differenzierteren abgelöst werden konnte.

Heute, da das neue Welt- und Menschenbild – zumindest in seiner Grundstruktur – erkannt werden kann, können wir den Weg betrachten, auf dem der Wandel sich vollzogen hat. Wie gezeigt geschah es im Rahmen des Bildungssystems. Dieses war zu Beginn des zweiten Jahrtausends gerade daran, eigenständige Gestalt anzunehmen. Es war die Zeit, in der jene Konstellation historischer Faktoren zustande kam, die es der Evolutionstendenz ermöglicht hat, sich auf den Weg zur Überwindung der archaischen Weltsicht zu begeben. Beschrieben habe ich diese Faktoren im zweiten Teil dieses Buches. Zusammenfassend kann man sagen: zum einen wurde das Voranschreiten der Evolution ermöglicht durch die Struktur der beiden anfangs ineinander verschränkten Herrschaftssysteme – des caesaropapistischen und des sakramental-hierokratischen – sowie auch durch deren beginnende Trennung; zum anderen wurde es ermöglicht durch das Aufkommen einer bürgerlichen Bevölkerungsschicht, die in jenen Freiraum hineinwuchs, welcher durch die Trennung entstanden war. Diese bürgerliche Schicht war es vor allem, die jenes geistige Instrumentarium geschaffen hat, das – zum ersten Mal auf unserem Planeten – empirische Wissenschaft entstehen ließ.

Entscheidend für das Vorankommen der Bewusstseins-Evolution war, um es noch einmal zu sagen, die Gründung der Universität. Charakteristisch für deren Grundstruktur war zum einen, dass sie auf dem genossenschaftlichen Denken beruhte, zum anderen, dass sie in Fakultäten unterteilt war. Dank ihrer genossenschaftlichen Struktur konnte die Universität sich über all die Wirren der Zeit ihre relative Autonomie bewahren. Die Unterteilung in sich selber organisierende Fakultäten ermöglichte es ihr, im Laufe der Zeit neu entstandene Forschungsrichtungen in sich aufzunehmen, und zwar so, dass jede von ihnen sich als selbständige Disziplin entwickeln konnte. So kann die Universität zum einen als Flussbett gesehen werden, in das alle Bäche des Wissens, die außerhalb von ihm entsprungen sind, schließlich einmündeten. Zum anderen kann man sie als Wandlungsgefäß sehen: als geistigen Raum, in dem sich – dank ständigem Gedankenaustausch innerhalb der Gelehrtengemeinschaft – die Mutation des Bewusstseins ereignen konnte.

Im Lauf der Zeit entstanden zwar neben der Universität noch verschiedene andere Bildungsinstitutionen: Adelsschulen, Akademien, Kollegien, wissenschaftliche Sozietäten usw. Auch nahmen die Universitäten im Verlauf der Zeit verschiedene Gesichter an, je nachdem, ob sie von katholischer oder evangelischer Seite ausgingen, oder ob sie sogar im Dienst der Kirche oder von Landesfürsten standen. Ihre Grundstruktur blieb jedoch bei aller Variation unversehrt, und dieser Grundstruktur verdankte sie ihre bewusstheitsfördernde Funktion.

Bewirkt wurde das Voranschreiten der Evolution des Bewusstseins durch empirisch-wissenschaftlich fundierte Entdeckungen im Bereich von Natur und Kultur, nicht durch Philosophieren, wie oft angenommen wird. Den Philosophen oblag es lediglich – sofern sie Grundlagenphilosophie, nicht Lebensphilosophie betrieben – die Konsequenzen durchzudenken, welche die von der Wissenschaft gemachten Entdeckungen für die Weltsicht hatten.

Nachdem nun der Durchbruch zur neuen Weltsicht stattgefunden hat, wird sich das ereignen, was in der Bio-Evolution als adaptive Radiation bezeichnet wird. Zwar haben sich Ergebnisse des ersten Schrittes der Bewusstseins-Evolution schon über alle Kontinente ausgebreitet. Es waren vor allem Ergebnisse naturwissenschaftlichen Forschens und technologischem Bemühens. Allerdings wurden sie meistens so übernommen, als wären sie an den Bäumen gewachsen. Das Know-how, das zu ihrer Gewinnung nötig war sowie die Konsequenzen, die sie für die Weltsicht hatten, wurden dabei in der Regel ausgeblendet. Insbesondere die tradierte archaische Weltsicht wurde davon kaum berührt.

Anders wird es bei der Radiation der zweiten Aufklärung sein, hat diese doch vor allem zur Naturalisierung der Übernatur geführt. Allerdings ist zu erwarten, dass der Nachvollzug der Bewusstseins-Mutation sich über lange Zeit hinziehen wird. Dies zum einen wegen der tiefsitzenden Neophobie, zum anderen weil allzu viele Menschen von ihrem Eingebundensein in Strukturen der archaischen Weltsicht Macht, Prestige sowie finanziellen Gewinn beziehen. Evolutionsschritte – auch die des Bewusstseins – sind jedoch irreversibel. Die Evolutionstendenz ist eine Naturgewalt, die sich auf die Dauer nicht aufhalten lässt.

Werke von Willy Obrist bei opus magnum
(www.opus-magnum.de)

Die Mutation des europäischen Bewusstseins: Von der mythischen zur heutigen Weltsicht und Spiritualität
Eine Kurzfassung des Gesamtwerks
156 S., 2006, ISBN: 978-3-939322-016, € 14,90

Religiosität ohne Religion
300 S., 2009, ISBN: 978-3-939322-184, € 24,90

**Tiefenpsychologie und Theologie –
Zwei Etappen der Evolution des Bewusstseins**
192 S., 2009, ISBN: 978-3-939322-177, € 24,90

Das Unbewusste und das Bewusstsein
196 S., 2013, ISBN: 978-3-939322-771, € 16,90

**Keine Materie ohne Geist
Natur als Quelle von Ethik und Sinn**
288 S., 2021, ISBN: 978-3-939322-801, € 24,90

**Die Mutation des Bewusstseins –
Vom archaischen zum heutigen Selbst- und Weltverständnis**
308 S., 2021, ISBN: 978-3-939322-78-8, € 24,90

Die Mutation des Bewusstseins fand in Europa statt
224 S., 2021, ISBN: 978-3-939322-79-5, € 14,90